# 新编 办公室工作规范管理手册

简要介绍办公室各类管理制度及规定

全面收录相关制度及表格范本

广大办公室工作人员必备参考

张　浩◎编著

中国文史出版社

图书在版编目（C I P）数据

新编办公室工作规范管理手册 / 张浩编著. -- 北京:
中国文史出版社, 2019.3

ISBN 978-7-5205-1009-7

Ⅰ. ①新… Ⅱ. ①张… Ⅲ. ①办公室工作－管理规范
－手册 Ⅳ. ①C931.4-62

中国版本图书馆 CIP 数据核字(2019)第 024500 号

责任编辑：詹红旗　戴小璇

---

出版发行：中国文史出版社
社　　址：北京市海淀区西八里庄 69 号院　　邮编：100142
电　　话：010- 81136606　81136602　81136603(发行部)
传　　真：010-81136655
印　　装：廊坊市海涛印刷有限公司
经　　销：全国新华书店
开　　本：1/16
印　　张：21. 25
字　　数：392 千字
版　　次：2019 年 3 月北京第 1 版
印　　次：2019 年 3 月第 1 次印刷
定　　价：56. 00 元

---

# 目　录

# 第一章　办公室工作概述

## 第一节　办公室工作的性质

办公室是为本机关、本单位领导工作直接服务的综合办事机构。它在机关、单位中起着承上启下、协调左右的作用。在我国，各级党政机关、人民团体，各个企业、事业单位，都有为本机关、本单位服务的办公室。尽管名称不同，有的叫办公厅，有的叫办公室，有的叫秘书处或秘书科等等，但其职能和性质大体上是相同的。其特征如下。

### 一、综合性和政治性

办公室的业务范围很广，诸如调查研究、公文撰写、公文传阅与处理、会务、接待、信访工作、电话通信、交通工具安排、介绍信与印章管理、档案管理、机要保密、后勤管理、与上下级单位联系等大量的政务性和事务性的基础工作，都由办公室综合承办。

### 二、从属性和服务性

办公室工作不能自身独立存在，它是从属于领导工作的一部分，是直接为领导工作服务，保证领导机关和领导人员顺利进行工作的。这种从属于领导工作的特性是由办公室工作性质自身决定的。

办公室不同于其他职能部门。它的任务就是服务，为领导工作服务，为同级、上下级单位服务，为人民群众服务。

办公室工作的上述特性，决定了它在本单位所有部门中占有特殊重要的地位。

# 第二节　办公室的地位和作用

## 一、中心地位和全面地位

1. 办公室虽然不是一级政府、一个单位的法定领导，只是从属于领导层之下的辅助层，然而它却要代表领导处理全局性的问题，起着辅助领导的作用，是指挥、控制整个机关、单位工作的中心部门。

2. 办公室又是一个单位的信息网络中心，是各种信息的交汇点和集散地。党和国家的方针、政策，上级机关的指示、指令，本单位的总体规划、目标管理、领导决策以及各种重大事件、重大活动过程中所形成的文件资料，下属各个部门贯彻实施领导决策的情况和反映，各方面的动态、情报资料等等，上下左右、四面八方的信息，都在办公室汇集和综合，并且要发挥信息中心的综合效应。

## 二、窗口地位和枢纽地位

办公室是一个机关、单位的总进出口。对于上下级和所属单位及其他机关、单位来说，是信息网络中心，处于联络站的地位，是联络上下左右、沟通四面八方的“窗口”。

办公室在一个机关、单位中，是沟通上下、协调左右、联系各方，保证机关、单位工作正常运转的枢纽。

办公室虽然与本机关、单位职能部门同属一个序列，但是，其他职能机构是管理层、执行层，办公室则是中介层，直接辅助领导开展各项工作。

## 三、参谋作用和助手作用

面临飞速发展的客观形势，要及时对重大问题作出正确、科学的决策，这不仅要求领导班子有合理的群体知识结构，善于精心规划决策，而且需要一批政策水平高、熟悉情况、头脑清醒、思想敏锐、精于谋划的人组成一个参谋和助手班子，这个班子就是办公室。

作为领导的参谋，应做好如下工作。

（1）做好调查研究工作，在领导决策之前为领导收集决策所需要的信息，为决策提供依据，并对决策所需要的信息进行分析研究，提出一个或几个可供领导选择参考的办法和建议。

（2）在办文工作中，除及时准确地进行传递外，还应对需要呈送领导阅批的文件事先进行调查研究，提出拟办意见供领导参考。领导者的主要任务在于进行决策，制定方针、政策。在一个领导班子里，每个领导成员往往一人分管多项工作，难以对每个方面都作详尽细致的了解。何况领导干部本身也受工作经验、专业知识、实践范围等多方面的局限，不可能事事了如指掌，由于他们的精力有限，也不可能事必躬亲。

（3）组织会议时，对会议的议程、开法、解决的主要问题及如何贯彻实施等提出建议和意见，供领导参考。

作为领导工作的助手，应做好如下工作。

（1）协助领导承办好各项事务。即帮助领导做好公文处理等日常工作。例如一个市有不少区、县、委、局，不能只依靠几个市领导直接去管理，而要靠市政府办公室传达下去；各区、县、委、局发生的情况也要通过办公室反映上来。尽管办公室与各委、局，在行政职级上是平级关系，各委、局间由于工作需要而产生的协调，是一种平级间的协调，不存在谁领导谁的问题。

（2）协助领导做好协调工作。现代行政管理，要求发挥整体效益，除搞好科学合理的分工、建立健全岗位责任制以外，加强协调工作是十分必要的。协调工作分不同的层次，领导亲自协调是一个方面，大量的协调工作还是要靠办公室来完成。

（3）协助领导做好各种决策的布置和督促检查工作。因为对领导决策的贯彻实施进行检查督办是办公室的一项重要职责，领导工作的各项决策大多是经过办公室传达和布置的，所以办公室除担负这种上传下达的任务外，还担负着对领导决策进行督促检查和全面准确地掌握贯彻实施情况的职责。办公室要协助领导建立严格的检查督办制度，认真负责地对领导决定的事项和发布文件的执行情况进行检查督促。在检查中如果发现领导原来作出的决策不完全符合实际，缺乏可行性，难以贯彻执行或不宜实施，应及时向领导报告，以便修正原来的决策，使之更加符合实际，更加完善可行。对于得不到执行或不能按期完成的事项要弄清是什么原因，有什么困难，存在什么问题。然后协助有关部门共同出主意、想办法，解决存在问题，保证领导决策的实施。

### 四、服务作用和耳目作用

所谓服务作用，是指办公室承担着为同一级机关、单位各部门和下级各机关、单位以及为人民群众服务的职责。

（1）为领导服务。做好参谋助手，协助领导处理日常事务等；进行调查研究，收集整理信息为领导决策提供依据；及时完成领导交办的任务等，都属于服务的内容。

（2）为本机关、本单位同级兄弟部门服务。比如上级指示的接纳、承办、处理；本级领导机关的报告、指示、请示的办理；与众多上下内外机关、单位的联系、应对等，就需要办公室综合承办。所有这些都是服务性工作，都应树立服务观念，尽职尽责地为各机关、单位服好务。

（3）为下级单位和人民群众服务。办公室为下级单位服务主要体现在日常工作的联系中，如对下级单位的请示要及时办理，及时答复。当然，对下级单位在公文处理和调查研究等方面的工作进行指导也属于服务的范畴。

在当今社会经济迅速发展和科学技术突飞猛进的情况下，领导需要办公室提供上下左右各有关方面的各种信息，以形成信息环流，作为决策的基础。因此，领导决策对信息依赖的程度越深，办公室的服务特色就越鲜明；领导决策科学化程度越高，对办公室工作服务质量的要求就越高。而办公室要获取信息，必须既为领导工作服务，又为上下级单位和人民群众服务，疏通信息渠道，广开信息源流。

（4）发挥耳目作用。所谓耳目作用，是指办公室在机关或单位的领导工作中具有了解情况、掌握情况、报告情况的职责。换句话说，就是要掌握信息、传递信息，并及时进行信息反馈。因此，也可称为信息反馈作用。

## 第三节　办公室的任务和特点

### 一、办公室工作的基本任务

办公室的任务，总的来说是参与政务，管理事务，搞好服务。但由于各级各类部门单位的体制、规模和业务工作等情况千差万别，其办公室的任务也不尽相同。然而，就办公室的共同性质、地位和作用来说，办公室工作的基本任务，大致可归纳为以下一些内容。

（1）综合工作。帮助领导制定总体规划，参与目标管理；协助领导抓好中心工作，搞好调查研究，及时发现新问题，掌握新情况，总结新经验，提出新思路。这些综合性工作都是由办公室承担的，都是办公室政务工作的内容。

（2）会议管理工作。开会议事是党政机关和企事业单位的重要工作方法之一。办公室是会议的主要组织者，对做好会务工作有着不可推卸的责任，也是它所担负的重要任务之一。所谓管理会议，第一，要协助领导搞好各种会议的审批工作，控制一切不必要召开的会议；第二，要努力改进会风，提高会议的质量和效率。

（3）文书处理工作。根据领导的意图，起草领导人在重要会议上的讲话初稿，或者提供有关资料，供领导备用。起草公文要认真，注意公文程序，行文格式，讲究内容上的政治性、法规性和思想性，形式上的程式化、规范化，力求简明扼要，便于阅读，便于文书处理和日后归档，还要考虑便于运用电子计算机进行公文处理。

（4）领导秘书工作。秘书，是指领导人员的专职秘书。领导秘书是各级各类机关、单位办公室的组成人员，他们所担负的工作也是办公室工作的组成部分。

（5）调查研究工作。调查研究是办公室的基本任务和重要职责，因为办公室是领导的助手和参谋，要发挥参谋助手作用，有效地参与政务、管理事务、搞好服务，就离不开调查研究。各级各类办公室都必须注重并加强调查研究工作。

（6）协调工作。协调工作进行得好与差，是衡量办公室工作质量和办事能力的一项重要评估标准。

实际工作中，在处理一些错综复杂的具体问题时，认识上的差别会经常出现，也就是说不协调的现象难以避免。现代管理要想发挥整体效益，协调工作必不可少，而这一任务只能由办公室这一综合部门来承担。办公室应当把协调工作当作自己的一项经常性的任务来完成。

（7）档案管理工作。档案管理是一项专业性较强的工作，办公室应根据专业特点搞好档案管理，切实抓好档案的收集、整理、鉴定、保管、统计、使用等环节的工作，以发挥档案的利用价值；同时要协助下级单位建立相应的档案管理制度。

（8）机要、保密工作。办公室的工作人员在领导身边工作，由于工作的需要，知密时间早、内容多、程度深。因而，在保密工作方面有比其他部门工作人员更为直接和重要的责任。

（9）信息管理工作。及时、准确、全面地为领导提供信息，是办公室的一项重要任务。要建立一套科学的信息工作制度，使信息的收集、传递、处理、利用、存储等一系列环节紧密衔接。认真做好信息的筛选工作。

（10）公务接待工作。一般情况下，办公室直接承担或由办公室与外事机构共同承担接待上级领导、采访代表团和学习参观团以及因其他业务工作来访人员的活动，也包括外宾的接待。

（11）印信管理工作。加强印信管理，是办公室的一项经常性的具体工作任务。印章是一个机关、一个单位合法存在的标志和职权的象征，它具有标志作用、凭证作用和权威作用。盖有印章的介绍信则是一个机关、一个单位对外联系工作的凭证，这方面的工作都是由办公室负责的。

（12）值班工作。大多数机关和单位都有自己的值班室，值班室一般设在办公室，归办公室管辖，是办公室工作的一部分。在高级党政机关的值班室设有专职值班人员，实行24小时昼夜值班，保持上下联系的畅通。

（13）信访工作。办公室应根据实际工作需要设立专门信访机构，配备专职信访人员，单位规模较小的办公室也应有专职或兼职人员具体承办这一工作，认真处理好人民群众的来信来访，务求做到件件有交代，事事有着落，在政策允许的范围内切实为人民群众办实事、办好事，树立和维护机关的良好形象。

（14）后勤服务工作。各机关、各单位都有自己的后勤管理工作，在我国的一些机关和大型企事业单位，有单独设置机关事务管理部门管理后勤服务工作的，但大部分机关和单位的后勤工作是由办公室承担的。即使设有专门负责后勤工作机构的部门，办公室也还是要负责一些后勤服务工作事项，特别是领导人员的后勤服务事项。

办公室的一切工作，都应遵循“迅速、准确、保密”的原则。具体要求为：

（1）迅速的原则。迅速，就是要求工作及时、高效。所有的文件都有自己的使命，所有的文件都是为了办事而发的。一切要办的事，欲达目的，都有两个要素：一是准确；二是时限。因为办公室工作是直接为领导服务的，所以，时效要求比一般工作要求更高。

（2）准确的原则。办公室工作如果做到及时准确，就能保证领导工作的及时准确性，相反，办公室工作不准确，就会导致领导工作的偏差和失误。因此，办公室必须强调并注重其工作的准确性。

（3）保密的原则。办公室一定要把保密原则作为一项重要原则，把保密工作作为一项重要工作抓紧抓好。比如，一切尚未公开的机密文件，不得随便给无关人员阅看或谈论；文件的运转交接应当严格登记，履行签收手续，明确责任；绝密文件应有专人负责，不得擅自携带外出，总之，要有制度，要检查，严防泄密。

## 二、办公室工作的特点

办公室所具有综合性、从属性、政治性、辅助性、服务性等属性，决定了其工作的特点。

1. 范围广，综合性强

办公室必须从整体利益出发，统筹安排各项工作，防止顾此失彼。这就是系统性、综合性、整体性的要求。要求办公室的工作人员是通才，是熟悉各方面工作的多面手。只有这样，才能适应办公室工作的需要。

2. 辅助性和服务性

既然办公室是从属于某一领导集团的，那么它的工作就必然是辅助性的，是服务性的，是辅助领导进行工作，是为领导工作服务的。不仅不是独立决策，而且也不是参与决策，只是为领导做一些辅助性、服务性的工作，发挥参谋助手作用。对于这一点，办公室人员一定要有清醒的认识，要忠于职守，恪守职责，全心全意为领导服务，为上级、同级、下级机关服务，为人民群众服务。

3. 工作带有事务性

办公室工作的一个重要方面就是协助领导管理事务。办公室日常事务工作的内容是很庞杂的。要搞好优质服务，必须牢牢树立整体观念和服务思想，经常保持同领导和各部门的密切联系，及时完成领导交办的事项，同时面向基层，热情接待每一个来办公室的人员。这就是办公室工作明显的事务性特征。

4. 工作的被动性

被动性也是办公室工作突出的特点之一。办公室是领导工作的辅助层，始终处于从属地位。办公室工作是围绕领导工作进行的，而领导交办的工作许多不能事先预料和不能事先安排，因此具有很大的被动性。另外，办公室工作又是服务性的，是要围绕服务对象，服务于服务对象的，服务对象的需要就是办公室服务的内容，服务对象的要求，就是对办公室服务工作的要求，这也决定了办公室工作的被动性。办公室工作的被动性作为办公室工作一个特点是客观存在，办公室工作人员要不断加强工作的计划性、预见性，积极处理好被动与主动的关系，努力变被动为主动。

办公室要发挥自己的主观能动性，可以从以下两个方面来努力：第一，对于例行性、程序性的工作，办公室要建立健全工作制度和工作细则，将这些工作纳入制度化、程序化、规范化、科学化的轨道，这样就能够事先做好准备，拿出建议方案，把工作做到前面，为领导当好参谋助手。第二，对于非程序性的工作和领导临时交办的任务，要力求增强预见性，这就要求办公室工作人员平时要注意收集和掌握来自各方面的信息，加强调查研究工作，注意发现新情况，研究新问题，要善于领会领导意图，围绕中心工作积极出主意、想办法，为领导献计献策，充分发挥参谋助手作用。领导没有想到的，我们可以事先想到；领导想到的，我们也可以想得更周全些；领导决策以后，要及时抓好落实反馈工作。这样，就能在被动中争取主动，更好地发挥办公室作为领导参谋助手的作用。

5. 正确处理参与政务与管理事务的关系

参与政务、管理事务是办公室工作中很重要的两个方面，两者之间既有联系，又有区别。管理事务主要指办公室工作人员协助领导主持日常事务工作；参与政务主要是指为领导献计献策，为领导决策提供依据，提出建议和方案。在办公室工作实践中，就一般情况来讲，大多数机关、单位的办公室在管理事务方面工作往往做得多一些，成效也比较明显，而在参与政务方面则往往做得不够，成效也不很理想。诚然，做好一般程序性工作，保证工作的正常运行，保证领导决策的贯彻实施是非常重要的。然而，办公室工作人员需要贯彻实施的应该是参与领导作出正确的科学决策，而正确的科学决策，既需要领导有较高的决策能力和水平，又需要参谋助手积极正确的辅助作用，需要办公室在领导作出决策前提供可靠的依据和可行的方案。由此可见，办公室发挥参谋助手作用的重要性，这就必然要求办公室工作人员在管理好日常事务性工作的同时，积极参与政务工作。就是说不能仅仅满足于完成程序性工作，完成领导交办的任务，还要按照领导意图，围绕中心工作加强调查研究，积极为领导决策献计献策，充分发挥参谋助手作用。当然，在完成程序性工作、完成领导交办任务中也有一个出主意想办法、发挥参谋助手作用的问题，二者相互渗透，相辅相成，同样都是办公室工作中的重点。

## 第四节 如何做好办公室工作

### 一、政务工作，务实高效

办公室工作千头万绪，任务十分繁杂，在众多的工作中政务工作是办公室工作中最重要的一项，在政务工作中能体现出办公文秘人员能力，能否做好政务工作也是能否当好领导的参谋助手的体现。做好政务工作就要求大家在工作中精益求精，开阔思维，放宽眼界，多多摄取知识来充实自身，做到“用什么有什么”，只有这样才能跟上形势的发展。那么我们怎样能做到“用什么有什么”呢？

1. 要提高学习能力

随着形势的发展变化，办公室工作的内容越来越广泛，任务越来越艰巨，综合性越来越强，对办公室工作人员服务能力的要求越来越高。因此我们办公部门必须努力的提高服务能力，才能跟得上形式的发展。

2. 要提高谋划能力

办公室工作人员是各单位、各部门工作的左右手，要为单位和领导决策提供参谋意见，就必须不断提高谋划能力。办公室工作不能“忙于办事，疏于谋事”，要发挥出我们的参谋助手作用，以高度的政治责任感和使命感，主动参与，积极进言献策，充分发挥参谋作用。

3．要提高创新能力

办公室工作如何在日常工作中出新，如何在工作的落实、调研、督查中出新，结合实际工作应当做到四个创新：

（1）意识创新

意识创新是工作创新的首要前提，如果没有创新意识，整天忙于事务，墨守成规，是难以在工作上出新。

（2）思路创新

也就是想问题、出主意要有新思路、新理念。想问题、出主意超前一点、想远一点。

（3）工作创新

要按部就班，集中精力研究自己的工作，集中精力把领导交办的工作干出色。

（4）方法创新

要不断学习新知识，掌握新方法，应用新设备、新载体，主动地、能动地做好工作。

## 二、事务工作，谨慎细致

事务工作在办公室工作中也占有着重要的地位，特别在基层的办公室工作中，每天的要安排好领导日程、来人接待、办文办会、对上沟通、对下协调等等，每项工作都非常重要。

1．要加强协调

办公室处在沟通上下、联系各方的枢纽位置，肩负着保证领导机关正常运转、保持上下左右联系畅通的重任。

2．要善于表达

语言表达能力是办公室工作人员的必备素质。说话时要内容条理清晰，言辞合乎身份，语气张弛得体，最大限度地达到说的目的，特别是对经手的每项工作一定要问明白，问准确，传达清楚，汇报清楚。

3．要谨慎细致

要一步三回头，办完回头看看，多检查几遍，重要的活动模拟一遍，办事办会做到滴水不漏，天衣无缝。很多问题出之不细，很多成功源于细致，要靠细致出成效。

### 三、加强自身建设，提高综合能力

为了提高办公室的服务能力和水平，我们在提高业务能力的同时，还要重视自身素质修养的提高。要提高自身素质就要有四种意识。

1. 要有奉献意识

办公室的工作比较辛苦，没有奉献精神是搞不好服务的。要有一种为了党和人民的事业以奋斗为本，以奉献为荣，以建功为乐的思想境界，多比吃苦奉献，少比阔气享乐；在奉献中体现价值，在忙碌中享受生活，在艰辛中体验快乐。

2. 要有责任意识

责任意识就是要知道自己这个岗位、这个环节。在整体工作中所处的位置和应发挥的作用，自觉的做好分内之事，优质高效的完成各项任务。

3. 要有群众意识

办公室工作是党和政府联系群众的重要纽带，虽然我们在领导身边服务，但归根结底来说是为了广大人民群众服务，所以要牢固树立“立党为公、执政为民”的宗旨意识，树立群众利益高于一切的意识。

4. 要有廉洁意识

办公室是每个单位的“门面”，办公室的工作质量、效率不但直接反映整个机关的精神风貌，而且一定程度上影响到领导在群众中的威信和形象。

## 第五节　办公室机构设置

### 一、办公室机构设置概述

办公室是各机关、单位的一个组成部分，是从属于机关、单位并为机关、单位工作服务的。一般基层机关以及企、事业单位的办公室，大多是停留在大量事务的处理上，整天忙忙碌碌，很少发挥办公室参与政务的作用。这与单位领导对办公室的工作安排、人员使用有关，也与机构设置、人员素质有关。如果办公室人员太少，素质不高，而工作任务又繁重，甚至超负荷工作，办公室领导不可能摆脱事务性工作，真正协助领导抓大事和出谋献策。当然，其他业务职能部门也可以当领导参谋，反映情况，参与职权范围内的决策讨论，但业务部门往往局限于从本部门利益出发考虑问题，而办公室的性质和地位决定其必须从全局出发协助领导考虑分析问题。这是因为办公室是直接为领导工作服务的一个部门。办公室工作好坏直接影响领导决策的正确程度与贯彻执行决策的全部过程。这是办公室与其他业务职能部门不同之处。办公室还具有由领导授予的对外处理问题的一定职权。因此，办公室的设置、组织形式和人员配备，都是根据机关、单位管理工作的实际需要来考虑。

## 二、办公室机构设置原则

1. 依法设置原则

对于国家各级单位、机关来说，机构设置必须依照国家组织法规定并经过正式手续呈报上级批准。企事业单位的机构设立也应经过正式的程序报上级批准，才能有合法的地位，受法律保护和社会的承认。

2. 层次管理原则

根据办公室的性质任务，办公室机构一般分设若干个部门和层次。以做到层层负责、分级管理、上下配合、左右协调。下一层次服从上一层次，受上一层次的直接领导和指挥。办公室领导不应越过所属部门负责人直接指令基层工作人员办事。层次管理原则还要求在分工负责的情况下，强调组织与协调的作用。在上下层次任务有矛盾时，根据上一层次总任务的要求开展工作，才能形成一个完整的有机系统。层次结构在一个单位里一般分为三层，高层是决策中心；中层主要是贯彻执行高层的决策与规定的任务；基层指一般工作人员。层次设置要从实际出发，不能一样看待；同时，还要考虑到领导有效管理幅度，这与办公室领导的能力与素质有关，与业务性质的难易有关。

另外，凡独立单位必须设置办公室机构，因为它们都是独立的工作单位，都有领导，都有办公室的工作任务。

3. 精简原则

机构设置要贯彻精简的原则，要重质量不要重人多，人多不一定能把事办好。同时，办公室的设置也要因事制宜。有时还要依据决策中心在不同时期的工作需要，合理地设置相应的机构，在一般情况下，单位大、职工多、业务广的部门，办公室工作机构应有严密的分工，使工作规范化、系统化，才有利于提高工作效率。如果是专业性较强的单位，办公室内还应设立专业性的秘书机构，才有利于协助领导开展工作。

4. 效率原则

机构设置的目的在于实现既定目标。要实现目标必须讲究效率，特别是高科技迅速发展的信息化时代，企业不讲效率，就无法竞争，就有吃亏和倒闭的危险。行政和事业单位不讲效率，就不能使事业发展，甚至造成重大损害。因此，在机构设置时就必须考虑如何有利于提高效率。过去不少部门最薄弱的环节就在于信息反馈系统，几乎等于空白，虽然强调调查研究，深入基层掌握第一手资料，但往往是走马观花或等待下属部门送材料，层层上报，所以浮夸等不正之风、材料不真实和失时效的情况时有出现。机构臃肿、人浮于事，是与效率原则相违背的。对办公室来说，必须克服过去那种信息传递缓慢的状况，建立一个健全的信息反馈系统，以保证信息反馈快，办事的路线与过程短，处理公文迅速、准确、保密。

5. 目标一致原则

一个单位或系统的首要关键是确定目标，它是提高效能的前提条件，也是团结和鼓舞全体人员同心协力地完成预定目标的动力。

目标一致原则，要求从整个系统来权衡利弊得失，小局服从大局，具有目的性、全面性。整合程度愈高，目标成果就越大；否则，反之。为此，办公室机构设置要考虑如何有利于实现组织目标。

6. 职、责、权一致原则

职、责、权一致是指机构设置以任务为依据，因事设职，以利于工作任务的完成。每个人职责都要明确，在其职责范围内有权处理各种问题，不要设置有职无权的岗位。同时，每个人之间的分工也要清楚，不要有事无人干，任何情况下都能按分工标准找到经办的人员。还要考虑在特殊情况下也能做到有人办理，以免产生无人过问现象。以上所说的就是职、责、权一致，切忌设置虚职，权与责是相称的。当然，有时权力是可以授予的，如办公室代表单位处理全局性问题。在这种情况下，其责任不是全部由被授权人员承担，领导者即授权人也要承担一定的责任。

## 三、办公室机构的领导与管理

各级办公室机构虽然覆盖全国，但由于它是直接为本部门领导服务的办事机构，对上下各部门只是间接服务关系，因而高一级办公室机构对下一级办公室机构，不存在直接的行政领导关系。这一特点，决定了各级办公室部门之间不可能形成一个自上而下的、独立的垂直领导体系。任何单位的办公室机构，都由本单位的领导层直接领导和管理。也就是说，办公室部门具有一定的“封闭性”。

办公室机构之间虽然存在一定的封闭性，但这并不意味着办公室机构之间没有垂直或横向联系，相反，在新时期这种联系有很大的发展。纵向联系表现为，上级办公室机构有义务对下级办公室机构进行业务上的指导。这种业务指导关系体现在办公室机构的各种工作制度、条例、守则的制定和实施上。上级办公室还经常通过颁发文件，召开秘书长、办公室（厅）主任会议等形式，对下级办公室进行业务指导。

# 第二章　办公室人员配备与工作环境规范

## 第一节　办公室人员的基本要求

办公室的特殊地位，决定了对办公室人员的素质要求，主要是政治可靠、谦虚好学、工作勤奋、廉洁奉公。

### 一、政治可靠

办公室人员应坚持以经济建设为中心，时刻保持清醒的头脑，坚决抵制那些错误的、腐朽的东西。除此之外，还要坚决服从领导，严格遵守纪律，不能脱离领导的意图，不能自以为是、自行其是，这是办公室人员应有的政治责任感。办公室人员在工作中经常接触领导、组织会议、处理公文、保管文件、对外联络及处理内部事务等，耳闻目睹大量的机密信息，必须自觉防范失密、泄密的发生。

### 二、有强烈的事业心

一般情况下，各级领导确定的工作部署、措施办法，是从党和人民的利益出发的，是为社会主义建设事业服务的。因此，办公室工作人员对正确的决策部署，要服从领导，认真执行。但在实际工作中，领导者面临许多新情况、新问题与复杂的社会环境，难免有考虑不周或失误之处，对此，工作人员要以党和人民的利益为重，以事业为重，出以公心，敢于“犯颜直谏”，陈其利弊，以诚相见，提出中肯的意见或建议。

### 三、谦虚好学

办公室人员通常被人视为领导的代表或代言人，直接关系领导的形象和威信。这就要求办公室人员充分认识自己所处的特殊位置，尤其注意谦虚谨慎。平等待人，尊重他人，不能傲气凌人，以势压人。这样就不会认为自己掌握情况多、接触事物早而沾沾自喜，而会自觉地向群众学习，向实际工作者学习，不断提高自身的工作技能和知识素养。

### 四、廉洁奉公

一个组织对外的行政事务大都要由办事机构及其人员承担，办公室人员首当其用，尤其要注意这一原则。作为领导的参谋和助手，应自觉发扬党的艰苦朴素的优良传统，为政清明，拒腐蚀，自觉地抵制不正之风。要牢记为人民服务的宗旨，正确对待和使用党和人民赋予的权力。

### 五、工作勤奋

办公室人员应当发挥兢兢业业、默默无闻、埋头苦干、不计名利的优良传统。

办公室人员工作点多面广，许多工作只能埋头苦干。不论组织会议，安排会场，还是接待来宾，管理办公文件，人们能看到的只是隆重的会场，印制精美的文件和资料，舒适的食宿和交通等等，而很少了解办公室人员为此所进行的紧张繁忙的工作，甚至加班加点、通宵达旦的努力。许多细小甚至琐碎的具体事务都要办公室人员承担。

## 第二节　办公室人员个体素质结构

### 一、知识结构

办公室工作综合性强，接触面广，这就要求办公室工作人员尽可能具备广博的知识与合理的知识结构。只有具备了丰富的知识，才能使办公室人员头脑充实，视野开阔，工作有效。

### （一）基础知识

基础知识是办公室人员知识结构中最基本的，内容也是最广泛的。具体可以分为以下三大部分。

（1）科学文化知识

有了科学文化基础知识，才能谈得上学习和掌握其他的知识。包括语文、数学、物理、化学、历史、地理、生物及外语等各方面的常识。

（2）基本政治理论

这部分知识，要求办公室人员不仅是通常的学习和了解，而且必须系统地把握和理解，力求精通。树立了正确的世界观和方法论，才能在工作中表现出坚定正确的政治方向和较高的理论水平。主要有马克思主义哲学和政治学、政治经济学、中共党史、党的建设理论以及有关的国际国内时事政治。

（3）政策法规基础知识

主要指党的现行的路线、方针、政策，国家的宪法和法律，各种行政法规和部门的规章制度等等。

只有基础知识牢固，才有利于进一步学习其他方面知识，也只有这样，才能使办公室工作人员更准确地理解党的政策，领会领导意图。

### （二）专业知识

专业知识是办公室人员知识结构的核心内容，也是有别于其他人才知识结构的主要方面。其中又具体分为如下两个部分。

（1）办公专门知识

这就是说，办公室工作人员在哪一行业工作，就应学会哪一行业的专业知识，如在政府机关工作的就必须有行政管理知识；在医药部门工作的要有医药卫生知识；在农业部门工作的，就要有农业科学知识等等。办公室工作人员只有懂得这方面知识才能在这一行工作，才能适应环境。

（2）秘书专业知识

包括秘书学、文书学、逻辑学、应用写作、档案管理、行政管理学、领导学、信息学、信访学、调研学、速记学等，只有掌握了这些知识，才能胜任办公室为领导服务、承办行政事务的工作。

此外，针对不同的行业和部门，还有一些具体的知识要求。例如在企业中，办公室人员应当掌握一些生产、经营方面的经济知识；在军事部门工作，就应当具有军事科学方面的知识；在学校和文化团体工作，则要注重教育学、文化学等方面知识的学习。

### （三）相关知识

相关知识是指与专业知识密切相关而又有区别的知识，学习这些知识对于提高办公室人员的工作效率和水平，具有重要的意义。主要有：

（1）方法论知识

包括系统论、信息论、控制论等。

（2）心理学知识

包括普通心理学、领导心理学、管理心理学、社会心理学、秘书心理学等。

（3）社交知识

主要有人际关系学、公共关系学、礼仪学等。

（4）其他科学知识

主要有行为学、预测学、咨询学、伦理学、新闻学、编辑学、传播学、人才学、文学艺术及书法等。

## 二、办公能力要求

对于办公室人员来说，能力是指完成其承担工作的本领，基本上可分为基础能力、一般工作技巧和特殊技能三个层次。这是办公室人员知识结构和良好素质在工作中的综合体现。

### （一）基础能力

办公室人员作为领导的助手和为领导提供服务，首先就应具有基本的写作和办事能力。这就要求对日常会议和领导指示的记录，要能领会精神，把握实质；起草文件应突出重点，观点鲜明，逻辑、层次清晰；公文处理要言简意赅，快速及时。相反，办公室人员若缺乏基本的工作能力，则会出现会议记录挂一漏万，甚至错误百出；起草文件事无巨细，轻重不分，词不达意的情况。同时，办公室人员还要办事干练，具备基本的办事能力，包括办文要及时、简洁，办会要有序、有效，对于领导交办的其他事务要准确、踏实地去完成。

### （二）表达能力

办公室工作人员的表达能力，包括口间表达能力和文字表达能力两方面。

口头表达能力就是如何运用口头语言表达思维的能力。办公室工作人员虽然很少去演说，但却要经常说话。上传下达要说话，汇报情况要说话，接待来访要说话，打电话要说话。说话机会如此之多，这就须讲究说话艺术，一要清楚明白，二要注意分寸，三要生动活泼，四要反应敏捷。

文字表达能力指书面表达的能力，即一般的写作能力。写作能力是办公室工作人员的基本功。办公室根据领导授意与工作需要，需经常撰拟各种文稿，写作范围很广。这就要求每个工作人员不仅应具备一般的书面表达能力和写作技巧，而且应熟知各种应用文体的写作，如通用公文、专用公文及公务常用文。写作能力的提高没有捷径可达，而在于平时勤学苦练。

### （三）记忆能力

办公室人员工作头绪繁多，需要各方面的知识，又要了解各种具体情况，应当具备良好的记忆能力。其中又要求记得快，对领导的指示、交代的任务、听取汇报的数字、接听电话的内容等等，没有较长的时间可供反复消化，必须迅速记住，记准。这样，对人、事、物及相关的数据、材料、观点记得准确，转达迅速，才能体现出工作的效率。

### （四）思维能力

办公室工作人员承办政务和处理问题，首先要经过自己的头脑思考，有了指向，然后动手实干。问题解决的过程，也就是思维完成的过程，这是思维的问题性。思维的理解性，是指通过事物之间的联系而认识新事物的过程，面对各种材料和文件，进行阅读并力求理解，这是思维的又一特性。思维又有概括性，能将各种不同事物的共性归并起来，或者找出内在的联系。思维还有间接性，就是对不能把握和不是亲历的事物，借助已有的知识经验和某种中介来认识事物。

### （五）交际能力

办公室工作人员在日常工作中，要接触到许多人，应付许多交往活动，待人接物是办公室工作的重要组成部分。因此，办公室工作人员需要了解自身进行人际交往的特点，克服人际交往的心理障碍，掌握人际交往的原则和方法。这样，才能处理好同各个方面的关系，建立起和谐、融洽的工作环境和良好的心理气氛，为顺利开展各项工作活动创造必要的条件。

### （六）一般工作技巧

学会调查研究。做好调查研究工作的诀窍在于，一要做有心人，以敏锐的观察力去发现他人不易发现和忽视的小问题；二要深入实际，同群众交朋友，谈真心话；三要方法得当，民意测验、抽样调查、个别谈心、开会讨论等，根据具体情况选择一种，或者综合运用；四要综合分析，对调查获取的大量信息和材料，能够去粗取精，去伪存真，由此及彼，由表及里，从中概括总结出事物的内在联系和规律。

### （七）特殊技术能力

办公室人员除了日常的工作之外，还要根据自身分工的不同和形势发展的需要，掌握一些特殊的技术能力。这部分技能主要是根据办公室人员分工的不同而提出的要求，并且主要是随着形势发展和工作需要，如电脑应用、复印缩微技术、录音录像和摄影技术、速记和书法艺术、打字和编辑技能、驾驶技术、维修和保养设备的简单技术能力等等。

## 三、道德素质

道德素质是指办公室人员与自身工作和职业活动密切相关的行为规范。主要是埋头苦干、服从领导、公道正派、严守机密等等。

### （一）良好的品格

品格，是指人对现实的稳固态度及其习惯化的行为方式。主要表现为：

1．对现实的态度，这是一个人的基本道德品质，是个人品格中的核心内容。如爱集体、爱劳动、敬业爱岗，或者自私、孤僻、好逸恶劳、妄自尊大等等，

2．情绪特征，主要指情感方面的强弱、持续时间长短等，人与人之间存在差异。

3．意志特征，如行为目标是否明确坚定，行为的自控水平，遇事镇定果断与否等，这在个体之间也是不同的。

4．理智特征，如在想象事物的过程中表现为理想主义还是现实主义，在感知事物的过程中是主动观察还是被动感知，个体之间也是存在差异的。由于一个人的品格对工作和生活影响很大，要求办公室人员具备良好的品格，主要是严格要求自己，克服不良习惯。

### （二）忠于职守

忠于职守就是要办公室工作人员忠于办公室这个特定的岗位、职责。办公室工作人员忠于职守，大而言之是忠于党、忠于国家的利益、人民的利益；小而言之，是要忠于本单位、本机关的政治利益和经济利益，这两方面在一般情况下是统一的。办公室工作人员要把它们结合起来，但是如果本单位、本机关的利益与党、国家、人民的利益发生冲突时，应从大局着眼，忠于全局的利益，暂时舍弃局部利

益。办公室工作人员对于工作出现偏差的领导，其忠于职守表现在敢于诤谏，以弥补领导过失。忠于职守还要求工作认真，办事负责；及时请示、汇报检查、总结；执行领导的指示一丝不苟；反映信息及时、准确。

（三）公道正派

只有公道正派的办公室人员，才能做到胸襟宽阔，在工作中充满朝气和活力。

办公室人员在工作中经常接触领导，与领导同志熟悉，关系密切。这就尤其要注意自重自强，不能将为领导服务理解为主仆关系而献媚领导，阿谀奉承，溜须拍马。这种做法是把工作中的服务关系庸俗化。对待上级领导，不论资历职务，接待来宾及基层群众，都要一视同仁，平等相待。切忌因人而异，亲疏有别，更不能看来头办事情，政治上随风乱转。

（四）严守机密

办公室工作人员要严守机密，应做到：不该说的机密绝对不说；不该知道的机密不要打听；私人通信、通电话，不得涉及党和国家的机密；不得在不利于保密的场合谈论机密；私人笔记本不记党和国家机密；未经领导批准，不得随身携带机密文件。

## 第四节　办公室人员群体素质结构

### 一、办公室群体的功能

（一）相互协调和支持

一个健全的办公室群体，个体之间应当毫无顾虑地相互出谋划策、磋商讨论，彼此支持。作为一个有系统性的办公室群体，它的各个个体在活动中形成了扬长避短的“互补性”，即每个个体活动是整体活动的一部分，整体活动也是个体活动实现的先决条件。

（二）实行差别协调

办公室群体的各个个体在智力、才能、技术和性格上必然各具特点，因此个体之间会存在这样那样的差别，这种差别是造成分歧和冲突的潜在因素。办公室群体的一项重要功能，就是实行差别协调，容忍差异，自动协调，减少分歧和冲突。

## 二、群体的结构因素

办公室群体能否正常活动，在很大程度上取决于办公室群体的结构是否合理。

当代办公室工作人员在某种程度上都是专才，这是科学技术日益专门化和办公室工作的分工决定的，专才的优点在于精通某一领域，缺点在于对于其他领域涉猎不深。不过，专才的集合在某种程度上能产生一种全才。办公室群体就担负着这一互补专才和偏才的功能。与个体比较而言，其本质和意义也在这里。办公室群体应是一种综合个体专才的全才。它应当发挥出远远大于个体的能量。当然，这一能量发挥得如何，还有赖于以下一些因素的结合状况。

### （一）个体因素

办公室工作人员是由各个个体组成的，因而也具有不同的个性。有的人直率热情，情绪变化激烈；有的人活泼好动，善交际，兴趣广泛；有的人持重而沉稳，情绪内含；有的人谨小慎微，善控制感情，如此等等。正是办公室工作人员丰富的个性，使得他们在处理同一事件上所采取的方式方法呈现出不同的特点。尽管对办公室群体个性因素的互补见仁见智，但个性因素对办公室群体的影响则是确定无疑的。

### （二）年龄因素

在一个工作群体中，年龄不同，所发挥的作用也不同。一般来讲，年龄较高的办公室工作人员见多识广，工作经验丰富，具有较高的理论政策水平，能较自如地处理各种复杂的工作问题，但与年轻的人员相比，他们最大的缺点是精力不足，行动不灵活。青年人思想活跃、精力充沛，敢想敢干，但与老同志比显得经验不足。中年的人员既有老年人的长处，又有青年人的优点，不仅年富力强，而且经验较丰富，业务较熟练。

### （三）知识因素

随着现代科学的不断发展，知识一般是专门化的。学历越高，专门化的程度就越深。由于不同的专门知识在办公室管理过程中有其限制，因此，这些知识的互相补充和合理搭配是构筑办公室群体知识结构需要考虑的一个因素。

### （四）集体的文化因素

通常的情况是工作人员被不断地充实到一个既存的办公室群体中去（也有新建立的情况），因此，这一既存的办公室群体存在着它自有的文化特征。这一文化特征是该群体的历史、传统、习惯、风气、承担的任务特点等因素综合的结果。所有工作人员都在不同程度上受到这一文化特征的影响。当然，也不排除工作人员可以逐渐地以致最终改变这一办公室群体的文化特征。

## 三、群体组织的优化

办公室群体结构是一个多系列、多层次的动态综合体，为实现群体组织的优化，应遵循如下一些原则。

### （一）个人要素有效的原则

应当保证进入办公室群体的工作人员个体具有良好素质和能力，这是保证群体优化的一个条件。为此，在挑选工作人员时，首先要注意坚持德才兼备的标准，挑选的对象不能有才无德或有德无才。其次要对工作人员作全面的分析，只要扬长避短，就能各得其所。再者要适才适用，即让适当的人干适当的事，实现人与事的最佳结合。为此，要了解每个被选者的专长、经历、性格等，以选出理想的人选。

### （二）群体互补原则

科学地搭配办公室群体的各结构因素，使之产生良好的总体效应，即称为群体互补。合理的结构主要包括：①年龄结构。办公室群体的年龄结构要与领导群体的年龄结构相适应，从平均年龄上不应超过领导群体的平均年龄，这样才有利于为领导服务。②合理的知识专业结构。群体成员的知识结构在内容上要能互相补充，如文理搭配、精通理论与实践见长互补等；对群体中不同成员的知识水平应有不同的要求。③多类型的智能结构。即在一个单位的办公室群体中，既要有以写作能力见长的秀才型笔杆子，又要有以办事能力见长的管理型人才，还要有以提供技术服务为主的技能型人才，这样才能适应办公室工作分工的要求。不同行业的办公室应具有不同的知识结构。④协调的气质性格结构。根据心理学原理，人的气质可分胆汁质、多协质、黏液质和抑郁质四种类型，它们对外界事物的反应各不相同。而性格则有内向与外向、独立型与顺应型、情绪型与理智型等区别。气质性格结构会对办公室工作产生影响。心理学的研究表明，性格类型不同的人往往比性格类型相同的人更容易相互吸引，更容易和睦相处。

### （三）经常调整流动原则

办公室群体的结构必须随着客观情况的发展变化不断调整，如更新工作人员的专业结构和知识结构，搞好新老工作人员的合作交替，及时调整工作人员的素质结构等。此外，办公室群体的人员结构不应当是静止的，应该鼓励人员积极流动，使他们开阔视野，增长见识，充分发挥自己的才干。

## 第五节　办公室人员工作考核

考核是指根据特定的目的，在一定的范围，按照规定的内容和标准，通过适当的方法和程序，有组织有领导地对工作人员的素质和表现进行调查衡量的评价。这里的考核，是指国家单位办公室根据有关法律法规和干部管理权限，按照工作人员的考核标准，对工作人员的政治素质、专业知识、工作能力、工作实绩进行考察，并以此作为评价、奖惩、任用、晋级的重要依据。

实行工作考核，是为了对国家单位公务人员履行岗位职责和完成任务的情况做出客观评价，激励工作人员忠于职守，奋发向上，开拓创新，为对工作人员正确实施奖惩、任用、培养等提供依据，其主要包含以下几个方面。

1. 考核的对象是国家行政办公室的正式工作人员。
2. 考核应严格按照法律法规所规定的标准和程序进行。
3. 考核主要采取定期和不定期形式进行。
4. 考核还必须与其他管理环节挂钩。

### 一、建立岗位目标责任制

岗位目标责任制，是指根据本单位办公室各个工作岗位的性质和业务特点，明确规定其职责、权限，并按照规定的工作标准进行考核及奖惩而建立起来的制度。

建立岗位目标责任制，是国家单位干部人事制度管理和改革的重要措施，是我国行政机构改革的一项重要内容，也是提高国家单位工作效率的关键之一。

1. 建立机关岗位目标责任制，是实行改革开放、进行社会主义现代化建设的需要

党的十一届三中全会以来，党和国家的工作重点已转移到现代化建设上来，改革、开放、搞活已成为建设有中国特色社会主义的重要方针。以公有制为主体的多种所有制的存在，社会主义市场经济的发展，对外开放，实施经济国际化战略等，

都要求各级国家单位改变过去管理方式和工作方法，逐步建立起一套能适应改革开放和现代化建设需要，职责明确的工作责任制。只有这样，才能建立强有力的行政工作系统，有力地推进现代化建设的顺利进行。

2. 建立岗位目标责任制是加强机关管理、提高工作效率的需要

提高工作效率和工作质量是办公室管理的核心问题。当前，办公室工作处于国家单位办公的核心地位，虽然通过制度改革、机制创新，工作作风有了很大转变，但仍然存在工作效率和质量不高的问题。建立岗位目标责任制，就是要较好地解决职责分明，任务明确，奖罚落实，充分调动工作人员的积极性，提高工作效率。保证本单位有效地完成任务，实现预期的目标。

3. 建立岗位目标责任制是克服官僚主义和腐败现象，建立廉洁高效政府的需要

首先，官僚主义的存在固然有思想作风方面的原因，同时也有制度上的原因。长期以来，在党政机关机构中缺少严格的行政法规和个人负责制，缺少对每个机关乃至每个人职责权限的严格明确规定，职责不清、奖罚不明。实行岗位目标责任制，就是使各级单位和部门工作人员的职、权、责一致起来，从而在克服官僚主义问题上发挥较大的积极作用。其次，国家政府是人民的政府，工作人员的权力是人民给予的，是用来为人民服务的。现在有少数工作人员，利用自己的职权和手中的权力拉关系、搞派系、谋私利。解决这些问题需要采取一系列措施，而在办公室工作中实行岗位目标责任制，就是其中一个非常必要的措施。

4. 建立岗位目标责任制是提高工作人员素质的需要

岗位目标责任制的建立，对机关干部担任的行政职务的责任、工作范围、具体任务以及工作效率和质量标准，都做了明确的规定。这就会加强办公室工作人员的责任感，激发他们努力提高自己的理论水平和业务能力，自觉地坚持和发扬深入实际、联系群众、全心全意为人民服务的优良作风。

## 二、考核的原则和内容

### （一）考核原则

考核原则是指在考察与评价办公室工作人员的德才表现和工作实绩时，应遵循的准则。制定科学的考核原则是搞好考核工作的前提条件，是使考核工作正确而有效地进行的基本保证。

1. 客观公正原则。考核的主要目的是考察和评价办公室工作人员履行岗位职责的情况。因此，对工作人员的考核应不受无关因素的影响，根据考核的条件和标

准，实事求是，客观公正地对被考核人员做出恰如其分的评价。

2. 民主公开原则。民主公开就是通过征求意见、民主评议、民意测验等方式，公开地对工作人员进行考察，增加考核工作的透明度。民主需要公开，公开是为了更好地贯彻民主，民主与公开是相互联系，相辅相成的。按照我国公务人员制度的要求，考核的目的与方法要公开，让大家事先做好思想准备；考核的内容与对象要公开，使被考核者心中有数；考核结果要公开，接受群众民主监督。

3. 注重工作实绩原则。对工作人员的考核，应从德、能、勤、绩四方面进行，但重点是考核工作实绩。工作实绩是工作人员通过主观努力，为社会做出并得到社会承认的劳动成果，是完成工作的数量、质量和效益。

### （二）考核内容

考核内容是指对工作人员进行考察和评价的具体项目。考核内容直接关系到工作人员考核的质量。根据我国推行机关工作岗位目标责任制以来的实际经验总结，通常考核工作人员的工作态度、工作能力、工作效果等几个主要方面。办公室工作人员的考核项目应以履行岗位职责和完成年度工作目标为基本依据，主要把握个人素质、工作技能、工作实绩、作风纪律、团结协作精神等。

## 三、考核的方法

考核的方法大致有以下几种。

1. 民意测验法。该方法是把考核的内容分为若干项，每项划分为若干个等级，如优秀、良好、一般、较差，制成考核表，并将考核表发至相当范围。考核前，也可先请被考核者进行述职，做出自我评议。然后，由参加评议的人填写考核表，最后算出被考核者的平均分值，确定他们的考核档次。这种考核法的评议范围一般是被考核者的同事和直属下级，以及与其发生工作联系的其他人员。此方法的优点是群众性和民主性较好，缺点主要由于群众素质的局限，可能会在掌握考核标准上带来偏差或非科学因素。

2. 工作标准法。这就规定每个职位必须完成的工作数量和质量，以此为标准去衡量工作人员的工作情况，达到要求的为合格，超过要求的为优秀，未达到要求的为不合格。此方法的优点是：主管人员决定下属的考核结果有明确的标准作依据，因而结果较客观公正；下属日常工作中也有标准可循。缺点是：适用范围有一定的局限性，对工作成绩的考核较合适，而对思想政治表现和能力的考核就难以制定定量标准。另外，对一些工作任务难以制定具体的标准，特别是一些复杂的脑力劳动就更难制定标准。

3. 因素比较法。就是把被考核者的工作表现分为若干因素或要求，每一个因素分为若干个等级，每一等级确定记分标准，制成考核表。然后让被考核者的领导、同级、下级各层次的人都参加，对每一要素打分。最后将测评数据用加权计算法计算出分数，得出每个人的等次。这种方法适用范围较广，既可用来测评领导者的工作实绩，也可对一般工作人员工作表现进行评估；既可评估一个人的全面工作，也可评估其业务水平和业务能力。但对要素的划分过细会有困难，划分过宽又难于区分工作实绩的差距。

4. 配对比较法。就是将被考核者用配对的办法比较其优劣等次。比较时用排列组合决定对数，每一对数都在纸上写上两个工作人员的姓名，比较其工作，判断谁优谁劣。两两比较后，以记优次数进行排列。此法的优点是准确度较高，缺点是操作烦琐，所以，单位人数多时就不宜采用此法。

5. 关键事件法。即为每一名工作人员设立“考绩日志”，由考核者（如办公室主任）随时记录。选择与其岗位工作直接相关的突出事件，进行记载。有了事实作为依据，经过整理、归纳，得到充分可信的考核结论，这样不仅有利于考核者克服主观倾向，进行抽象的评价，还有利于被考核者接受。但操作较为烦琐，而且并不能真正完整地反映工作人员的全貌。

## 第六节　工作职务分析概述

### 一、工作分析的含义

工作分析，是指根据办公室工作实质，分析工作的性质、繁简难易、责任重轻，执行工作应具备的学识技能与经验，进行制定担任工作所需的资格条件。在自动化使分工化进一步推进的今天，需要通过工作分析把握有关工作的情报。可以说工作分析是单位人事管理上非常有益的手段。

### 二、工作分析的目的和作用

1. 工作分析的目的

工作分析的目的如下：

（1）活用由分析而得到的各项工作内容、责任、权限，研究组织的整体结构；

（2）把握其工作所必要的最低条件，以此为前提进行考核、录用；

（3）对应由分析得到的必要条件、合格条件，适当地配置从业人员；

（4）以分析结果为基础，核定与职务的质和量相对应的标准人员，进行岗位定员；

（5）根据由分析判明的各项工作所必要的知识和技能进行教育训练；

（6）根据分析结果，制定各工作的执行基准，以此为参照进行人事考核；

（7）以分析结果为工作评价的基础资料，即作为导入职务工资和职能工资制度的情报而予以利用；

（8）将分析结果运用于安全和卫生教育。

2. 工作分析的作用

工作分析是进行招聘、晋升和业绩考核、培训工作的基础，因此，它对有效地进行人力资源的开发与利用有着非常重要的作用。

（1）它为编制定员提供了科学的依据

有了工作分析作为基础，管理人员就可以明确什么地方需要什么样的人员，需要多少人员。这就为合理配备人力，协调班组及部门之间的关系，最终达到人员的优化组合打下基础。

（2）它为聘用和考核职工提供了客观标准

在招聘员工时，可根据工作分析中所列示的完成工作所需要的技巧、知识和能力，对备选人员进行考核，在录用时可以减少主观成分。为职位申请人创造一个公平竞争的环境，职工也可以根据不同岗位的要求找到适合自己的位置，使每个人都能充分施展其才华。同时，工作分析明确规定了各项工作的职责、工作规范和要求，使考核工作更具体、合理、准确和客观，可减少员工的不满情绪，促使其提高工作效率。

（3）它为确定职工的工资待遇和进行培训提供了客观基础

由于工作分析明确了每项工作的内容、技术要求、所需知识、能力、责任等，从而知道完成该项工作需要的技术等级，责任大小，甚至所花的时间等，这就为企业合理、准确地确定职工的工资待遇提供了客观的依据。同时，工作分析中要求职工掌握的知识技能，也就是对职工进行培训的主要内容和任务。

（4）有利于员工明确努力方向，改善内部的人际关系

由于工作是高层管理者设定的，而工作分析则清楚地表明了高层管理者认定的重要事项或方向，这样就会给职工明确暗示，什么最重要，何处需要努力。同时工作分析使职工的工作具体明确，职责分明，考核、奖惩、晋升有了科学的标准和依据，从而大大减少单位与职工之间，职工与各部门之间的矛盾和纠纷，改善了企业内部的人际关系，增强了企业的凝聚力。

## 三、工作分析的内容

工作分析的内容包括工作分析要素、工作说明、工作规范等三个部分，下面分别阐述。

1. 工作分析要素

要进行工作分析，首先必须弄清该项工作由哪些要素构成？具体含义是什么？一般来说，工作分析包含的要素有七个。

（1）什么职位

工作分析首先要确定工作名称、职位。即在调查的基础上，根据工作性质、工作繁简难易、责任大小及资格等四个方面，确定各项工作名称并进行归类。

（2）做什么

即应具体描述工作者所做的工作内容，在描述时应使用动词，如包装、装载、刨、磨、检测、修理等等。

（3）如何做

即根据工作内容和性质，确定完成该项工作的方法与步骤，这是决定工作完成效果的关键。

（4）为何做

即要说明工作的性质和重要性。

（5）何时完成

即完成工作的具体时间。

（6）为谁做

即该项工作的隶属关系，明确前后工作之间的联系及职责要求。

（7）需要何种技能

即完成该项工作所需要的工作技能。如口头交流技能、迅速计算技能、组织分析技能、联络技能等等。

2. 工作说明

工作说明是有关工作范围、任务、责任、方法、技能、工作环境、工作联系及所需要人员种类的详细描述。它的主要功能有：让职工了解工作的大致情况；建立工作程序和工作标准；阐明工作任务、责任与职权；有助于职工的聘用与考核、培训等。

3. 工作规范

为了使职工更详细地了解其工作的内容和要求，以便能顺利地进行工作，在实际工作中还需要比工作说明书更加详细的文字说明，规定执行一项工作的各项任务、程序以及所需的具体技能、知识及其他条件。为此，企业在工作分析的基础上，可设立“工作规范书”或将此项内容包括在工作手册、工作指南等之中。所谓工作规范就是指完成一项工作所需的技能、知识以及职责、程序的具体说明。

## 四、工作分析的步骤与方法

1. 工作分析的步骤

步骤一：确定信息将要用于什么用处，这样才能正确地选择需要收集什么样的资料以及如何去收集这些资料。在工作分析中有许多资料收集方法和收集技术，而每一种方法和技术能够达到的目标是不同的。如对雇员进行调查的方法，能够通过询问雇员从事工作的职位、必须完成什么任务、他们的责任是什么等来提供信息。这些信息对撰写职位描述以及为这一职位挑选职工都是有用的。而其他工作分析技术对撰写职位描述并不能提供充足的信息，但是却能够提供每一职位的数量等级。在确定每一职位的薪资报酬时，必须对不同职位进行比较，这时这些信息就是相当有用的。

步骤二：确定情报的内容后，就要确定由谁来收集情报。一般来说，由人事部门的管理人员和某一主管在专家的指导下共同负责情报的收集，而由任职者提供岗位情报。接着，就要确定收集情报的方法，一般情况下，岗位情报的收集方法有5种。

（1）面谈法。即通过与在岗人员会谈或召开岗位分析者或专家讨论会来收集情报。

（2）观察法。即由岗位分析者直接观察从业人员的工作收集情报的方法。

（3）问卷法。即用事先设计好的问卷，由在岗者或监督者或分析者填写的方法。

（4）自我记入法。即由在本岗者本人记入调查表的方法。

（5）实验法。根据动作研究和时间研究，使用计时表、胶卷等技术装置进行实验分析的方法。

步骤三：选择将要被分析的职位中有代表性的职位进行分析。这样做的目的是为了节省时间。当存在许多相似的职位需要分析时，对其中有代表性的职位进行分析就行了。

步骤四：从这一步开始对选定的工作进行实际分析。分析工作包括收集该职位应该进行的活动的资料，完成该职位工作对职工行为的要求，该工作应该进行的活动的资料，完成该职位工作对职工行为的要求，该职位的工作条件，完成该职位工作对职工能力和人文特征的要求。为了完成这一步骤的分析工作，常常需要使用一种或更多的分析技术。

步骤五：针对第四步完成的工作分析工作，对该职位的任职者和有关人员进行访问，根据对任职者和其上级的访问讨论的结果，对已经作出的工作分析进行修正，这一步骤的工作对于保证信息的完整性和正确性很重要。这一步骤分析工作的意义还在于，由于给了该职位的任职人一个了解和修正该职务分析的机会，将来他或她在接受该职位的职务分析的结论时就有比较好的心理准备。

步骤六：进行职位描述和职位说明的最后工作。这部分工作是工作分析的两个密不可分而又相对独立的组成部分。

2. 职务分析的方法

职位分析的方法一般有以下几种。

（1）个人重点法

个人重点法是指以个人特征为重点的分析方法。它主要包括：职位分析问卷法、身体能力分析、关键事件技术法、指导线导向岗位分析法。

①职位分析问卷法。这一问卷一般包括许多工作因素或用于研究的报酬项目。每个问卷包括六个部分：

A. 信息输入：职工从何处、如何取得信息？

B. 脑力操作：工作中应包括哪些分析、决策、规划和信息加工活动？

C. 工作产出：职工进行何种活动，使用何种工具或设备？取得什么成果？

D. 与其他人的关系？

E. 工作背景？

F. 其他工作特征：何种其他活动、条件或特征与工作有关？

②身体能力分析。主要是对工作所需要的以下九个方面的身体能力进行分析的方法。

A. 运动能力：持续、重复产生物理力量的能力；

B. 躯干能力：主要指躯体肌肉能抗拒疲劳再生力量的能力；

C. 静力：提、举、推、拉、扛、负外物的能力；

D. 爆发力：一次性突发能量的能力；

E. 伸展灵活性：在各种情况下伸展躯体、四肢的能力；

F. 动态灵活性：强调伸展后的回位能力；

G. 整个身体的协调能力：敏捷性；

H. 整个身体的平衡能力：在有外力情况下的平衡能力；

I. 耐力：即身体的忍耐力、持久力。

③关键事件技术法。即把工作中最关键的几个事件或因素找出来进行分析，或者把最有效的任职者选出来并对其所作所为进行描述的方法。

④指导线导向岗位分析法。即根据国家的就业政策和国家对工作设计的法律指

导线来进行分析的方法。

（2）因素比较法

因素比较法的基本做法是：依据评价因素和所设立的标准职位，将其他职位与标准职位进行比较，以确定职位的价值和等次。具体做法是：先选择若干职位作为标准职位，然后选择各职位所共有的因素作为评价因素，并将标准职位的待遇水准分配到各个评价因素，再将被分析评价的职位与标准职位进行分因素比较，确定出各个职位所含因素的价值，最后以该职位的总价值确定其等次。

（3）因素评论法

因素评论法的基本做法是：依据评价因素和各个职位的重要程度或价值，直接对职位进行排序，确定职级，划分职等。具体做法是：先将一个组织内的所有职位按其在组织中的价值，作有序排列，然后将各个组织的职位序列予以合并，形成整个组织的排列，再将排列后的职位按高低次序，区分档次，形成职等。

以上是工作分析常用的几种方法，它们的适用特点各不相同，各有所长，在实践中可以将几种方法结合起来。

## 五、工作职位分类

1. 职位分类的含义

职位分类，系将一机关内各工作人员所担任的工作，根据其任务、责任与所需资格，归纳为类；分类的主题是所执行的或需执行的工作，程序是经由分析与评价，其成果是将各种工作归纳为类。

2. 职位分类的作用

职位分类的作用，主要体现如下两个方面。

（1）有助于其他人事目标的达成：如将同等职责程度的分类列为同一俸给水准，对俸给可作合理的管制；将各种不同的职业与职位，归纳为数甚少的类，凡属同一类的各职位人员的征募、资格要求、考试及遴选等，可用同一标准处理；明定职位的类别，以便与现职人员所执行的工作相比较；举办新进人员引导及其他在职训练时，可提供可靠的职位内容资料；表明各职位间的上下关系，以利任用及晋升制度的建立；使主管与职员对工作与待遇有共同的了解，以增进职员与管理层间的关系，有助于对工作的激励。

（2）对机关的帮助：如运用标准的类的称谓，可建立统一的工作术语；根据任务的叙述，可澄清每个职位的责任；将统一的分类名词应用至财务行政，使编列预算更为顺利；根据职位内容资料，有利于组织问题的分析。

3. 职位分类的程序

办理职位分类的程序，大致有下列四个，前三个为计划，后一个为实施。

（1）分析及记录职位的任务与有别于其他职位的特征：欲了解职位的内容，不能只凭个别职位，需同时了解职位所在单位之权责系统及各职位间的关系；而搜集各职位职责内容之方法，通常为先用书面调查方式，如遇有职位之职责内容不够时，则以实地调查方式补充之。

（2）将性质及职责程度相似的职位归纳分为：作归纳时需先作职位的分析与评价，大致而言，同性质的职位，其职责程度是否相当，在政府机关多用判断，在工厂则多用评分，凡分类幅度相近则归纳为一类；评分方法看似甚为科学，但事实上仍非科学、借重于判断之外仍多；故评价并非精确的科学，只是将混乱的职责情形作有系统的与逻辑的安排而已。

（3）制定类说明书：第一个类，均应制定类说明书，或称分类标准，类说明书内容，通常区分类之称谓、类之特征、职位工作举例、所需资格及专门职能等项；当类说明书制定后，即可作为其他职位办理归类之根据。

（4）实施职位分类：在此程序中最重要的工作，即为办理职位归类，亦即将一个机关内的各职位，根据其职责内容，分别归入适当的类。若此各职位人员的人事管理基础已建立，对职位人员的遴选，依该职位所属类别之所需资格及专门职能为准；职位人员的俸给，依该职位所属类别所列之职能为准；职位人员的考绩训练等，亦可依该职位所属类别之职责内容订定工作标准及训练课程，以为办理考绩及训练之依据。

当职位的归级决定后，如遇及职位职责内容有变动时，再调整归级，以保持职位职责内容与所归类别相一致。

4. 职位调查的方法

（1）访问法

访问法，是指工作人员对有关人员进行访谈，了解职位分类所需材料。访谈前应做好充分准备——确定访谈主题，了解背景材料。在访谈过程中应讲究方法，用平等、亲切轻松的态度，不致使对方感到拘谨和造成心理压力，交谈时应语言清晰，做好记录。

（2）观察法

观察法，是指工作人员到工作地点观察实际情况，将标准时间内分类职位上发生的所有事情如实记录下来。标准时间指的是一个职位的职务完成一个流程所需要的时间。观察法需要较多的调查人员和较充裕的时间。时间过短，则观察易失真，甚至得出相反的结论。

（3）填表法

调查表应包括职位名称、职员姓名、单位名称、所在地、主管姓名、职务内容、责任等。此法缺点是不易填写详细、准确，同一职位的不同人员往往填写内容不一样。

（4）会议法

实际上是扩大的访谈，同时与多人座谈。

（5）综合法

将上述方法结合起来使用称为综合法。一般是先填表，根据分析结果再派人访问或观察，效果较好。

## 第七节　工作岗位设置

### 一、岗位设置的含义

岗位就是工作位置。这里所说的工作，是特定的具体岗位的工作。只有存在某种特定工作并需要专人来完成时，才有必要设置岗位。这里所说的位置，是特定的分工协作的位置，即从事具体工作的人员与其他相关人员的协作方式。岗位不是独立的，总是相互联系，是分工协作体系中的一个环节，它的作用，就是以其特定的工作保证整个分工协作体系的正常运作。因此，人们在固定的岗位上工作，也就是通过完成具体的工作任务进入组织的分工协作体系，使组织得到有效的运转。

### 二、设置岗位的结构及岗位分类

1. 设置岗位结构

每一个工作岗位，都由职务、责任、权力、利益构成。职务即该岗位应该完成的工作任务，具有具体性和稳定性。这是设置岗位的基础。责任是组织对职务完成状况的约束，体现为相应的组织约束手段。权力是完成工作的条件，每个岗位都必须占有一定的人力、财力、物力，并以人、财、物为依托进行工作，否则工作就难以开展。对人财物的支配权就是岗位的权力，通过以一定的条件配置和一定的工作条例来体现。利益是推动工作的动力。工作由人来完成，利益是人们行为的动力。每个工作岗位，都必须有相应的工作待遇，才能促使该岗位的工作者努力工作和履行职责。上述职务、责任、权力、利益是构成工作岗位的四个方面内容，缺一不可。

2. 岗位分类

(1) 岗位分类的含义

岗位分类，是指按业务性质和难易程度对工作岗位进行排列组合，把它们分成不同的系列和等级，并制定相应的工作说明书，作为对上岗人员进行管理的依据。岗位分类的结果，是形成不同的职系、职组、职级、职等。职系与职组是对岗位按业务性质进行的划分，职级与职等是对岗位按难易程度进行的划分。

(2) 职级与职等

职级与职等是工作岗位的纵向分类，即按工作的难易程度、责任轻重、资格宽严等因素对工作岗位所进行的划分，凡是上述因素相同或相近者，划入相同职级或职等。其中职级是岗位等级的基本分类，是同一职系中不同岗位的等级划分。在同一职系中划分不同的职级，对管理工作具有重大的意义，它能划分不同岗位在工作要求上的差异，使从事相同业务但能力不同的员工具有合适的工作岗位，从而更好地发挥自己的能力。同时，职级的划分也是确定员工劳动待遇，促进员工业务发展的重要手段；同级同薪，提级提薪的原则，体现了劳动贡献与劳动报酬的内在联系。职等与职级的区别在于，它不是同一职系同不同岗位之间的等级划分，而是不同职系之间的相似岗位等级的比较和平衡。在进行职等划分时所依据的，是工作水平的相似性，只有撇开不同岗位之间的业务差别，才能找到其中所体现的水平上的可比性。进行职等划分也是一个重要的管理工作，它能够揭示不同职系中工作岗位的联系，为员工的工作能力和贡献找到比较普遍的评价标准，有助于对从事不同业务工作的员工给予公平的报酬和待遇。

(3) 职系和职组

职系和职组是工作岗位的横向分类。

即按业务性质对工作岗位所进行的划分，凡业务性质相同或相似者，划为相同职系或职组。其中职系是最基本的岗位业务分类，一个职系相当于一个专门职业。在实际工作中，由于工作岗位的内容常常涉及不同职系的业务，因此在确定该岗位究竟划入哪一职系时，要分析哪一方面业务内容占主导地位，从业务量，业务占用时间，业务管理方式等方面进行测量。

## 三、岗位设置

1. 认识工作岗位要求

(1) 为认识工作岗位要求的条件，我们必须回答以下这些问题：在这项工作中必须做些什么？怎么去做？需要什么背景知识、什么观点以及什么才能？

（2）原则。

①适当的工作范围

把工作范围限定得太窄，就不会有挑战，不会有发展的机会，也不会有成就感。结果，好的管理者将会感到厌倦和不满。另一方面，工作范围也不能定得太宽，太宽了就不能有效地工作，其结果将是有压力、受挫折和失去控制。

②挑战——使工作无空闲

有时管理者并不需要用全部时间和全部精力去完成交给他们的工作。他们没有遇到任务的挑战，就觉得他们的力量没有得到充分的发挥。结果，他们经常干涉下级的工作，而下级也会感到他们没有充分的工作自主权。不久前，一家公用事业公司要求帮助解决公司的内部纠纷，经了解发现职工没有把全部时间放在工作上。他们对工作岗位、职责、任务等争论不休、互相影响。这样，他们把精力都消耗在对付别人身上，不是去实现公司的目标。情况很清楚，应该设计出带有挑战性的目标、任务以及职责的工作岗位。

③为设计工作岗位所必需的管理才能

一般地说，设计工作岗位应该从待完成的任务开始。设计的面通常较广，足以适应人们的需要和愿望。但一些研究管理学的学者建议我们最好学会设计出适合某个人领导作风的工作岗位。这一点可能特别适用于为突出人物设计工作岗位，以便于发挥他们的潜力。然而，问题在于如果这样做，每一位新的管理者上任，都必须重新修订职责内容。如此，工作岗位的说明就必须对某职位的人员应该做出什么成绩提出一个清楚的概念。但也必须容许一定的灵活性，以便领导利用个人的特点和能力。

2. 因事设岗

有两种工作任务。一种是需要专人负责的工作任务，一种是不需要专人承担的工作任务。只有那些需要专人负责的工作，才必须设置相应的工作岗位。因此，设置工作岗位时，必须研究不同工作任务之间的区别和联系，使工作任务相对集中和稳定，努力以较少的工作者完成较多的工作任务。哪些工作任务需要专职人员？哪些工作不需要？如果不设专职人员，工作任务如何落实到人？这是一项复杂的工作，必须科学地处理。从总体上看，岗位设置的基本原则，是因事设岗，而不能因人设岗。

## 四、岗位评价

1. 岗位评价的含义

岗位评价，就是分析和确定不同岗位在整个岗位体系中的地位和相对价值，为岗位分类提供依据。在一个组织中，整体任务是通过不同岗位工作来完成的。这些岗位不仅在业务性质上各有区别，而且在工作的难易程度和影响范围上也各有区别，要求具有不同素质和能力的人员来担任，岗位评价的作用在于，它能对工作岗位的性质和特征作出定量说明，从量的角度划分不同岗位的难易程度和相对价值，使工作岗位在职级职等上的划分具有科学的依据。由于企业员工的待遇与岗位的职级职等是直接相关的，因此岗位评价还直接影响员工的待遇，影响工作报酬的公平性与合理性。

2. 岗位评价的内容

一般来说，岗位评价所涉及的内容大致包括三个方面，即劳动方式、工作责任、任职资格。对劳动方式的评价，是为了刻画岗位所要求的劳动力付出状况，包括体力智力的付出状况。劳动强度大、工作难度大的岗位，相对地位较高。对工作责任的评价是为了刻画岗位在整个分工体系中的地位，包括它对全局工作的影响范围和影响程度。影响大责任大的岗位，相对地位较高。对任职资格的评价，是为了刻画岗位对任职者所具条件的要求，包括素质条件和技能条件。条件要求高，具备条件者少的岗位，相对价值较高。把这些方面的评价结果加起来，就是岗位的总体评价结果。由于不同岗位的评价尺度是相似的，因此岗位评价结果可以加以总体排列，从而确定不同岗位的相对等级。

3. 岗位评价的方法

在各种岗位中，确定最有代表性的岗位作为评价对象，这种代表性，包括业务性质的代表性和难易程度的代表性，对有代表性的岗位进行评价，评价结果容易推广到相关岗位中去。

对所确定的岗位进行全面分析，找到其中最重要的制约因素。每个工作岗位都受到多方面因素影响，但其中必然有影响最大、最直接的，这是岗位特性赖以形成的主要制约因素。对它们进行评价，有助于抓住岗位的本质特征。

确定合理的评价尺度，对岗位主要因素进行测量评估。这一步是最关键的一环，其作用在于把岗位评价的一般尺度与具体岗位的特殊属性结合起来，使岗位属性的质转化为岗位评价尺度的量。

把不同因素的测量结果归总计算，得到一个岗位的评价总值，把这个评价总值纳入所有岗位的评价结果之中，就通过相对位置，从量上说明了岗位的等级地位。

为了保证岗位评价的公平合理，必须注意不同职系乃至不同职组之间的横向比较，使岗位评价的值在不同职系职组之间具有可比性。具体做法是，在不同的职系之间找到公认难易程度相似的代表性岗位，给予它们相等的评价值，然后以这两个岗位的量值为参照系，调整各自所在职系内的职级划分，从而使不同职系的职级划分相互之间得到平衡。

# 第八节　办公室主任及职员的素质结构

## 一、办公室主任的要求

1. 办公室主任的含义

办公室主任，是指某一组织中为领导工作服务的综合性办事机构的行政首长。我们国家的各级各类机关、团体、企业等组织和单位中都设有为领导工作、机关工作和员工服务的办事机构，这个机构的负责人就是办公室主任。他既是文秘队伍中的一员，又是文秘队伍的管理者、指挥者。在办公室内部，他是一室之长，对办公室全面工作负有领导之责，是“大管家”，对办公室人员的精神状态、工作水平、工作效能、工作作风起着重要作用；对于领导，他是服务员，是“大文秘”“大参谋”，对于同级领导层的领导工作有着直接的影响。

2. 办公室主任的特点

按照我们国家有关政策、法令规定和办公室主任工作的实际，办公室主任工作的主要特点大致如下。

（1）全面性和综合性

办公室主任作为领导的助手和参谋，对凡与领导工作有关的活动，不论是实际执行，还是研究讨论，也不管内容涉及政治、经济，或者科技、文教，都应当给予辅助和关注，甚至其他职能部门不管的杂事，办公室主任也要主动加以关心、协调，这充分说明了办公室主任工作的全面性和综合性。

（2）政治性和辅助性

办公室主任在协助领导贯彻党和国家的路线、方针、政策方面，负有重要的责任。他的每一件工作都与党和国家的方针政策的贯彻落实有着密切的联系，具有很强的政治性。无论是向上汇报情况，对下传达领导意图，起草各种文件，还是接待群众来信来访，办理各种具体事务，无不体现党的路线、方针和政策，具有鲜明的阶级性。

办公室的设置不能脱离某一特定的组织，办公室主任也无法脱离本组织的领导工作而独立，一切都是围绕领导工作来展开活动。因此，办公室作为服务机构，决定办公室主任工作的基本职责是当好领导的助手和参谋，也就是只能根据领导的指示和决定行事，决不可越俎代庖。即使可以向领导建议处理问题的办法和方案，但下达或执行这一办法和方案，仍须经过领导批准或明确指示。

（3）事务性和保密性

办公室工作中，上起领导决策的形成和发布，下到来宾的接待安排，都与办公室主任有关。从会议记录、文件形成，到执行、督促、签字、盖章，从来信处理、接待员工，到谈心教育和评优颁奖等等，几乎都要办公室主任关心，可以说事无巨细，都是办公室主任工作要涉及的范围，直至参与具体操办，沟通联络。

办公室主任直接或间接为领导决策提供咨询、参谋服务，接触的事物较多，具有很强的保密性。因此，凡是没有公布的党和国家的方针政策和领导的意图，决不可提前向无关人员透露；工作中的各种保密性的数字，人事的任免、调动、安排，处理意见，在公布和实施之前，也不得向任何人泄露。同时，办公室主任要经常督促、教育所属工作人员，要严守国家机密，维护人民利益，在工作中和生活中模范地执行国家的有关法律、法令，养成保守机密、守口如瓶的习惯。

3. 办公室主任工作的基本要求

（1）及时、准确

及时是指办事行文不能推诿拖延，而要讲求效率，这是对办公室主任工作的基本要求。不求及时，就谈不上效率，将会贻误工作。

准确是对办公室主任工作的首要要求，其中又可以分为两重含义。首先，办公室主任要协助领导决策，并参与对下属机构和员工实施领导，应当掌握准确的情况，这是正确决策和领导的基本保证。其次，办公室主任在承办和管理具体事务的过程中，必须做到准确无误。

（2）落实

办公室主任的大部分工作尤其是事务管理性的工作都很具体，有的还相当琐碎。如为各种会议安排食宿和大小会场；为领导同志下基层调研安排交通工具；为从事各种工作的同志准备、供应办公用具；接待上级机关和兄弟单位来人、接待群众来访来信；安排本单位值班、保卫、通信联络等工作事项，都需要办公室主任作出妥善而又周密的安排，狠抓具体落实，落实到单位，落实到个人，并及时进行督促检查。对于那些参与领导决策的政务性工作，办公室主任也应当狠抓落实。当领导同志作出正确决策或决定后，办公室主任要组织人员认真学习、领会，并采取切实有效的措施具体贯彻、落实。

（3）保密

办公室主任在每天的工作中，都要接触到大量的文件和材料，其中许多都具有机密性，并且越是高层机关，机密的文件和材料越多，也越容易使某些办公室主任形成自以为“见多识广”的不良习气，疏忽应有的保密和安全观念。这就要求每一个办公室主任要长期牢固地树立保密意识，越是上层机关，越是长期担任办公室主任职务者，越是应当注重保密工作，并提醒或协助领导，教育和督促下属，共同做好保密工作。

## 二、办公室主任的职责和任务

1. 承办职责

对领导决策意见的贯彻、实施，承办各职能部门乃至下级机关、基层群众要求办理事项等，是办公室主任工作的首要职责。从其承办的工作内容来看，大体有如下三个方面的职责。

（1）承办上一级办公部门交办事项

各级各类党政机关、团体、企事业单位的办公室既是本级党委和行政的综合办事机构，是独立存在的一个整体，又是从中央到地方整个办公系统中的一个子系统，是依存于整体的部分。各级办公室之间通过加强联系，充分发挥办公机构的系统作用和整体效能，以便更好地为各级领导服务。上级领导机构的办公室向下级机构办公室交办的事项、任务，办公室主任应主动牵头承办，或督促所属工作人员从速办理。上一级办公机构及其负责人向下级办公机构及其负责人交办事项的范围较广，除了调研任务之外，还有诸如信息反馈、来信来访以及系统内部自身业务建设等具体事宜，都需要下一级承办者认真办理。

（2）承办同级领导层的集体决策和领导同志个人交付办理的事项

领导决策有时是“统一研究，分头落实”，有时是组织行政首长个人决断，作为本组织、本单位综合办事机构负责人的办公室主任，对本级领导层的集体决策和领导同志个人交办事项负有直接的承办责任。有些牵涉面较广、归属不太明确且其他有关职能部门不便于也不宜承担的事项，则须由办公室主任去具体承担、落实。

（3）承办同级各职能部门和下级单位转办的有关事项

为了保持领导机构工作的正常秩序，各职能部门和下级单位向领导机构、领导同志汇报请示问题，往往不应直接去找领导同志本人，而应先找办公室主任；办公室作为所在单位与外界联系的窗口和纽带，经常需要安排、处理各职能部门和下级机关转办的事项。

可见，办公室主任“承办”的具体形式，主要有“主办”“会办”“转办”“催办”等。“主办”即直接负责具体办理；“催办”作为“会办”“转办”的有益补充，它是指督促、协助有关单位、部门和人员从速办理有关事项。无论是“主办”“会办”，还是“转办”“催办”，办公室主任都必须严肃认真，但在繁多的头绪和庞杂的工作中应当区别轻重缓急，进行有条理的安排和操作。

2. 参谋职责

（1）办公室主任在辅助领导决策过程中，应当承担的重要职责

决策是领导者的基本功能和职责，而办公室主任履行其参谋职责又有其他人所

不具备的优势和便利条件。

①办公室主任工作同领导层的工作同步运行与操作。由于办公室的工作有着同其他部门明显不同的从属性的特点，领导层要抓的工作，也多是办公室主任着力要办的事情，使得办公室主任的工作与领导同志的工作合拍，从而为办公室主任辅助领导同志决策提供了便利。

②办公室主任与领导层之间具有经常接触的便利条件，可以随时向领导同志陈述自己的见解和主张。

③办公室主任接触面大，信息较为灵通，对外联系广泛，客观上为领导提供咨询服务，为当好领导的“参谋”提供了便利。因此，当好领导的“参谋”，对办公室主任而言，责无旁贷。为正确履行这一职责，要求办公室主任围绕本组织的工作目标和主要任务以及需要领导决策的重大问题，积极主动地组织和参与各种调查研究，做好信息的收集、筛选、传输工作，把调查中获得的大量第一手资料，进行综合分析，从中理出完成各项工作任务和进行决策的有利因素和不利因素，及时向领导反馈，协助领导实施科学的宏观决策和有效的指挥。

（2）要正确发挥办公室主任的参谋职责，还应当注意如下两点

①作为领导，应当允许乃至鼓励办公室主任在一定情况下同自己唱“对台戏”。办公室主任是一个双重性的角色，他既是文秘班子的“班长”，是领导办事机构的“管家”，又是协助领导决策的“参谋”。作为“班长”“管家”，他是以贯彻和领会领导意图为使命，并以领会、贯彻的准确性和彻底性作为评价他工作优劣的基本指标；作为“参谋”，则要依靠独立的科学研究成果为领导服务，以能提出多少真知灼见作为评价工作成败的根本标志。办公室主任既要认真领会领导意图，又要勇于直言。

②作为办公室主任，应当做到领导决策前多参谋，领导决策后多反馈。在领导决策前，办公室主任要通过调查研究，协助领导广泛收集同决策密切相关的各种情况；在决策过程中，办公室主任要通过调查研究，收集和整理各个方面的意见，为领导进行冷静周密的思考提供准确的依据，坚定领导决策的信心和决心；在领导决策后，办公室主任还要通过调查研究，了解和掌握决策意见的执行情况，协助领导搞好跟踪反馈，保证决策意见顺利地贯彻落实，或根据客观变化了的形势及时进行调整。

3. 管理职责

指办公室主任进行机关行政事务方面所应有的职能和应尽的责任。主要包括如下五个方面。

（1）文书管理

文书工作是办公室日常工作的组成部分，是实现办公室职能的重要手段之一。公文工作，即指围绕公文的拟制、处理与保管而进行的撰稿、审稿、签发、印刷、

收发、登记、批办、催办、立卷、归档等环节所构成的整个流程。

（2）信息管理

办公室主任辅佐领导决策，发挥参谋职能，主要通过向领导提供适用信息出谋献策来实现。严格地说，信息工作也属文书工作范畴，但鉴于它是各级办公室的一项“新兴事业”，而且十分重要，需要办公室主任予以重视。

（3）机关财务管理

办公室主任还要负责完成行政任务和业务计划，以及有关经费的领拨、运用、缴销、管理和监督等经济事务。办公室主任在加强机关财务管理方面发挥着重要的作用，主要通过合理安排和执行预算，指导、督促各有关部门开源节流，加强财务监督，维护财经纪律，保证机关工作任务的顺利完成；建立、健全机关财务管理的各项规章制度，促进机关工作任务的完成和各项业务建设的发展。

（4）人事管理

从选人的角度看，办公室主任应当亲自主持或参与对办公室工作人员特别是骨干人员的选拔、调入，充分认识办公室的工作特点，分别选调各种不同类型的专业人才和管理人才，使之结构合理，运转协调。从用人的角度看，办公室主任在推动本部门本单位目标管理责任制、岗位责任制的落实和加强机关制度化建设等方面负有不可推卸的责任。

（5）事务管理

这是办公室主任不可推卸的职责。作为领导工作的协助者，办公室主任既要参与政务，又要承办大量的具体事务。既包括为领导开展正常工作所需要办理的各种事项，也包括为机关工作人员生活服务的有关事项。前者如为决策和布置工作进行会前准备、会间服务、会后处理工作；为到上级领导机关办事和到下级部门开展调研工作的同志提供各项服务；为从事各种工作的同志准备、供应办公用具；接待上级机关和兄弟单位来人、接待人民群众来信来访，安排本单位的值班、保卫、通信联络等等。后者如搞好食堂、幼儿园、托儿所、医务所等方面的管理工作；做好职工宿舍的兴建、分配、管理和修缮工作；组织好机关的文娱体育活动，活跃职工的文化体育生活等等，办公室主任都应动手、参与或关注、督促。

4. 协调职责

办公室主任要全面履行其协调职责，要着力做好纵向协调、横向协调、内部协调等多方面的工作。

（1）办公室主任在纵向协调方面的任务主要体现在：当上级的决定、决议、指示、命令形成后要尽快向下传达，使之得以认真贯彻执行，以保证政令畅通，上令下行；当下级对上级的某一决定、指示不理解或不完全理解时，要以认真负责的精神去做解释、说服工作；当下级对上级的指示、决定、命令有不同意见时，要及时、准确地予以反映，使下情得以“上达”，以利于上下沟通，步调一致；当下级某一单位某项工作领先时，应积极组织力量去调研，认真总结经验，及时予以推广，“以点带面”；当下级某一单位某项工作处于落后状态时，要积极主动地协助领导进行重点帮助，“以面促点”，“以面带点”，使之尽快赶上前进步伐。

（2）办公室主任在横向协调方面的任务主要体现在：业务部门的一些部门性文件、规定，一般均须先报送办公室主任修改、审阅，进行协调，以免对同一事项的规定不尽吻合，使下级难以适从；业务部门的一些重要工作部署、安排，如召开请领导同志参加的会议、开展由领导同志“挂帅”的突击性或临时性工作任务等，一般也须经办公室主任统筹平衡、统一协调，以避免部门之间“撞车”和领导同志“超负荷”现象的发生；当各业务部门、各单位因认识和处理问题的角度不同引起矛盾时，办公室主任更应充分发挥其协调职责。

（3）办公室主任在内部协调方面的任务主要体现在：办公室主任要着力于办公室领导班子成员和办公室内部各单位之间关系的协调；在办公室领导班子内，办公室主任要注意发挥副职的作用，要按照合理分工、分层次管理的原则，根据其特长，让副职负责某方面或几方面的工作，以充分发挥领导班子的整体效能。

5. 事务服务工作

通常情况下，办公室主任的事务服务的工作内容可概列如下。

（1）为本单位领导同志的事务服务工作

办公室主任为本单位领导安排好开展正常工作所需办理的各种事项包括：办公用品和生活用品的准备；文秘工作人员的选派；交通工具和通信工具的选配；医疗保健措施和安全保卫、保密措施的落实等等。同时，办公室主任要加强党性修养，严格规章制度，在为领导同志服务过程中，坚决杜绝拉关系、走后门、搞特权、要威风和其他各种不正当活动、现象的发生。

（2）为上级机关和上级机关领导的事务服务工作

目前，各级党政机关办公室主任已经普遍打破了过去长期存在的“各自为政”，只为同级领导服务的封闭半封闭状态，由单一服务改变为多向服务，即既为直接领导服务，又为上级领导、相关领导服务，更为下级机关和基层群众服务。办公室主任为上级机关和上级机关领导同志的事务服务工作主要表现在两方面：一是上级机关和上级机关领导直接向下级机关交办的各项事项，二是上级机关和上级机关领导同志到下级机关检查、指导工作时所需办理的各种具体事项。显然，要完成这些任务，就需要办公室主任组织有关人员认真研究，精心准备。

（3）为本单位职工群众做好后勤服务工作

办公室主任除了要为领导同志和领导机关服务之外，还要做好后勤服务工作。许多单位的办公室都兼管本单位如住房分配、房屋修缮、机关食堂、托儿所、幼儿园、职工福利和各项文体活动等工作。这些工作开展得如何，常常对机关工作人员的思想情绪和工作积极性影响很大，需要办公室主任做过细的工作。比如职工住房修配、食堂饭菜价格、伙食口味调剂、妇幼保健卫生、职工及其家庭婚丧嫁娶、天灾人祸等事项，都需要办公室主任深入实际了解情况，发现问题及时处理。

（4）为下级机关、下属单位和基层群众做好后勤服务工作

办公室主任在为下级机关、下属单位和基层群众做好后勤服务工作方面，其主要职责表现为：

①要指导、督促有关部门及其工作人员做好接待服务和生活服务工作，如帮助联系住宿、代买车船和飞机票，介绍有关情况、安排领导接见等等。

②关心群众疾苦，细心体察民情，认真搞好来信来访工作。办公室主任要经常过问接待人员的工作情况和群众来信来访中反映的主要问题；要亲自参与处理某些重要来信来访。其中，对于涉及政策规定、带有全局性和需要领导亲自处理的重要来信来访，要及时呈报给领导，并在处理过程中当好领导的参谋和助手。要认真分析、整理各个时期群众来信来访中反映的问题，及时向领导汇报，使领导决策能够同群众利益、群众呼声息息相通。

## 三、办公室主任的工作方法

1. 科学思维方法

（1）从实际出发思考问题

这是马克思主义最基本的观点，也是办公室主任科学思维的基础。无论是参与政务，协助领导决策，还是办理具体事务，办公室主任都应当立足现实，从本单位、本部门的实际状况出发，创造性地执行中央的路线、方针、政策和上级有关的指示精神，从而达到主观与客观、理论与实践的辩证统一。

（2）系统思维方法，即用现代系统理论指导人们观察问题、分析问题的思维方法

现代系统理论特别强调事物的整体性，认为世界上一切事物都是由各部分以特定结构组合的、具有特定功能的有机整体。整体与部分、部分与部分、整体与环境不可分离。整体的性质和规律，只存在于组成其各要素的相互联系、相互作用之中，各组成部分孤立状态的特征和活动的综合，并不能反映整体的特征和活动方式。这就要求办公室主任研究问题、处理工作时要把研究和工作对象如实地作为有机整体对待，从整体出发，从全局入手，把事物的各个部分、各个方面和各种因素有机地联系起来，加以综合、系统地考察，从整体和部分相互结合、相互依赖、相互制约、相互作用的关系中去揭示系统的特性和规律性。

（3）用发展观点看待一切

用发展观点看待一切，就要求办公室主任要立足现实，着眼未来，要弄清各项重大工作的发展变化趋势，弄清哪些情况的出现是必然的，应该及时采取措施顺应

和促成其发展；哪些是应该控制和可以避免的，这样可使自己的工作处于主动，立于不败。

2. 思想政治工作

办公室主任的思想政治工作方法内容很多，基本上可以概括为以下七个方面。

（1）正面教育，以理服人

它主要通过组织学习、作报告、开展各种宣传活动，正面地向群众进行理想纪律教育、形势任务教育、革命传统教育、社会主义民主与法制教育等等，从而提高群众的政治觉悟和思想水平，鼓舞和调动他们的工作积极性。

（2）重视个别工作，一把钥匙开一把锁

这就要求要针对对象的特殊性，根据不同人品不同问题和不同特点进行深入细致的工作。要在摸清对象的具体情况，掌握其个性特征的基础上，实事求是地予以科学分析，并提出相应的解决办法。

（3）思想教育与知识教育相结合

这种方法具有灵活多样、寓教于乐、寓教于"学"等特点，实践表明它受到比较广泛的赞誉和欢迎。在思想政治教育中，要充分运用丰富的知识内容，去启迪人们的心灵，使人们在接受教育过程中，同时得到知识启示、道德熏陶、艺术感染，从而达到思想教育与知识教育双丰收的结果。

（4）扬善为主，激励上进

办公室主任要善于运用表扬和批评相结合的方法，要善于发现每个同志的长处，看到他们每一个哪怕是微小的进步，肯定其成绩，并善意地指出其工作上的不足，帮助他们改正缺点，纠正错误。特别是当有的同志在工作中出现漏洞时，要善于循循善诱地做好思想政治工作，帮助他们总结经验教训。

（5）关心群众生活，解决其实际困难

办公室主任要注意掌握和解决工作人员工作和生活上的各种实际困难，为他们更好地工作创造方便条件，解除其后顾之忧。要及时了解下属工作人员的心理状态和物质、精神需要，属于合理的要求而又能够解决的事情，应及时帮助解决；对于不合理的要求或一时解决不了的事情，也应给予必要的解释和说明。

（6）以诚相待，以情感人

同教育对象做知心朋友，与他们沟通情感交流，是提高思想政治工作有效性的重要途径。为此，办公室主任要同工作人员打成一片，真心实意地做他们的知心朋友。要通过日常业务工作和各种活动，广泛开展谈心活动，随时掌握每个同志的思想情绪，推心置腹、有针对性地做好思想教育工作。

（7）树立榜样，典型示范

榜样的力量是无穷的。通过典型示范，根据各个不同历史时期党的路线、方针、政策以及思想政治教育的目的要求，尤其注意发掘员工自己身边的先进人物和事例，使思想政治教育的目标形象化、具体化，从而形成一个群众性的学先进、赶先进的热潮。

3. 办公室主任的领导作风和工作艺术

（1）办公室主任的领导作风

①实事求是的作风

实事求是的优良作风，在办公室主任工作中具体表现出求实、求是、求真，一切按客观实际情况办事。无论是协助领导决策，还是办理具体事务，都要面向客观现实，一切从实际出发，按客观规律办事。这就要求办公室主任要少说空话、多办实事、不图虚名、不做表面文章，说老实话，办老实事，做老实人，不弄虚作假，不文过饰非，不欺上瞒下，不投机取巧，订计划、抓工作务求落实。同时应当不唯书，不唯上，正确对待上级指示。

②严于律己的作风

严于律己，就是办公室主任对自己要严格要求，要以身作则。要求群众做到的事情，自己首先要做到；要求群众遵守的纪律和规则，首先应当身体力行，做严于律己的楷模，不能言行不一。作为一名合格的办公室主任，要模范地遵守国家的政策法律，树立全心全意为人民服务的思想，除了制度和政策规定范围内的个人利益和工作职权外，不谋求任何私利和特权；要想人民之所想，急人民之所急，坚持党和人民的利益高于一切；要自觉遵守和维护党和国家的各项制度，识大体，顾大局，克己奉公，不做有损于全局的事；要认真听取来自各方的批评建议，勇于修正错误；要坚持党性，反对派性，自觉地抵制各种非无产阶级思想的腐蚀和侵袭，发扬艰苦奋斗的优良传统。

③民主作风

办公室主任在工作中的民主作风，主要表现在：

A. 密切联系群众，遇事同群众商量。办公室主任在工作中，要努力倾听群众的意见，切忌独断专行，偏听偏信。

B. 要注意发挥群众的积极性。民主作风的本质，就在于调动、发挥群众的积极性。办公室主任，要对其下属的干部、群众的政治思想情况、业务能力、工作志趣、业余爱好以及家庭环境等情况尽可能地了解和熟悉，并在不违背国家政策和法律的情况下尽可能帮助解决其工作、生活中遇到的各种问题和困难。

C. 妥善处理好民主与集中的关系。发扬民主作风，并不是不要集中，而是要坚持民主与集中的统一。办公室主任在处理民主与集中的关系问题上，要根据当时的形势和变化了的情况，对不同情况有所侧重。

（2）办公室主任的工作艺术

①总揽全局抓大事

“不谋全局者，不足以谋一域”。办公室主任要具有全局的、系统的观点，把本单位的中心工作同其他工作有机地结合起来，把办公室这一局部性工作与全局的总目标和发展趋势联系起来，把办公室当前的具体工作同全局整体发展规划联系起来。在抓办公室内各项具体工作时，也要从办公室的总体需要去考虑，防止顾此失彼，给整个工作带来被动。所以，办公室主任考虑室内一部分工作时，要顾及另一部分；侧重抓一个方面时，要有利于、至少不影响另一方面的工作。这样方能达到"齐头并进，重点完成"的行政目标。

②立足当前谋长远

"不谋万世者，不足以谋一时"。办公室主任工作同其他任何领导工作一样，从职能上讲具有超前性。这种超前性决定了办公室主任必须要有立足当前谋长远的预见未来的本领。发展的观点是唯物辩证法的基本观点之一。用发展的观点看待一切，就是要动态地分析问题，要立足当前谋长远。

③见微知著抓本质

办公室主任要有细致的观察力，要对周围环境的变化和新事物、新情况、新问题有敏锐的感知力，并善于从细微处发现别人发现不了的东西，要从一点点"小苗头"及时感知并把握事物的本质。

④随机应变巧决断

办公室主任工作必须迅速果断。对于看准了的事情，一定要争分夺秒，当机立断；对于一时还把握不了的事项，要多方面收集有关情况，权衡利弊，及时地作出处理决定，或提出可供选择的处理意见，供领导决断时参考。因此，办公室主任是否具有工作的全局观念及整体把握，最终还在于能否随机决断，随机决断是驾驭全局的关键一环。

## 四、办公室人员个体素质结构

1. 知识结构

（1）基础知识

基础知识是办公室人员知识结构中最基本的，内容也最广泛。具体可以分为科学文化基础知识、基本政治理论知识、政策法规基础知识三大部分。

（2）专业知识

专业知识是办公室人员知识结构的核心内容，也是有别于其他人才知识结构的主要方面。其中又具体分为文秘专业知识和办公专门知识两个部分。

文秘专业知识，包括文秘学、文书学、逻辑学、应用写作、档案管理、行政管理学、领导学、信息学、信访学、调研学、速记学等；办公专门知识，主要是指除文秘工作外的针对行业和部门不同的其他机关事务管理知识和技能，以政府工作部门为例，有计划学、运筹学、统计学、财务管理、物业管理、办公物品管理等。

（3）相关知识

学习一些与专业知识密切相关而又有区别的知识对于提高办公室人员的工作效率和水平，具有重要的作用。相关知识主要有：

①方法论知识。包括系统论、信息论、控制论、哲学等。

②心理学知识。包括普通心理学、领导心理学、管理心理学、社会心理学、文秘心理学等。

③社交知识。如人际关系学、公共关系学、礼仪学等。

④其他科学知识。如行为学、预测学、咨询学、伦理学、新闻学、编辑学、传播学、人才学、文学艺术及书法等。只有具备了丰富的知识，才能使办公室人员头脑充实，视野开阔，工作有效。

2. 能力要求

对于办公室人员而言，能力是指完成其承担工作的本领，同时也是办公室人员知识结构和良好素质在工作中的综合体现。基本上可分为基础能力、一般技巧和特殊技能三个层次。

（1）基础能力

办公室人员作为领导的助手和为领导提供服务，应具有基本的写作和办事能力。对日常会议和领导指示的记录，要能领会精神，把握实质；起草文件应突出重点，观点鲜明，逻辑、层次清晰；公文处理要言简意赅，快速及时。

（2）一般技巧

办公室人员除了必须具备基础能力，要提高工作水平和自身素质，还要掌握许多工作的技巧。包括发挥参谋作用、学会调查研究、掌握协调技巧等等。

（3）特殊技能

办公室人员除了日常的工作之外，还要根据自身分工的不同和形势发展的需要，掌握一些特殊的技能。如电脑应用、复印缩微技术、录音录像和摄影技术、速记和书法艺术、打字和编辑技能、驾驶技术、维修和保养设备的简单技能等等。

3. 道德素质

道德素质是指办公室人员与自身工作和职业活动密切相关的行为规范。主要是服从领导、埋头苦干、公道正派、严守机密等等。

（1）公道正派

办公室人员在工作中经常接触领导，与领导同志相对熟悉，关系密切。这就尤其要注意自亘自强，不能将为领导服务理解为主仆关系而献媚领导。在上下左右内外各方面的沟通工作中，要注意化解矛盾，消除分歧，促进团结。对待上级领导，不论资历职务，接待来宾及基层群众，都要一视同仁，平等相待。切忌因人而异，亲疏有别。只有公道正派的办公室人员，才能做到胸襟宽阔，在工作中充满朝气和活力。

（2）严守机密

办公室工作人员还有一个显著特点，是掌握和知道的机密较多，并容易成为打探消息的渠道和获取情况的对象。因此，要求办公室人员必须具备严守机密的职业道德自觉加强保密观念。以往泄密、窃密现象的发生，许多是由于办公室人员的过失造成的。有意泄密、窃密是个人品格问题，姑且不论。即使是无意的泄密，也大都因为吹嘘、炫耀，嘴巴不牢，这是职业道德问题。办公室人员具备这一道德素质首先要克服爱慕虚荣的心态，这样才能真正做到不把机密作为"吹牛"的材料和资本。

（3）服从领导

这是由办公室人员职业性质所决定的，作为领导工作的助手和参谋，要求所作所为，举手投足，应当严格按照领导的指示和意图办事，离开领导自行其是，别出心裁胡乱发挥，都是职业道德所不允许的。

（4）埋头苦干

只有抱定在具体而又繁忙的工作中，任劳任怨，脚踏实地，密切联系实际和群众的态度，有着吃苦耐劳甚至委曲求全的精神，才能成为合格和优秀的办公人员。

## 五、办公室人员群体素质结构

1. 群体素质结构的含义

群体是组织起来的个体，为着共同的目标，群体成员分别担任不同的角色，彼此相互影响，并遵循特定的行为规范。

素质，指办公室工作人员的品质、知识、才能、体格等状态。

结构，在这里指的是群体中个体的排列组合方式。

办公室群体就是若干个人按照不同的分工需要以及相关的品质、知识、才能、身体条件进行合理的组合，形成一个相互配合协作，共同为完成领导工作而服务的组织。

2. 办公室群体的功能

一个有效的办公室群体，应具备以下几项功能：

（1）办公室群体必须充分了解自己的任务；

（2）办公室群体内部应有健全的意见沟通；

（3）办公室群体中的个体之间应保持高度的相互信任和相互忠诚；

（4）办公室群体中各个体之间应当相互协调和支持；

（5）办公室群体应当实行差别协调；

（6）办公室群体应具备应变性。

3. 群体的结构因素

办公室群体应是一种综合个体专才的全才，它应当发挥出远远大于个体的能量。然而，这一能量发挥得如何，还有赖于以下一些因素的结合状况。

（1）年龄因素

年龄代表着一个人的成熟程度。老、中、青结合的办公室群体结构是一种常见的结构。不同年龄区域的人有不同的长处和短处，他们之间在年龄上的互补，有助于发挥领导集体的能量。老、中、青三者的结合是一个变量，理想的状态是取长补短。

（2）知识因素

在当代社会，知识一般是专门化的，学历越高，专门化的程度就越深。由于不同的专门知识在办公室管理过程中有其限制，因此，这些知识的互相补充和合理搭配是构筑办公室群体知识结构需要考虑的一个因素。

（3）个体因素

办公室工作人员是由人组成的，因而也具有人的个性。有的人直率热情，情绪变化激烈；有的人活泼好动，善交际，兴趣广泛；有的人持重而沉稳，情绪内含；有的人谨小慎微，善控制感情，如此等等。正是办公室工作人员丰富的个性，使得他们在处理同一事件上所采取的方式方法呈现出不同的特点。尽管对办公室群体个性因素的互补见仁见智，但个性因素对办公室群体的影响则是确定无疑的。

（4）集体的文化因素

通常的情况是工作人员被不断地充实到一个既存的办公室群体中去，因此，这一既存的办公室群体存在着它固有的文化特征。这一文化特征是该群体的历史、传统、习惯、风气、承担的任务特点等因素的综合结果。所有工作人员都在不同程度上受到这一文化特征的影响。当然，也不排除工作人员可以逐渐地以致最终改变这一办公室群体的文化特征。

## 第九节　办公室人员基本工作技能

### 一、起草文稿

办公室工作人员起草文稿，一般包括交拟、拟议、起草 3 个程序，其具体如下。

1. 交拟

机关要办公室工作人员撰写或工作人员接受领导布置的写作任务，就是交拟。

简单来说，交拟就是交给写作任务。

交拟有如下三种方式。

（1）领导人出题目，讲目的要求和总原则，或领导人口授文稿的主要观点，由工作人员据此拟纲，收集材料，进行论证，形成文字。

（2）领导人口授内容，办公室工作人员进行记录后，加以整理或对其文章所有的数据、材料进行补充、核实、加工，最后誊写。

（3）办公室群体合作起草文稿。通常由一人或数人主笔，其他人参加讨论，在讨论的基础上再修改加工，一些重要的文稿，内容多的文稿以及篇幅大的文稿多是通过这样的合作形式产生的。

2. 拟议

从交拟开始到正式动笔起草前的全部酝酿准备过程，称为拟议。拟议的工作主要有三项：一是定题，即确定文稿的主题和拟定标题。主要是对发文目的、意图、要求进行深入的思考或讨论，正确领会发文机关的意图，明确发文所应有的针对性、实践性和必然性；二是取材，材料是撰写的基础，只有在收集到符合客观实际情况并且全面充分的材料以后，才能考虑动笔；三是拟纲，在对材料进行初步分析、安排的基础上，拟写出提纲后交送有关领导人审定。审定通过以后拟议即告结束。

3. 起草

起草文稿，是形成文书的直接步骤。

拟议结束以后，就进入了起草文稿阶段。文稿要如实反映党的路线、方针、政策及其贯彻执行的情况，内容要实在，重点要明确。起草文稿尤其是公文必须采取认真负责、严谨求实的态度，做到中心突出，层次清楚，用词恰当，标点正确，文字简练。拟稿要用钢笔或毛笔。

起草文稿要按审定的写作提纲进行。如果在写作过程中对提纲进行了修改或变动，应及时向有关领导汇报。

## 二、校对

校对是保证文稿质量的重要一环，其目的是保证文稿的准确性。

1. 校对的程序

通常，文稿校对大都执行的是三校制度。

一校必须按照原稿逐字逐句地校对，把文字、标点符号等方面的错误基本消除。一校后，校对者应在校样上签上名字和校对时间。

一校有两种办法，一种是打字人员对着原稿自校。另一种是由起草者进行一校。两者相比，后一种方法较好。主要是起草者对文稿较熟，便于发现错误，通过校对，也能及时纠正原稿中存在的质量问题，以及了解已被修改的部分。

二校一般由总核稿员进行。同样应按原稿校对校样，逐字逐句地进行校对。除消灭一校时发现应予消除的各种错误外，还要协同文印部门进行有关版面、规格的检查，统行、缩面的检查和调整。在校对文字、检查版式时，还要注意前后字体的用法和规格的统一。核稿员校对后，交文印部门改正。改正后，还需从头至尾默校一遍，在确认无差错后，在校样上签上姓名和校对时间。

三校是最后一次校对，最好由部门负责人进行。这次校对，注意力应遍及全部排校，包括封面、目录。注意封面、扉页等的统一，注意目录、正文标题、附件序码等的统一，对整个印件的各个组成部分作通体全面检查，必要时还需再通读一遍，以求内容正确，无所缺漏。

2. 校对的方法

校对文稿经常使用的方法大体如下：

（1）读校法。就是两个人合作，一人读原件，一人看校样。然后两人互换，再读校一次。读时需逐字逐句连标点符号都读清楚，速度、音量均适当。

（2）对校法。就是一人既看原稿又看校样。一般原稿放在左边，校样放在右边，先看原稿，后对校样；左手指原稿，右手执笔，点着校样，逐字逐句地校对。这样做，既能保证质量，又不影响别人办公，利于保密，但速度较慢。

（3）折校法。就是把原稿放在桌上，把校样轻折一下，用两手手指夹住压在原稿上，逐字逐行对齐对准原稿校对。做到能一眼同时看清楚原稿与校样的字句，发现差错，及时在校样上改正。这种方法需校样和原稿上的文字相互紧靠，眼明手快，才能保证质量。

（4）看校法。就是在认真进行一校、二校无误的情况下，离开原稿再认真默读细看一遍，这比较容易发现错误。

## 三、记录及录音整理

1. 记录的要求和方法

（1）记录的要求

①会议记录

会议记录是指在会议期间，由专门记录员当场把会议的基本情况和会上的报告、讨论的问题、发言、决议等内容记录下来的文字材料。

会议记录的内容一般分为两个部分。第一部分是召开会议的基本条件，是记录员在主持人宣布会议开始前记录的，包括会议名称、开会时间、主席或主持人、中心议题、出席人、列席人、工作人员及其他人员、记录人等。第二部分是记录文书的正文，记录会议内容，即主持人的讲话、会议报告或传达的事情、讨论的主题、作出的决定等。这部分的内容记录一定要有条理性，每一记录要素都宜单独成行，发言记录应以一个发言为一个记录单元换行分隔。

总之，会议记录的要求是：快、全、准。

②电话记录

办公室工作人员在日常工作中，遇有重要内容的电话，均应做好电话记录。电话记录是向领导人汇报、备忘或备查的依据。所以，电话铃一响，办公室工作人员就应左手拿话筒，右手握笔，做好记录准备。

办公室人员在接电话时一定要准确掌握电话内容，即，要问清对方是什么单位、什么人、有什么事、是否需要回电；若要回电，则希望得到什么样的答复，跟谁联系，何时联系及联系方式，并请对方留下回电号码；听完之后，应当将主要内容复述一遍，确认未听漏，如有疑问，应追问清楚，这样才能准确地做好电话记录。

③值班记录

值班记录一般有：值班日志、接待记录、电话记录。

值班日志（值班日记）。以一天为单位或一个班为单位，记录值班室一天或一班中遇到的情况和经历的主要工作。值班日志一般有四个基本项目：值班员、值班时间、记事内容、办理情况。

值班工作记录应当填写及时、准确、清楚、简明。

值班接待记录。值班接待要有记录，它是代表一个单位对来访问题的处理过程，涉及内外、上下关系。因此，接待记录不但要记好，而且要在一定时间内存档。

接待记录要有编号，依次记录来访人姓名、单位、时间、内容。“处理意见”栏要记接待人的承办意见，较重要的问题要记领导人的批办意见。最后署上接待人的姓名，以明确责任。

值班电话记录。值班电话记录，其构成通常有五个部分：来电时间，包括年、月、日、时、分；来电单位，来电人及其电话号码；来电内容；处理意见和领导批示；接电记录。

（2）记录的方法

对办公室工作人员来说，记录除了一般的文字记录即摘记外，还有一种较为常用的高速度、高效率记录语言信息的方法，那就是速记。

速记不仅是一种专门的学问，也是一种技巧性较强的技术，它的功用极其广泛，对于办公室人员来说，速记有多方面的用途，如，可用于会议记录，用于接待记录、电话记录、摘抄资料、起草文稿等。学会速记，不仅可以节省大量时间，提高效率，而且能锻炼捕捉语言，追及思维的能力。因此，办公室工作人员不妨利用业余时间学学速记，只要能坚持不懈，刻苦练习，必然熟能生巧掌握这一技能。

速记符号的设计，各派有所不同。主要有：斜体式速记、几何体速记、流线型速记、综合型速记、线条式速记等。

2. 录音整理的步骤

录音也是办公室工作人员的必备工作技能，在大型会议、外出调研、采访、接待及领导人有特殊需要的情况下，一般都采用录音记录。

（1）录音记录大多采用的是口授记录机

口授记录机主要有三大类。

①供大的组织机构使用的中心口授记录网络系统，或是使用电话网，或是使用单设的线路网。

②放在案头的口授记录机。

③手握式录音机。

远距离口授记录系统，包括一台录音机，通常是用几台录音机，通过安装在其他办公室里的口授器远距离操作。这种系统特别适合于大的办公机构使用。

远距离口授记录系统通常传送的口授内容都是较平稳地说出的，这使得打字员较容易就能控制打字速度，均匀地打字记录。

中心式口授记录设备可分为三大类。

录音库式。一组录音机设立在打字中心，通过电话与整个机构中的各个授话点连接起来。打字员的桌上都配备有记录打字机，口授者与打字员的通信联系通过一名主管人员进行，因而口授者和打字员不能直接通话。

串联式。记录打字员的桌上配有一套“串联式”录音装置，口授点与该录音装置用电话接通，口授者可与打字员进行直接通话。

直通式。通过直接传话设备，远距离控制的口授点将口授材料直接传给打字员。口授和记录可同期而且相互独立进行。

将录音材料整理成文字时，一般分为三个步骤。

第一步，弄清讲话者的身份和要求。

第二步，录音内容的归纳整理。

第三步，录音整理后文字材料的核实。

（2）录音记录的利弊

①录音记录的优点是：可以节省速记打字员的时间；录有口授材料的盒式磁带可以邮寄，这样，连打字工作也可以被省略掉；口授录音机可以用来对整个会议、讨论或讲座的过程进行录音；可以选择任何时间进行口授录音；打字员无须再面对一份书写极乱的草稿进行破译，任何不熟悉的词可以在机器上反复播放，直至听懂为止。

②录音记录缺点是：录音机不可能标明说话者的姓名，因而在有几个人讲话的会议上使用录音机做记录就会造成不便；录音材料中的疑点、疑问，在文字整理中往往难以及时搞清，不像手工记录，常常可以当场解答；录音记录需要一套相当完备的设备及相关操作人员，相对手工记录而言，是不经济的。

因此，一般情况下，办公室工作人员的记录仍以手工记录为主。

## 四、打字及电脑文字输入

1. 打字

打字工作往往要求打字员在较长的时间里坐着工作，如果姿势不正确，就易感到疲劳。因此，必须养成良好的打字姿势。入座时，上臂和肘应靠近身体，下臂和腕略向上倾斜，使与键盘保持相同的斜度，手指微曲，轻轻地按在与各手指相关的基键上，座位的高低决定于肘部与台面相平的高度，双脚踏地，切勿悬空，坐时，应使身体躯干挺直而微前倾，全身自然放松，这是保持身体不易疲劳的最好姿势，也是正确的打字姿势。

打字总的要求是速度快、质量好。为此必须做到：

（1）字盘编排要灵活实用，掌握造字技巧，便于记忆使用，提高打字速度；

（2）开打前要通读文稿，以做到心中有数；

（3）眼、手、脑配合默契，做到稳中求快，提高效率；

（4）打字应尽量减少差错，少改或不改，一旦出现问题要正确使用涂改液；

（5）选好蜡纸，以保证打印质量；

（6）要保持铅字清洁、完整；

（7）要经常维护、保养打字机；

（8）要精心设计版面，以求最佳打印效果。

2. 电脑文字输入

现代电脑文字输入大都采用的是汉字输入法，而且都是用人工手动输入。

人工手动输入包括整字输入和编码输入，整字输入称为直接输入，编码输入称为间接输入。主要包括：数字编码输入、字音编码输入、字形编码输入、形音编码输入。

数字编码输入。它是将汉字按拼音或笔画排序，然后将每个汉字赋予一个数字编号，这个数字编号就是汉字编码。

字音编码输入。它是将汉字拼音作为编码基础，这对有一定拼音基础的人简单易学。但由于汉字中重音字多，此法重码率高，影响输入速度。有时可以设置联想方式、自动调整词频及模糊音等方法来提高输入速度。常见的字音编码法有：全拼、双拼编码法、智能 ABC 编码等。

字形编码输入。此法是将汉字字形信息分解归类而给出编码。主要有：表形码、郑码和王笔字型等。

形音编码输入。这类输入在编码中利用了部首、笔画、拼音、笔顺，有的还考虑声调等具有确定性的汉字信息，重码率低。

# 第十节 办公室环境管理

## 一、办公室环境及其管理

环境是指人类周围的所有事物及状态。环境一般可分为两大类：一类是自然环境，它是由天然力量所形成的，如自然形成的江河、山岭、森林、原野等；另一类是人为环境，也称社会环境，是通过人类自身的劳动而形成的事物与状态，如城市、乡村、机械及人类的各种社会活动等。人类发展演化的过程，就是环境再创造的过程。人类从自然界“脱胎”分化出来，上升为“万物之灵”之后，通过劳动在改造环境和变革现实的斗争中，也改造了自身状况。

为便于研究起见，现将办公室环境划分为硬环境和软环境。硬环境包括办公室的办公处所、建筑设计、室内空气、光线、颜色、办公设备及办公室的布置等外在客观条件。软环境包括办公室的工作气氛，工作人员的个人素养、团体内聚力等社会方面的环境。

制约办公室环境的因素很多，主要有人的素质修养、自然因素、经济因素等。一般来说，人的素养高，办公室人员相互关系就融洽，团体凝聚力也强，在外界条件较好的情况下，更适合于办公室工作人员工作，会起到事半功倍的效果。反之，如果办公室工作气氛不融洽，互相猜疑，矛盾重重，则会严重影响工作，即使有现代化的办公设施等技术条件，也未必能带来高效率。在依山傍水、风景秀丽的大环境内，办公室环境一般也较优越；在气候恶劣、荒凉干燥的地区，办公室环境自然也比较差。经济发达的地区可以装备现代化的办公设施，创造良好的办公环境；经济贫困地区则常常因无力建造良好的办公设施，更无财力美化周围环境，使办公环境处于比较差的状态，也常因此而影响工作效率。

办公室内布置的原则是：

1. 有利于沟通

沟通是人与人之间思想、信息的传达和交换。通过这种传达和交换，使人们在目标、概念、意志、兴趣、情绪、感情等方面达到理解、协调一致。办公室作为一个工作系统，必须保证充分的沟通，才能实现信息及时有效地传递，系统内各因子、各环节才能动作协调地运行。

2. 便于监督

监督是对工作人员的工作进行监察与督导，是为了保证工作人员正确实施决策而进行的控制活动。它分为自我监督、内部监督及外部监督。办公室的布置必须有利于监督，特别要有利于工作人员的自我监督与内部监督。

办公室的布置要适应自我监督的需要。所谓自我监督，是指进行自我约束和控制，以自觉遵守国家和政府的法令、政令及本机关的规章制度等。

办公室的布置还要适应机关内部监督的特点和需要。机关内部监督的主要特点是：第一，内部监督是一种群众性的日常监督。内部监督与带有专门目的的监督有所区别，其监督内容包括工作人员在日常工作中的一切行为，以及通过各种行为举止反映出来的思想觉悟、道德品质等。通过对工作人员行为的日常性监督，就可得出对工作人员在某段时间内的整体评价。第二，内部监督具有双向和多维监督的特点，它是主管人员与部属之间，部属与部属之间的相互监督，是一种群体内部的监督。因此，它的有效性有赖于群体之间的良好沟通与协调。第三，内部监督是一种内部力量的约束。内部监督的最大特点和有效性不是取决于外界（如新闻机构、司法机构等）的压力，而是取决于内部的纪律约束、团结状况、民主风气、自觉程度，以及每个人在考评中的参与程度和参与的自觉性。

办公室是集体工作的场所，上下级之间、同事之间既需要沟通，也需要相互督促检查。每个人由于经历、学问、性格等方面的差异，都有各自的特点，有优点和长处，也有缺点和不足，而个人的缺点往往又是自己难以觉察到的，如不及时纠正，便会给工作带来损失。同事之间的相互监督，能够有效地避免这一问题。因此，办公室的布置必须有利于在工作中相互督促、相互提醒，从而把工作中的失误减少到最低限度。

3. 协调、舒适

协调、舒适是办公室布置的一项基本准则。这里所讲的协调，是指办公室的布置和办公人员之间配合得当；舒适，即人们在布置合理的办公场所中工作时，身体各部位没有不适感，或不适感最小。协调是舒适的前提，只有协调，才会有舒适。

协调的内涵是物质环境与工作要求的协调。它包括：办公室内设备空间分布、墙壁颜色、室内光线、空间大小等与工作特点性质相协调；人与工作安排相协调；人与人之间相协调，包括工作人员个体、志趣、利益的协调及上级与下级的工作协调等。

工作协调和人际关系的协调有以下表现和要求：①连续性。工作中具有连续性的各环节不至于间断、脱节。②协同性。工作的各部分都从全局出发，同时进行，紧密配合。③有序。各职能办公室的布置与主要业务的处理程序相互一致，工作的安排井然有序，工作的进展有条不紊。④和谐。包括人际关系和工作安排的和谐，避免有矛盾的工作人员在同一处工作，以及不同种类工作之间的相互干扰。

4. 整洁、卫生

整洁、卫生包括两个含义：一是整齐有序；二是干净卫生。这两方面是相互联系的。

整洁是指办公室的布置合理、整齐清洁。除了应有利于沟通，有利于监督外，安置办公设备时，还必须节省空间，以使室内有较大的活动场地。办公桌与文件柜的相对位置也很讲究，一般情况下，文件柜应位于办公桌后方，伸手可及；桌上物品的排放应按类就位；电话机应放在办公桌的右上角。按部就班、整齐利落的人，一般工作起来有条不紊、井然有序。

卫生更是办公室环境的重要内容之一。具体体现在：

（1）勤扫勤擦，保持地面、桌面、门窗玻璃及其他物品的清洁。在时间安排上，最好是下班前扫地，上班前擦桌面、拖地板，这样可以避免上班时尘土飞扬。每个办公室都应配备拖把、扫帚、去污粉、肥皂、脸盆、毛巾等必要的卫生用具，并定期进行办公室周围的大扫除。

（2）可适当喷洒一些气味芬芳的药水，既能使人提神，又可杀虫灭菌。办公室是机关、单位与社会各方面联系的窗口，人员来往很频繁，如果来访者中有患某种传染病的病人，则可能在办公室留下病菌，通过空气、物品传染给工作人员。因此，为了保护工作人员的健康，必须采取预防措施，制定严格的卫生制度，并加以贯彻实施。

（3）适当地养些花草，进行室内绿化。色彩艳丽、绿叶扶疏的花木，不仅让人赏心悦目，心情愉快，更能改善室内环境，使空气清新，有利于身心健康。

## 二、办公室环境的内容

1. 地理环境

办公室所在机关、单位如果选在良好的地理环境中，不仅可以凭借优越的自然位置节省绿化、交通等费用，更重要的是能够促进办公室工作人员的身心健康，提高工作效率。具体来说，办公室所在机关、单位选址应贯彻以下原则。

（1）环境尽量优美。办公室所在机关、单位宜选定在环境优美、空气新鲜、绿化程度高、噪声及其他污染少的地方，可以考虑建在城市的上风向（该地理位置的主导风向），尽量远离厂矿企业和闹市区。

（2）交通方便。如果把办公室所在机关、单位建在郊外，无疑会延长上下班距离和时间，增加交通负担，降低工作效率，也会给工作人员的家庭生活带来困难。因此，办公室所在机关、单位应考虑设在公共汽车站点附近，以方便群众，有利于同各单位的联系。

（3）靠近文化区。一般情况下，文化区比较安静，环境优美。更重要的是，文化区是科研、学校、书店、印刷、服务公司等单位集中的地方，对为办公室所在的机关、单位提供咨询、参谋及研究工作有着很大的帮助作用。

（4）综合择优。以上几个原则，在实际贯彻中往往会产生矛盾，环境优美却远离市区；交通方便又过分喧闹。这就需要综合各方面的因素，加以比较分析，然后择优而定。一般说来，办公室所在的机关、单位宜在城市中心宁静区域或城市近郊选址。

2. 气氛环境

和睦的气氛，通常指一种非排斥性的情感环境。和睦的气氛对工作的顺利开展十分重要。如果办公室内部的气氛是紧张的、不和谐的，其成员彼此之间互相猜疑，乃至嫉恨，凡事相互推诿、扯皮，工作效率必然低下。

良好的心境是建立办公室内部和睦气氛的最根本因素。它对办公室成员行为的影响不可忽视。情绪一旦产生，可以持续相当长的时间，左右人的心境，影响着人的行为活动。具有愉快心境的人，无论遇到什么事都能泰然处之；心境对人的身体健康也有明显影响。因此，办公室成员应该善于调节自己的心情，克服消极情绪，努力使自己在任何情况下都保持良好的心境。这对办公室成员的身体健康及建立良好的工作气氛具有十分重要的意义。

3. 声音环境

办公室应保持肃静、安宁，才能使工作人员聚精会神地从事工作。一般来说，在安静的场所中工作，其效率往往比较高；在嘈杂的环境中处理问题，往往会分散精力，影响工作效率甚至造成判断失误。尤其是对写文稿一类复杂的脑力劳动，注意力需高度集中，而各种噪声往往造成人们的情绪波动，思路中断，影响工作的正常进行。安静，并非指绝对没有声音。因为一个人的听觉通道在完全没有刺激作用的情况下，会使人有一种恐惧感，产生不舒服的感觉，造成工作效率下降。声音环境应有一个理想的声强值。办公室的理想声强值为 20 ~ 30 分贝，在这个声强值范围内工作，会使人感到轻松愉快，不易疲劳。

4. 光线环境

光线环境对办公室工作人员非常重要。办公室内要有适当的照明，以保护工作人员的视力。如长期在光照度不足的场所工作，很容易引起视觉疲劳，不仅影响工作效果，久而久之，还会造成工作人员的视力下降，影响身体其他方面的健康。光亮度太低，则不能满足视觉要求，而且会对眼睛瞳孔的调节控制机能产生干扰，使眼肌迅速疲劳，不仅损害视力，而且影响情绪。但光亮度也不能太高，否则会带来眩光，使视觉能力下降。

5. 设备环境

现代化的办公设备要能不断强化和完善办公室以下功能。

（1）通信功能。能实现传真、计算机网络等多种方式的通信，并能自动记录、存储、发送信息。

（2）数字计算功能。工作人员可通过电子计算机完成所需的各种计算。

（3）文字处理功能。工作人员能迅速处理各种业务文件、图片、报表，并具备编辑、转换、存储、识别和处理功能。

（4）信息查询功能。利用办公室自动化系统，能迅速查到所需的各种信息资料。

（5）管理和辅助决策功能。现代行政管理事务繁杂，信息量大，对于一个问题解决的方法很多，如何选择最佳方案，以提高决策和管理水平，是办公室工作人员面临的重要课题。

购买或更新设备时应遵循以下原则：①有利于提高办公效率。②舒适安全，坚固耐用。③性能良好，操作方便。④用途广泛，与原有设备配套。⑤设计美观，有利于环境建设。⑥符合需要，节约办事。⑦种类齐全，及时供应。总之，应选择好的办公设备，以使工作高效化。

6. 人际环境

办公室内部良好的人际关系与工作效率密切相关。一个好的领导者，不仅要注意改善工作场所的物质环境，还要花较大的力气建立办公室内部良好的人际环境。因为，它是影响工作人员工作行为活的因素。与此相关的内容主要有：

（1）一致的目标。目标是全体人员共同奋斗的方向，可激励大家奋发努力。只有目标一致，才能使大家同心同德，团结共事；否则，便可能陷入无穷的争执中而无所作为。

（2）统一的行动。要使工作人员在既定的目标下，充分发挥个人之长，彼此配合默契，必须有严格的规章制度，科学的组织管理，良好的是非舆论，公平合理的办事作风。这样，整个办公室才能呈现出统一行动的状态。

（3）融洽的凝聚力。凝聚力是指办公室成员之间的吸引力和相容程度。个人的许多心理需要，尤其是与工作有关的需要，如学习需要、信念与支持需要、归属需要等等，只有在办公室内才能得到满足。

7. 安全环境

安全环境是整个办公室安全措施的总和。安全环境的内容大致包括以下三个方面。

（1）防火安全。办公室内存储有大量的档案与信息，如果不慎失火，会给国家和机关、单位造成不可弥补的损失。所以办公场所要特别注意防火，除制定并严格执行安全防火制度外，还要设置防火、灭火及避雷装置，以防止火灾的发生。

（2）人身安全。办公室工作人员在工作中为了贯彻党的方针政策，保护广大人民群众的根本利益，有时会不可避免地触及少数人的个人利益，假如遇到个别思想不端正、行为不轨的人，办公室工作人员的人身安全就有可能受到威胁。因此，要加强门卫登记制度，重要部门要安排警卫人员值班，以保证办公场所及人员的安全。

（3）财产安全。办公室的设备、文件、档案以及仓库、金库是国家的财产，应该实行严格的安全防护措施，以防止盗窃、拐骗、窃密现象的发生。除要有严格的制度作为保障外，还要购置必要的保险设备，并配有专人和专职部门负责这项工作。特别是机密文件的保护，更要从细、从严，必要时要配备警卫人员守护，从外围加强安全措施。

8. 工作作风

良好的工作作风是一种无形的力量和无声的命令，对办公室成员的行为具有强大的约束力、推动力和感染力，使人很自然地接受其教育和感化，使行为举止适应工作的要求。良好的工作作风可以使人精神振奋，心情舒畅，能充分调动和发挥大家的主动性、积极性、创造性，使各方面的工作得到顺利开展，对实现工作的目标，完成工作任务起着推动作用。工作气氛是否热烈，工作态度是否热情，工作作风是否严谨，是非标准是否鲜明，在很大程度上代表着一个组织的风貌，对办公室成员的行为有着深刻的影响。

良好的工作作风可以为人们创造良好的工作环境。它是通过情绪气氛的潜移默化、耳濡目染对工作人员发生影响的。因此，新的工作人员进入一个风气良好的集体，会不知不觉地受到感染和同化，自觉地抑制和改变自己，以适应工作的要求。

# 第三章　办公室工作计划与工作量化规范

## 第一节　办公室工作计划管理基础

### 一、工作计划的概念

1. 工作计划

工作计划有广义和狭义之分。广义的工作计划是指制订计划、执行计划和检查计划执行情况三个紧密衔接的工作过程。狭义的工作计划则是指制订计划。它是使组织中各种活动有条不紊地进行的保证。工作计划还是一种需要运用智力和发挥创造力的过程，它要求高瞻远瞩地制定目标和战略，严密地规划和部署，把决策建立在反复权衡的基础之上。

一个完整的工作计划系统包括目标、步骤、期限、使用方法、实施后的总结以及反馈的不断循环。计划最终实施的结果应与预定目标大体一致。如果有差距，就需找出原因，修正原定计划。为了使计划实施顺利，创造一个良好的工作气氛非常重要。

2. 工作计划的任务

工作计划的任务，就是根据社会的需要，确定出组织在一定时期内的奋斗目标；通过计划的编制、执行和检查，协调和合理安排组织中各方面的经营和管理活动，有效地利用组织的人力、物力和财力等资源，取得最佳的经济效益和社会效益。

计划的内容常用六个“W”来表示。

Why——为什么做？原因与目的。

What——做什么？活动与内容。

Who——谁去做？人员。

Where——在什么地方做？地点。

When——在什么时间做？时间。

How——怎样做？手段和安排。

计划的内容进一步可做以下具体描述。

（1）目的或宗旨——基本职能和根本意图。它指明任何一个办公室工作所应起的作用及所处的地位。通常，高一级的、宏观的目的或宗旨不如低一级的、微观的具体，但是它容纳面宽广深刻，支配着低一级目的或宗旨。

（2）战略或策略——活动方向和资源部署的总纲。它指明组织为实现自己的目标而确定的主攻位置，所拥有的人力、物力、财力部署的基本依据。例如福特汽车公司早期决定向市场投入廉价的标准化的汽车，它的经营策略就是尽量降低生产成本，采用大批量生产的装配线；产品标准化、规格化，实现零件可互换；组织庞大的销售网。

（3）政策——为组织活动建立的一般指南。它指明组织的活动方针和范围，鼓励什么和限制什么，以保证行动同目标一致。

（4）程序和规则——处理问题的例行方法和步骤。程序是有一定顺序的先后安排，它是办事细则，是执行政策的实施方法。程序可以是一系列规则的组合，规则往往指在一定情况下采取或不采取某个行动。

（5）预算——资金和利润的预期报告。它是一种数量化的财政计划，也是一种重要的控制手段。

（6）规划——为达到目标所必需的战略、政策、程序、规则、任务委派、实行步骤、使用的资源等的综合性蓝图。它可以派生出进度计划，其期限更短，内容更具体，按年、季、月、周、日确定各项任务执行的时间、执行者、保证措施。

## 二、工作计划的性质

1. 首位性

工作计划相对于其他管理职能处于首位。之所以把工作计划摆在首位，不仅因为从管理过程的角度来看，工作计划先于其他管理职能，而且因为在某些场合，工作计划是付诸实施的唯一管理职能。工作计划的结果可能得出一个决策，即无须进行随后的组织工作、领导工作及控制工作等。

工作计划具有首位性的原因，还在于工作计划影响和贯穿于组织工作、人员配备、指导和领导工作和控制工作中。

工作计划对组织工作的影响是：可能需要在局部或整体上改变一个组织的结构，设立新的职能部门或改变原有的职权关系。例如一个企业要针对开发的一种重要的新产品，专门成立一个项目小组，并实行一种矩阵式的组织形式和职权关系。

工作计划对人员配备的影响可能有委任新的部门主管，调整和充实关键部门的人员以及培训员工等。而组织结构和员工构成的变化，必然会影响到领导方式和激励方式的改变。

同样，工作计划必然无法和控制工作分开。未经计划的活动是无法控制的，这是由于控制就是纠正脱离计划的偏差，以保持活动的既定方向。

2. 目的性

每一个计划及其派生计划的目的就是实现企业或各类组织的各个时期的目标。工作计划是最明白地显示出管理的基本特征的主要职能活动。

3. 普遍性

虽然工作计划的特点和范围随各级主管人员职权的不同而不同，但它却是各级主管人员的一个共同职能。所有的主管人员，无论是总经理还是班组长都要按工作计划行事。对于主管人员来讲，他的主要任务是作决策，而决策本身就是工作计划的核心。如果将主管人员的决策权限制过严，那就会束缚他们的手脚，使他们无法自由地处置那些本应由他们处置的问题。久而久之，他们就会失去工作计划的职能与职责，养成依赖上级的习惯。这样，他们也就丧失了主管人员的基本特征。

4. 效率性

工作计划的效率，是以实现企业的总目标和一定时期的目标所得到的利益，扣除了制订和执行计划所需要的费用和其他预计不到的损失之后的总额来测定的。效率一般是指投入和产出之间的比率，但在这个概念中，不仅包括人们通常理解的按资金、工时或成本表示的投入产出比率，还包括组织成员个人和群体的动机和程度这一类主观的评价标准。

## 三、工作计划的重要性

1. 提供方向

未来的不确定性和环境的变化使行动有如大海航行，要时刻保持正确的航向，明白现在的位置和处境，以免在一连串的变化和繁杂的事务中迷失方向。不论情况发生了怎样的变化，都要把主要的注意力集中在目标上。计划就是使所有的行动保持同一方向，促使目标实现。

2. 力求经济合理

实现目标有许多途径，需要选择尽可能好的方法，以最低的费用取得预期的成果，保持较高的效率，避免不必要的损失。计划强调协调，强调节约，其重大安排都经过经济和技术可行性分析，可以使付出的代价尽可能合算。

3. 发现机会与危险

未来的不肯定性不可能完全消除，但应力求把它缩小到最低限度，这样就能及时预见危险，也能及时发现机会，早做准备，应付万一。凡事预则立，不预则废。

4. 统一工作标准

所有的部分都在为一个目标工作，需要用计划保持其协调，以统一的尺度衡量工作的进程和效率。

## 四、办公室工作计划的分类

1. 按表现形式分

按照不同的表现形式，可以将计划分为宗旨、目标、战略、政策、规则、程序、规划和预算等几种类型。

（1）宗旨

各种有组织的集体经营活动，至少应当有一个目的或使命。这种目的或使命，是社会对该组织的基本要求，称之为宗旨。

（2）目标

一定时期的目标或各项具体目标是在明确的宗旨指导下提出的，它具体规定了组织及其各个部门的经营管理活动在一定时期要达到的具体成果。目标不仅是工作计划的终点，而且也是组织工作、人员配备、指导与领导工作和控制活动所要达到的结果。

（3）战略

战略是为实现组织或企业长远目标所选择的发展方向、所确定的行动方针，以及资源分配方针和资源分配方案的一个总纲。战略是指导全局和长远发展的方针，它不是要具体地说明企业如何实现目标，因为说明这一切是许多主要的和辅助的计划任务。战略是要指明方向、重点和资源分配的优先次序。

（4）政策

政策即是组织在决策时或处理问题时用来指导和沟通思想与行动方针的明文规定。作为明文规定的政策，通常列入计划之中，而一项重大的政策，则往往单独发布。政策有助于将一些问题事先确定下来，避免重复分析，并给其他派生的计划以一个全局性的概貌，从而使主管人员能够控制住全局，制定政策还有助于主管人员把职权授予下级。

（5）程序

程序也是一种计划，它规定了如何处理那些重复发生的例行问题的标准方法。程序关注的是如何采取行动，而不是关注如何去思考问题。程序的实质是对所要进行的活动规定时间顺序，因此，程序也是一种工作步骤。制定程序的目的是减轻主管人员决策的负担，明确各个工作岗位的职责，提高管理活动的效率和质量。

（6）规则

规则也是一种计划，只不过是一种最简单的计划。它是指在具体场合和具体情况下，允许或不允许采取某种特定行动的规定。

（7）规划

规划是为了实施既定方针所必需的目标、政策、程序、规则、任务分配、执行步骤、使用的资源等而制订的综合性计划。

（8）预算

预算是一种计划，具体说来是以数字表示预期结果的一种报告书。

2. 按计划的期限分

按计划的期限或时间，可以将计划分为短期计划和长期计划，以及介于长短期计划之间的中期计划。长期计划的制订与组织整体发展目标相适应，中期计划的制订与组织发展的阶段性目标相适应，短期计划的制订则与组织中具体项目工作安排相适应。

3. 按幅度和范围分

（1）目标型计划

所谓目标型计划是对组织机构将要实现的各项目标或结局的表述。目标型计划是组织机构的使命和希望做些什么的全面表述。这种表述说明组织机构将要实现的目标是什么，但不说明如何实现这些目标。这些组织的目标下达到各部门和单位，然后由这些部门和单位把它们转变成为实现总组织目标的各种具体计划。

（2）政策型计划

政策型计划是指导组织成员制定决策和驾驭难以应付的环境的广泛表述。充分制订的政策型计划，确保持续地紧紧抓住既定的目标，增强行动的一致性和连贯性，以及最大限度地减少制定决策的盲目性。政策型计划，通常是由上层管理人员制定的。

（3）程序型计划

程序型计划是描述如何实现政策计划的更为具体的步骤。一个规范的业务程序计划，详细叙述了处理各部门之间日常业务活动所要遵循的步骤。制订完备的程序计划，有助于减少各部门和单位在工作方法上的混乱，并且通过某种标准的顺序使行动更为一致。

（4）方法型计划

方法型计划描述了业务单位或部门为完成某项具体的委派而要履行各项任务的方法和顺序。制订方法型计划，就是为了影响个体的行为。

（5）规则型计划

规则型计划，就是为了对组织成员个体行为实行强制的行为规范。

4. 从计划的操作角度分

从计划的操作角度来看，办公室工作计划又可以分为战略层、政策层与战术层三类。

（1）战略层

它寻求在一定的环境下比较协调的价值规范。它的计划是为了与环境协调，制定出能使价值系统发生变化的行动，这相当于提出了整个目标。

（2）政策层

它在战略层目标下引出具体目标。它考虑在时间和资源可允许的条件下，互有联系的目标实现最佳组合，使资源分配的价值尽可能大，它给出了一系列政策。

（3）战术层

它在实施战略与政策中制定各种操作的顺序和时间安排。它的计划给出了业务性的活动蓝图。

最上层控制了下面两层，但也依靠下面两层发挥作用；中间层既划出业务的界限，又依靠业务计划；而基层则有上下两层约束，又依赖来自环境的影响，其间还有反馈。在战略层制订的综合计划为具体实施规定了范围，为办公室工作提供全面的指导。总的过程包含着环境、组织能力和资源、管理的利益和期望，以及社会责任等社会因素的综合。政策层为办公室工作提供具体方向，战术层则给出了具体工作的活动蓝图，三者与组织环境互相影响，共同完成工作计划。

## 第二节　办公室工作计划制订程序与方法和目录

### 一、编制工作计划的步骤

一个科学的、统一的行政计划的编制，除了需要有正确的指导方针、科学的编制方法，还需要有合理的计划编制过程。

一般地，逻辑上的行政计划编制过程大致包括以下几个基本环节。

1. 估量机会

对机会的估量，要在实际的工作计划开始之前就着手进行，它是工作计划的一个真正起点。其内容包括：对未来可能出现变化和预示的机会进行初步分析，形成判断；根据自己的长处和短处搞清自己所处的地位；了解自己利用机会能力；列举主要的不肯定因素，分析其发生的可能性和影响程度；在反复斟酌的基础上，定下决心，扬长避短。

2. 确定目标

根据所要解决的问题性质，确定恰当的目标，这是编制工作计划的第一个环节。

3. 确定前提条件

工作计划的第二步是确定一些关键性的计划前提条件，并使设计人员对此取得共识。负责工作计划的人员对计划前提了解得愈细愈透彻，并能始终如一地运用它，则工作计划也将做得越协调。

按照组织的内外环境，可以将工作计划的前提条件分为外部前提条件和内部前提条件；按可控程序，将工作计划前提条件分为不可控的、部分可控的和可控的三种前提条件。前述的外部前提条件多为不可控的和部分可控的，而内部前提条件大多是可控的。不可控的前提条件越多，不确定性越大，就愈需要通过预测工作确定其发生的概率和影响程度的大小。

4. 调查研究

根据所要达到的目标，进行有针对性的调查研究，以获取有关的、相对充分的资料。

5. 资料分析

运用科学的方法和技术手段，对收集到的资料进行分类、处理，进行资料的分析，为制定多个计划方案创造必要的条件。

6. 计划方案的拟订和评价

根据计划目标的需要和资料分析的可能性，尽可能地设计更多的逻辑上可能的行动方案，并运用科学方法评价各个可行方案的优劣。

7. 方案的选择

这是编制行政计划的最关键的一个环节。在众多可行的计划方案中择一，作为最终的定案。

8. 编制预算

工作计划的最后一步是把计划转化为预算，使之数字化。预算实质上是资源的分配计划。预算工作做好了，可以成为汇总和综合平衡各类计划的一种工具，也可以成为衡量计划完成进度的重要标准。

9. 计划执行过程的反馈和计划的修正

必须指出，这仅仅是一个计划编制的理论模型，在实际的计划制订过程中，必须灵活地运用这种理论上的、初步的计划编制模型。

## 二、制订办公室工作计划的方法

制订工作计划的方法很多，这里仅简要介绍三种常用的有效方法，即运筹学方法、滚动式计划方法和计划—规划—预算方法。

1. 运筹学方法

运筹学是工作计划的有效工具，其特点是：

（1）重视模型。模型是客观现实问题的逻辑表述；

（2）强调目标和计量效果的量变；

（3）力求把有关的因素用变量形式反映在模型中；

（4）通过数学和统计学方法在一定范围内求出问题的解。

将运筹学用于工作计划包括以下步骤——把问题化为模型；推导一定的解法；试验或模拟；得到具体的结论。它广泛地用于解决有限资源如何合理运用以实现既定的目标。典型的运筹学方法当推线性规划。另有非线性规划问题。

2. 滚动式计划方法

所谓滚动式计划方法就是一种编制具有灵活性的、能够适应环境变化的长期计划方法。编制方法是：在已编制出的计划的基础上，每经过一段固定的时期便根据变化了的环境条件和计划的实际执行情况，从确保实现计划目标出发对原计划进行调整。每次调整时，保持原计划期限不变，而将计划期限顺序向前推进一个滚动期。

采用滚动式计划方法，可以根据环境条件变化和实际完成情况，定期地对计划进行修订，使组织始终有一个较为切合实际的长期计划作指导，并使长期计划能够始终与短期计划紧密地衔接在一起。

3. 计划—规划—预算方法

计划—规划—预算方法是完全从目标出发编制预算的。计划开始时，首先由最高主管部门提出组织的总目标和战略，并确定实现目标的项目。

计划—规划—预算方法最适用于目标和计划明确、具体，按项目或课题分工的军事、水利、住宅等领域的行政管理。

## 三、目标管理的基本内容

目标管理的主要做法是：由组织中上级和下级管理人员一起制定共同的目标；同每一个人的应有成果相联系，规定他的主要职责范围；以这些规定为指导，评价一个部门或每一成员的贡献情况。因为这种做法特别适合于对各级管理人员的管理，所以称为“管理中的管理”。目标管理的特点：把工作和人的需要统一起来。它能使职工发现工作的兴趣和价值，在工作中实行自我控制，通过努力工作和满足其自我实现的需要，组织的共同目标也因之实现。

目标管理可分为以下三个阶段。

1. 制定目标

又分有五个步骤：准备；由组织的高层领导制定战略性目标；在各级管理阶层制定试探性的策略目标；各级管理人员提出各种建议，相互进行讨论并修改；就各项目标和评价标准达成协议。

2. 实现目标

在一般监督下为实现目标进行过程管理。这主要是职工的自我管理和自我控制，上级只对例外发生的重大问题进行指导和控制。

3. 对成果进行检查和评价

也就是把实现的成果同原来制定的目标相比较。经过三个阶段的循环往复，不断提高管理工作的质量。

要使目标管理方法成功，还必须注意下述一些条件：

（1）要由高层管理人员参加制定高级策略目标；

（2）下级人员积极参加目标的制定和实现过程；

（3）情报资料要充分；

（4）管理者对实现目标的手段要有相应的控制权力；

（5）对实行目标管理而带来的风险应予以激励；

（6）对职工要有信心，同时，在运用目标管理方法时，也要防止一些偏差出现，比如：不宜过分强调定量指标、忽视定性的内容，要根据多变的环境及时调整目标等。

## 四、目标管理基本过程

目标管理的具体做法形式不一，一般来说，可分为三个阶段，即目标的制定、实施、评价。

1. 目标制定阶段

（1）建立一套完整的目标体系

实行目标管理，首先要建立一套完整的目标体系。这项工作总是从企业的最高主管部门开始的，然后由上而下地逐级确定目标。上下级的目标之间通常是一种“目的—手段”的关系；某一级的目标，需要用一定的手段来实现，这些手段就成为下一级的次目标，按级顺推下去，直到作业层的作业目标，从而构成一种链式的目标体系。

（2）制定目标

制定目标的工作，需要事先拟定和宣传前提条件。这是一些指导方针，如果指导方针不明确，就不可能希望下级主管人员制定出合理的目标来。此外，制定目标应当采取协商的方式，应当鼓励下级主管人员根据基本方针拟定自己的目标，然后由上级批准。

目标体系应与组织结构相吻合，从而使每个部门都有明确的目标，每个目标都有人明确负责。然而，组织结构往往不是按组织在一定时期的目标而建立的，所以，在按逻辑展开目标和按组织结构展开目标之间，时常会存在差异。其表现为，有时从逻辑上看，一个重要的分目标却找不到对此负全面责任的管理部门，而组织中的有些部门却很难为其确定重要的目标。这种情况的反复出现，可能最终导致对组织结构的调整。从这点上看，目标管理还有助于搞清组织机构的作用。

2. 目标实施阶段

目标既定，主管人员就应放手把权力交给下级成员，而自己去抓重点的综合性管理，如果在明确了目标之后，作为上级主管人员还像从前那样事必躬亲，便违背了目标管理的主旨，不能获得目标管理的效果。当然，这并不是说上级在确定目标后就可以不闻不问了。上级的管理应主要表现在指导、协助、提出问题、提供情报以及创造良好的工作环境方面。具体说，应该做到：

（1）根据各分目标的要求，给下属相应的权限和工作条件，使下属能够独立自主地实现自己的目标。下属没有想到或考虑不周的，领导应给予一定的指导和帮助。领导不应包办代替下属的目标实施，但如果对下属的工作不闻不问，则可能会出现下属束手无策，最后影响全局的尴尬局面。

（2）制订并严格执行既定的目标作业计划。作业计划越细，措施越具体，实施过程就越顺利。若需要对作业计划作调整，则应通过上一级的领导者来进行，以便及时调整各相邻分目标的实施计划。

3. 目标的检查和评价

对各级目标的完成情况，要事先规定出期限，定期进行检查，检查的方法可灵活地采用自检、互检和责成专门的部门进行检查。检查的依据就是事先确定的目标。对于最终结果，应当根据目标进行评价，并根据评价结果进行奖罚。

在目标评价考核中，应注意以下两点。

（1）引导下属自己认识分目标对总目标的意义。有的领导者满足于下属在完成任务后所能取得的报酬，而忽视了通过评价来进一步激发下属的组织目标认同感和工作自豪感。

（2）一定要根据目标成果，而不是根据过程来进行评价。有些领导者往往有

"某某人很辛苦，没有功劳也有苦劳"的想法。在评价考核时不顾下属的实际贡献，因而伤害了部分人的积极性。诚然，实际工作中确实会有人虽然很辛苦但成果不大，有人功劳很大但苦劳很小的现象。对此，如果是下属的工作方法和能力差异造成的，领导者应视其为正常；如果是某些先天条件差别或事先考虑不周，则反映了目标制定阶段的缺陷，应在下一轮目标管理中给予考虑。但无论如何，这个阶段的考核评价依据只能是目标的实施结果，而不是努力程度。

## 第三节　办公室工作时间管理运筹和方法

### 一、时间与时间管理的含义

我们每天都在利用时间干着自己各种各样的事情，时间作为物质存在的形式，就像我们穿的衣服和鞋子一样，随时陪伴着我们。

时间管理，就是管理者为提高时间的利用率和有效性，运用科学的方法和技巧，对时间的消耗进行计划、实施、检查、评价、反馈等程序而展开的一系列的控制活动过程。

时间管理的程序：

1. 确定目标，制订计划，分配每次活动需用的时间；

2. 实施计划，执行计划中要有一系列的方法和措施来保障；

3. 对计划执行情况进行分析检查；

4. 评价对时间的分配利用是否科学，并在此基础上，对不合理的部分予以调节；

5. 将整个时间计划的实施、调查、调节情况及时反馈，以便重新确定目标，做出符合实际需要的时间计划。

办公室工作时间管理是信息时代对人们提出的要求。时间管理是掌握时间节约规律的要求。研究利用时间的规律，就是为了进一步揭开时间的奥秘，研究和掌握时间有哪些特性，更好地挖掘时间潜力，合理地分配时间，科学地使用时间，不断提高时间利用率，高效能地进行富有创造性的劳动。

## 二、时间的基本特征

（1）时间的短缺性。时间就像一家银行，它每天给你 86400 秒钟，每天夜里把你没用完的时间销掉，不能积累下来，说明时间具有短缺性。

（2）时间的不间断性与间断性。人世间，整个宇宙，时间是不间断的，具体的。而个别事物时间却是间断的，有始有终的。但很多个别事物时间的始终又构成了时间的不间断性。时间的这种特性对于管理者的目标管理，合理地安排工作、休息都是十分必要的。

（3）时间的直线性与循环性。时间应该是直线性和循环性的结合。直线性说明时间一去不复返；循环性说明时间周而复始。

只有充分了解认识时间的直线性和循环性，才能更好地帮助我们分阶段安排工作，更好地珍惜、利用时间。

## 三、办公室时间管理的操作技巧

1. 集中精力，重点突破

每个人的时间和精力都是有限的，要真正办好一件事，必须集中全部精力，只有用自己的全部身心投入，才能换回更大的收益。在大多数情况下，人们往往是无意识地被外界所吸引，从而给自己的工作增添麻烦，对工作失去了信心，注意力也更加涣散了。

要集中精力，抓住时间，就必须放弃一些活动。只有停止多余的活动，才能赢得更多的时间。工作中有效地利用时间要注意以下几点。

（1）一件事还没有行动或做完，就不要卷入到新的活动中去。

（2）只要这件事对自己毫无价值或价值不大就不要随意介入，更不要因此而干扰别人，随便地索取什么情报或让别人提供资料。

（3）不要急于求成地指手画脚，特别是当做好事情的条件尚不成熟之时，你应当将自己的预见告诉其他工作人员，而不是去催促。

（4）以可控制的步骤工作，不要一开头就无法收拾。

（5）放弃让不能胜任工作的人去应付局面的想法，以免使其产生沉重的负担。

2. 合理安排工作日程

制订计划和日程表在节约时间和提高效率方面是极其重要的。计划将未来带入现在，使办公室工作人员对未来的工作有更清楚的概念，它是对工作的长期打算。

而日程表则是帮助你决定现在做的具体工作以达到长期目标的逐日计划，也就是说，长期计划及目标的确定，需要以短期的计划——日程表补充。为了实现工作的目标，就应该精心地编制一个工作日程表，据此来确定事情的轻重缓急，科学地安排时间。

3. 提高效率

作为一名办公室工作人员，必须在以下几方面特别要注意讲求效率。

（1）提高说话的效率

在说话之前，一定要经过大脑思考，克制自己的冲动。要节约讲话的时间，必须提高说话的效率。这当中不仅包括形式上的快速，亦包括内容上的精要。

（2）跳出“会海”

为了有效地节约会议时间，迫使人们尽快地发表意见，作出决定，不妨可以采用以下几种方法：

①站着开会；

②限定会议时间；

③午餐前开会。

（3）缩短交际时间

要从繁忙的社会活动中解脱出来，去从事对自己更有意义的活动，应掌握以下原则。

首先，想回去就立即告辞。其次，到说“不”的时间不说“是”。最后，在社交活动中，要节约等候的时间。

（4）正确处理文件

要防止办公室内文件堆积现象，必须从提高办理文件效率入手，使文件的流通合理化。

4. 充分利用现代工具

在今天的信息时代，不引入一些先进的办公设备，就无法提高办事效率，就会失掉许多瞬间即逝的时机。可以节省时间的东西很多：电话、录音机、电脑、复印机、传真机……诸如此类，应有尽有。现代化工具中，最重要的就是电话了。电话的好处是可以在转瞬之间，以最快的速度沟通。

总之，能够尽可能地利用一切方便、高效的手段为自己的工作服务，是一种办公能力。为了具备这种能力，必须善于学习各种先进的科技知识，多观察，多介入；同时，实现办公管理的现代化就要适当地添置先进实用的办公自动化设备，以适应瞬息万变的信息化社会的发展。

## 四、科学运筹时间策略

1. 思考与时间的科学运筹

最早完成原子核裂变实验的英国著名物理学家卢瑟福，有一天晚上走进实验室，当时时间已经很晚了，见他的一个学生仍俯在工作台上，便问道：“这么晚了，你还在干什么呢?”学生回答说：“我在工作。”“那你白天干什么呢?”“我也工作。”“那么你早上也在工作吗?”“是的，教授，早上我也工作。”于是卢瑟福提出了一个问题：“那么这样一来，你用什么时间思考呢? 工作中要给思考留有一定时间。”

2. 注意力与时间的科学运筹

人们不论干什么事情，都要集中注意力，排除外界干扰，才能做到事半功倍。反之，则事倍而功半。

3. 休息与时间的科学运筹

散步是脑力劳动者一种有效的休息方式。法国的启蒙思想家卢梭说：散步能促进我的思想。德国著名诗人歌德说：我最宝贵的思维及其最好的表达方式，都是在我散步中出现的。据医学家测定，人血液中含氧量每分钟可达1000立方厘米左右，如果慢跑，每分钟含氧量将会上升为4000立方厘米左右。而人体各个器官的功能，诸如心的跳动、脑的记忆、眼的视力等等，完全是靠含有大量氧气的血液循环来维持的。

4. 业余爱好与时间的科学运筹

有的人认为业余爱好会分散时间和精力，对本职工作没有什么益处，其实，这种看法有很大的片面性。业余爱好不但不分散时间和精力，不影响本职工作，而且处理得当对本职工作是有益的。因为人们从事任何工作，都需要一定的专业知识和能力，但知识又是互相联系、互相渗透的，就像网一样环环相扣。因此，知识面的广博，有利于专业的深入。工作能力主要需要在实践中锻炼，但是培养能力并非只有一条途径，健康的业余爱好的作用，就在于它能通过多种活动来增长知识，培养能力，从而有利于本职工作。

由于每个人年龄、性格、职业、文化修养不同，个人业余爱好也各相异。但是，要注意区分健康和不健康的业余爱好。健康的业余爱好对活跃生活、陶冶性情、增强体质有积极作用。不健康的业余爱好，如赌博、斗殴等，就会影响一个人的进取心，对本职工作不会有什么益处，还会白白浪费宝贵的时间，这是应该引起注意的。

### 五、时间运筹方法

1. 定期“盘点”法

从“盘点”中找时间，为了使时间使用更趋合理，使用时间也需定期“盘点”。“盘点”始于计划。有了计划之后，就要“盘点”可以投入的时间，确定行事次序，规定完成计划的最后期限。每隔一段时间，对计划进行重新评价和对投入的时间进行“盘点”。时间是常数，只要运用得当，便能从时间中产生巨大的精神财富。

2. 交叉轮作法

即利用农业上交叉轮作以提高产量的方法，把一天的活动内容交错进行安排，以提高效率。这是因为大脑细胞长时间接受一种信息刺激，长时间持续同一个活动内容，会导致工作效率降低。如果穿插进行其他内容的活动，人体原有的兴奋区产生抑制，在其他部位会出现新的兴奋区。

3. 遇事三问法

遇事三问法其要旨就是以尽可能少的时间办尽可能多的事情，从时间中节约时间。具体方法是对遭遇的事情提出三个问题。一是能不能取消它？首先找出有哪些事根本不必做，有哪些事做了也全然是浪费时间，没有效果。如果有些事不做，也不会有任何影响，那么，这件事便该立刻停止。二是能不能与别的事合并？把能够合并起来的事尽量合并起来办。三是能不能代替它？用费时少的办法代替费时多的办法而同样能达到目的，当然是最佳方案了。

4. 并列运筹法

即在某项松散活动进行期间同时开展另一项活动。

## 第四节　办公室工作量化管理原理与模式

### 一、量化管理的含义

办公室量化管理是指在组织生产劳动过程中，采用科学方法（如预测、概率估算、实测、预定动作时间法等）对各个工作项目，制定出工作定额来实行定量考核的管理方法。

## 二、量化管理的表现形式

1. 工作定额

工作定额是指在一定的生产、技术、组织条件下，按照正常作业速度，进行某项业务工作所需的社会必要劳动消耗量。

工作定额是劳动定额的一种。可以用某个工程（业务）项目需要多少工时来表示，也可以用单位时间内（天、周、月）完成多少工作量来表示。

工作定额是办公室工作人员实行定量考核的一个标尺或衡量工作。没有工作定额，就无法实行定量考核的精细的业绩评价。

2. 优化劳动组合

优化劳动组合是指人与生产资料的最佳结合。即人在所分配的岗位上，学以致用，能够做到人尽其才，才尽其用，能出较大成果；生产资料也因有了合适的人使用，而发挥了更大的功能。优化劳动组合的关键是用人问题。

3. 定员定编

定员是指按工作定额来确定人员配备的标准，它是组织劳动，编制劳动计划的依据。合理的定员可以精简机构，提高效率。定编是指规定各个单位各类人员的编制，包括组织机构的设置，人员的定额和岗位的分配。

4. 定量考核

定量考核是指用工作定额作为标尺，来衡量办公室工作人员的业绩多少，贡献大小，用事实和数据说话，而不是单纯凭主观印象来评价。

在目前情况下，由于脑力劳动尚存在许多难以计量的因素，因此，考核时，定量、定性两种方法要综合使用，但定量描述是劳动人事管理的发展方向，应逐渐扩大其比重。

## 三、工作量化管理与工作效率的关系

量化管理的一个明显的特点，是办公室工作有了明确的定量标准，规定了应该完成的工作量，从而使每个人都能主动地自觉地为工作满负荷而努力。

管理要求各个环节保持合理的比例性，在时间上讲求有高度的连续性。这不仅是对物质生产的要求，也同样是对办公室工作的要求。若要保持这种平衡关系，唯有依赖劳动定额与工作定额。

素质是形成能力的基础，能力是素质发挥作用的体现。一个单位的管理和业务能力有多大，一方面从质的方面反映；另一方面又要从量的方面反映，质与量的结合才能形成整体。能力包括体力和脑力。从质的方面衡量的项目为：承担任务的能力，创新的能力，适应环境变化的能力，竞争的能力等。从量的方面衡量的项目为：完成工作定额的数量，兼职的项数等。

"时间就是金钱，效率就是生命"的口号是人所共知的。如何提高效率，如何充分利用工作时间，却不完全为人们所共知。办公室量化管理实际上就是讲求充分利用时间和设法提高工作效率的重要途径。

工作效率，一般是指工作的投入与产出之比。产出大于投入，就是正效率，产出小于投入，就是负效率。提高工作效率的目标，就是要求正效率值不断增大。

一个人的工作能力如何，很大程度上是看其工作效率的高低。衡量办公室工作人员的效率的标准是什么？就是工作定额。

办公室工作人员提高效率的意义何在？

1. 提高工作效率可以增加三者利益。即有利于国家的四化建设，加速财富创造；有利于单位的劳动生产率和经济效益的提高，增加活力；有利于工作人员个人实现多劳多得，增加收入。

2. 提高工作效率以后，就有可能缩短工作时间，从而有更多的时间让职工自行支配，去从事学习、娱乐、旅游、社交和休息。

3. 提高工作效率以后，可以克服机构臃肿、人浮于事、浪费时间的现象。

4. 提高工作效率之后，在优化劳动组合中，办公室人员具有更大的竞争优势。

## 四、定性与定量原理

办公室工作的量化管理，需应用定性与定量相结合的原理和方法，衡量脑力劳动与体力劳动两者的比重，定性、定量相结合的分析方法可以避免机构臃肿、人浮于事、浪费时间的现象。

定性，就是对人与事的特性进行鉴别和确定。定性分析带有较强的主观性。科学合理的定性是现代工作测评的重要环节。定量是通过一种数字符号显示人的功能特性或人的效率特性。

定性与定量原理，要求将劳动人事管理的丰富经验与数学领域的成果相结合，使测量标准和计量方法有机地统一起来。所以办公室工作定额的制定，必须定性与定量相结合。

## 五、测量与评定原理

在办公室工作量化管理中，无论是确定人员功能素质，还是制定工作定额，以及考核评定，都要应用测量与评定原理。

测评的概念，包括测量和评定两个含义。人的工作时间的测量是用数学对人的功能和行为进行描述；人的业绩和贡献的评定是应用这种描述来全面确定功能和行为的价值。评定和测量是衡量事物的两种方法，两者相辅相成，互为一体。客观的测量描述离不开主观的判断评定；主观的判断评定要以客观的测量描述为依据。

## 六、动态与静态原理

在办公室工作量化管理中，动态概念，就是影响时间的因素结构及其变量，时间消耗的结构及其变量，都在不断变化中。静态概念是指在某一特定阶段中，在标准条件下，影响时间的因素变化与时间消耗呈对应稳定状态。

任何一种静态都是有条件的、暂时的、过渡性的，因而是相对的。世界上不存在任何一种绝对静止的状态。从动态的角度来看，静态结构随时空关系的变化而变化。但处于特定条件和特定时空关系中的人的作用、业务工作内容、工作定额等又是相对稳定的。

随着时间关系和条件的变化，量化管理中动态和静态关系的处理大约有以下几种。

1. 静态

（1）在标准条件下，在固定的办公场所，在时间标准规定的有效期内，工作定额和数学模式是相当稳定的。

（2）在不改变工作的方式方法前提下，例行时间是相对稳定的。

（3）制度规定的授权时间是相对稳定的。

2. 动态

（1）单位条件在不断变化。

（2）环境在不断变化。

（3）工作内容在不断变化。

（4）工作方法在不断变化。

（5）影响时间消耗的因素在不断变化。

（6）工作时间标准和数学模式要随时空关系和前述几项的变化而变化。

## 七、打分法

在办公室工作中，有些工作有很多不确定的因素，一时难以用简便方法制定工作定额。如何进行量化管理，一般可以采用打分法。

1. 制定工作标准

工作标准的建立是进行量化考核的基础。工作标准的内容，既要符合客观要求，又要切合实际，主观上还要求工作人员能够办得到。

（1）质量标准：办公室工作的质量，必须有基本要求，达不到基本要求，就应判定未达到质量标准；业务工作要精益求精，超过了规定的质量标准，应予嘉奖。

（2）通用部分工作标准：是指各类人员应共同遵守的标准。

（3）专业部门工作标准：是指针对每个岗位的具体业务所确定的标准。这种工作标准因岗位而异。

（4）目标任务：是指从组织的总体目标中分解到各个岗位必须按期完成的分目标。此种目标，每年不一样，一般都比上一年有所提高。

2. 工作标准中的额定分数

（1）工作标准的考核分数采用百分制，额定总分为100分。

（2）额定分数分配比例原则是：通用部分30分，专业部门70分，目标任务结合专业部分，质量标准用系数来表示。超过标准的，系数增加0.1～0.3；符合标准的，系数等于1；低于标准10%，系数为0.8；质量在90%以下，系数为0。主要项目、重点项目、难以完成的项目、工作量大的项目分配的分数宜多；反之，分数宜少。

3. 考核方法和程序

量化管理的成败，关键在于能否严格进行考核。如果不抓考核，量化管理将流于形式，起不到提高效率的作用。

（1）考核组织。考核的依据是工作标准。办公室工作人员由办公室主任考核；办公室主任由单位行政领导考核。

（2）所有考核按规定打分，增减分用事实与数据说话，以书面材料为凭。

（3）要有一定部门和人员做此工作，建立考核档案。

（4）要制定打分与增减分的原则。

①凡是按质按量按进度按要求完成的工作项目，应给予额定分数。如提前完成任务，超额完成任务（超额要加以分析，有的超额不一定有利），保证工作质量，提高了工作效率，为单位增加了荣誉声望者，应予增加分；反之，如完不成规定指

标，达不到预定要求，与标准相比有差距者，按规定扣分。打分应秉公办事，一视同仁。

②增减分的尺度。有重大影响的项目，增减分数从多；主观因素所能决定的项目，增减分数从多；效益或效果大的项目，增减分数从多。所有增减分数，都要预先在标准中做好规定，避免扯皮。

（5）考核的程序：

①先由个人对照工作标准提出年度工作总结，如实反映情况，交给主考核人。

②有些项目和指标专门有人负责考核时，将考核情况用文字报告形式交给主考核人。

③主考核人以被考核人个人总结，分项考核资料，加上个人亲自考核的资料，对比工作计划完成情况，给出被考核人个人年度总分数。

④以年度总分数为基础，计算奖金。

## 八、模式计算法

工作时间的长短与其影响因素之间存在着一定的函数关系。一切函数都可以用相应的数学解析式来表达。

为了使模式便于操作，要尽可能做到以下几点：

1. 变量（影响因素）不宜设定得过多；

2. 综合程度要尽可能高；

3. 通用性要广；

4. 计算方法要简单易行，使绝大多数人能掌握。既可用于人工计算（包括算盘、计算器和笔算），也可输入电子计算机计算，都能获得工作定额数据。

## 九、综合定额法

综合定额法可适用于各种办公室工作的工作定额制定，比较简便易行。综合定额有五种方法，既可分别选用，也可综合运用。

1. 概率估算法

将概率论的理论与经验估算相结合，可以提高估算的质量。

概率估算法运用网络计划技术中确定工序时间的原理，请内行人估出三种工时消耗量。

（1）最小工时消耗量——指在不遇到较大困难、不出现特殊情况、各项条件具备，工作进展顺利的情况下，业务水平较高的人员积极工作所需的工时量。

（2）最大工时消耗量——指在遇到巨大困难、工作进展不顺利时，业务水平较低的人员，努力工作所需的工时量。

（3）最有把握的工时消耗量——指反映在正常情况下，大多数工作人员所需的工作量。

估算出三种时间消耗量后，采用加权平均法求其期望值。

2. 统计分析法

统计分析法，是指利用以往积累的统计资料，在分析比较的基础上，结合目前办公室工作进展、组织条件的改善等方面情况，来制定工作定额的一种方法。其优点在于：计算速度快，又有统计资料为依据，说服力较强。

运用统计分析法时，统计资料必须符合实际，统计资料必须去掉那些非定额的时间，无用的虚耗时间，去伪存真，才能保证统计分析定额的准确性。

用统计分析法制定工作定额有以下三种方法。

（1）加权平均法。加权平均法是运用概率估算法的原理，将工时统计资料划分为三组，即最小工时消耗组 a，最大工时消耗组 b，最有把握工作消耗组 c，然后求出各级的平均工时消耗量，再代入公式，得出工作定额的期望值。按公式求出平均方差，最后确定满意的工作定额 t′。

（2）概率计算法。用概率计算法制定工作定额，可提高用统计分析法制定定额的质量。

（3）算术平均法。将相同的统计资料相加求和，再用统计资料的个数去除，即得算术平均值。

3. 类推比较法

类推比较法是以同类型作业的工作定额、统计资料、典型定额等作为参考资料，进行分析比较的一种方法。

应用类推比较法，必须要求工作内容相同、技术要求相同、作业结构相同。先将同类型的作业归类分组，从各组中挑选出具有代表性的项目，然后进行定额。这种代表性的项目叫作“样板项目”或“典型项目”，其定额就是样板项目工作定额。以样板项目为基础，可以用此来比较其他类似工作项目。

应用类推比较法，一般有三种做法：

（1）直接估算出对比项目的工作定额；

（2）采用公式推算；

（3）运用要素分析法原理，将典型项目分解成工作元素，赋予各元素定额，而后将类似项目的工作元素与之相比，得出系数来推算工作定额。

4. 经验估算法

经验估算法是聘任科室的业务专家（业务领导或业务骨干），要求其根据其多年的实践经验，以该项工作的主要内容、技术要求、特点、工作标准、工作条件为基础，参照以往完成该种工作的数据，通过对比分析，对某项工作估算出一定的定额。这是推行工作定额初期或资料累积不多的情况下普遍采用的一种方法。其优点在于：易于掌握，计算速度快，工作量小。

5. 工作抽样法

工作抽样法，是指在较长的时期内，以随机方式，观测操作者的作业。其基本原理引自概率论和数量统计，即从母体中随机抽取样本，如果这个样本足够大，则从样本的性质便可推断母体的状态。

随机抽取样本具有三个特性：

（1）在相同条件下，随机取样可以重复地进行；

（2）每次抽样的结果可能不止一个，并且能事先明确抽样的可能结果有很多；

（3）进行一次抽样之前无法确定哪一个结果会出现。

工作抽样因为不是全数调查，便会产生一定的误差。为了保证误差在允许范围内，则所取的样本数量要大到能达到一定的可靠度和精确度。通常取误差的范围两倍于标准差，其可靠度为95%，其含义是平均取样100个数据，有95个数据落在误差的范围内。

## 第五节　办公室人员职业能力测评

### 一、办公室人员职务分类

职务分类是管理科学在劳动人事工作中的应用。把握职务分类的本质，就能在劳动人事管理上产生积极的效能。

职务分类是指将工作人员担任的每个职务的内容加以分析，以掌握该职务的固有性质和各职务之间的关系及特点，从而决定工作人员在履行职务上所应具备的条件，制定规范，评定等级，衡量工作量和确定报酬范围，并以此作为选用、培训、考核、升迁、奖惩的依据。

职务是指工作人员为完成某项任务必须进行的工作行为。这种工作行为，既可以发生在人与人之间，也可以发生在人与物之间。任何一个职务都具有与该职务相应的责任。所谓责任是指对其工作的同意、承诺和承担后果。职务和责任是一个综合体。

办公室职务按管理层次分，一般可分为单位领导工作、部门负责工作、专业工作、辅助工作；按工作性质分，一般可分为工程技术工作、管理性工作、经济性工作、服务性工作和其他工作。

这种分类，主要是根据劳动人事统计的要求而制定的。

依照制定工作定额的要求，办公室工作的分类，应遵循其本身的规律，通常考虑的因素有：

1. 工作性质，即处理所承担的工作时，应具备的专业知识、技艺、能力及其特点，性质类同的可归纳在一起；

2. 劳动形式的组成比例，如体力劳动和脑力劳动所占的比重，创造性和事务性劳动所占的比重等；

3. 责任范围，领导工作与具体工作的责任大小不同，各业务岗位都有本身的责任；

4. 习惯上的隶属关系；

5. 有利于实际应用。

在办公室工作范围内，无论是技术工作、经济工作或组织工作，没有纯业务、纯技术的工作，都要涉及管理，只不过管理重点的比重大小不同。而且，那种认为只有领导层才属于管理者的说法，显然是不科学的。

## 二、测评要素

办公室人员测评是指对工作人员的德、智、能、绩诸功能进行定性与定量相结合的测量与评定。这种评定在优化劳动组合、调配人员时是一项重要的依据，它是劳动人事管理现代化的基础工作。

办公室人员职业能力的概念，可以理解为工作人员的素质结构、智力结构、能力结构和绩效结构诸要素的有机组合及其相互作用的表现。

要素是构成事物的基本因素，在人员测评工作中，要素就是构成人员功能的基本因素。一个要素可以反映人员功能的某一个侧面，多个要素则能反映人员的“立体功能”。考察一个人，不是凭一个要素的功能来做结论，而应考虑对系统的立体功能的综合评价。能力级别高的要素为其所长，能力级别低的要素为其所短。

1. 要素的分类

要素体系根据重要程度和作用大小，可分特殊性要素和一般性要素。

（1）特殊性要素，它与专业人员所从事的专业有关，是每种专业的特殊要求。不具备专业特殊要素能力的人，是不适宜从事该种工作的。

（2）一般性要素，它是各类人员必须具备的基本功能。

2. 人员功能要素体系

人员功能要素体系由各要素组合而成，可用下列公式表示。

要素体系 = 素质结构要素 + 智力结构要素 + 能力结构要素 + 绩效结构要素

（1）素质结构是指人员的政治素质、思想素质、品德素质。通常包括政策性、事业心、廉洁性、责任性、协调性、相容性、服务性等内容。

（2）智力结构是指人员的一般能力和知识结构，是先天因素、社会因素、教育因素和个人努力诸方面相互作用的结果。通常设计为知识面、认知能力、观察能力、思维能力等要素。智力结构注重人的知识广度和深度，随着科技的发展，智力结构的比重将不断上升。

（3）能力结构是指人员的特殊能力和专业结构，是完成社会活动的本领和各种心理特性的总和。通常指工作经验、处事能力、组织能力、表达能力、创造能力等要求。

（4）绩效结构是指通过人员行为表现出来的成果。通常指工作成果、工作效率、工作负荷等。

## 三、测评要素设计的方法和原则

1. 测评要素设计的方法

（1）功能图示法

就是将办公室某类人员的功能特征，用图表描绘出来，然后加以分析研究，选择测评要素。这种方法一般先将办公室某类人员的品德素质，智力、能力、绩效等要素，按需要程度分档，再根据少而精原则选定。分档可以是三档，亦可以是五档。这种方法的优点是直观性强，能够形象地展示办公室人员的功能特征。

（2）问卷调查法

是指设计者将需要设计的要素和要素体系，以问题形式编成表格，分发给有关人员填写的一种搜集信息的研究方法。问卷表必须达到以下要求：提问要准确；表格要精练；填写要简单；要说明调查目的、方法、处理形式和注意事项，并请求合作等。

问卷调查可以采用开放型和封闭型结合法。即先将要素项目列出，让被调查者选择打“√”，最后请其补充要素。

（3）典型研究

就是通过对少数有代表性的典型人物功能特征的系统研究来确定测评要素的方法，分为典型人物研究和典型资料研究，根据研究情况而定。如果两种形式同时具备则更好。首先确定研究的目的要求，其次是选择典型人物（成功的和失败的），对成功型典型人物进行正向研究；对失败型典型人物进行负向研究。负向研究就是归纳总结他们失败的主观因素和客观因素，从而得出功能要素。

2. 测评设计要素的原则

（1）逐层分解原则

要使要素达到较好的清晰度，有必要逐层分解。把一些综合性的要素分成子要素，并分别予以定义解释，适应测评的需要。

（2）界限清楚原则

要素与要素之间，区分要得当。避免产生含糊不清的理解。

（3）可比性原则

在要素设置上，要使测评者自然而然地产生比较思路。

（4）注意要素特性原则

确定一项要素必须达到测评的有效度。它应该有下列特性：内涵明确；词意清晰；直观性强；有针对性。

（5）少而精的原则

要素的设计要尽可能简单，只要能达到既定目的和获得所需功能即行。少而精可提高测评效益，缩短评定过程，减少费用。因此，要善于从多要素中选择有代表性的最有特征的要素。

（6）综合性的原则

就是以少量要素反映多量信息。

## 四、测评标准

测评标准是指衡量办公室人员功能的数量和质量的准则和尺子。一个时期的测评标准，往往会影响这个时期人才的流向和努力目标。

测评标准主要由三个因素构成：标准的强度和频率；标号；标度。标准强度和频率是指测评标准的内容，也就是各种规范化行为和相对次数，它是测评标准的主要组成部分；标号是指不同强度和频率的标记符号，可用字母或数字来表示，标号无独立意义，只有赋予其意义时才具有意义；标度是指测量的单位标准，它可以是数量化单位，也可以是非数量化单位，可以是定量的，也可以是定性的。

1. 测评标准的特征

测评标准按静态与动态分，具有以下特征。

（1）静态测评标准

静态测评标准的特点是简易方便；运用静态测评可以将人与人之间差异客观地反映出来。这种标准可划分为量表式标准、评语式标准、隶属度标准和对比式标准。

量表式标准。指利用刻度量表的形式，直观地划分等级的一种标准。在测评之后，就可在表上形成一条曲线。这种标准是图文兼有，形象直观。

评语式标准。运用文字描述每个要求的不同等级。这种形式运用较广，可归纳为积分评语标准和期望评语标准。期望评语标准的特点是以岗位责任制、职责、上级要求为准则，通常分为三档或五档，每档必须有具体规则可循，否则较难掌握尺度。

隶属度标准。是指以模糊数学中的隶属度函数为标度的测评标准。

对比式标准。将各个要素的最好的一端与最差的一端作为两极，中间分为若干等级。它是量表式标准的一种派生，既有量表的特点，又有可比的特点，可以将功能强与弱的人员明显地表示出来，有利于区别和对比。

（2）动态测评标准

动态测评标准又划分为目标管理标准、行为特征标准、工作模拟标准、情景评估标准。

目标管理标准，是指以目标管理为基准的测评标准。特点就是将规范化管理方法与人事考核制度结合起来，有利于开发各类人员的能力。所谓目标管理是指由领导者提出方针目标，从上到下，再从下到上，上下结合，反复协商，根据组织的总目标，确定短期的工作目标，一般有一年或三年，并为了实现这个目标而进行的组织管理和控制工作。目标内容大体上是，优先保证完成国家指令性计划和指导性计划，再根据企业的主观和客观条件，参照市场预测的有关技术经济情报信息来制定经营目标。目标自上而下层层展开，又自下而上层层保证。目标管理的测评标准，就是分解到个人目标，是将它按人员测评原理加以规范化。

行为特征标准就是通过观察分析，选择一例关键行为作为测评标准，行为特征标准的最大特点是强调描述工作行为，而不是评价工作行为，它比其他方法更易摆脱个人偏见的影响，但编制行为特征要有一定的技巧，难度较大，花时间较多。

工作模拟标准，它是通过操作表演、文件处理和角色扮演等工作模拟，将测试行为同标准行为进行比较，从中作出评定。

情景评估标准，这是对办公室领导者进行测评的标准。人力资源管理学认为，领导是一个具体情景中的功能，可以用一个简单的公式来表示：领导=领导者·被领导者·环境。一个领导者的功能同被领导者及环境有着密切的关系。情景评估标准就是从领导者及被领导者和环境的相互关系出发来设计问卷调查表，由下级对上级进行评定，然后按一定的标准转化为分数。

2. 编制测评标准的原则

编制标准要保证测评的客观性，不能脱离科学原则和方法，不能脱离实际，防止形式化倾向，并应遵守下列原则。

（1）先进合理原则。符合国家对各类人员的要求，突出开拓、创新、知识能力等要素中的关键内容；技术和手段要先进合理。

（2）客观严谨原则。对标准内容和分级要反复推敲，反复提炼，切忌草率。

（3）使用方便原则。内容和形式尽量要简化，不要烦琐冗长；用词要通俗易懂，不要模棱两可。

（4）协调一致原则。标准要注意上下衔接，左右平衡，局部和全局协调。一个组织之间、标准各要素之间，格调要一致。

（5）适时性原则。标准符合时代特色，及时建立，及时修订。

3. 测评标准编制的一般程序

办公室人员要依据上级颁发的标准编制测评标准，结合本单位实际情况，提出自己的具体测评标准，其一般程序如下。

（1）建立标准编制小组，提出工作计划。为结合量化管理的实施，小组成员应包括：领导者、专家、有经验的办公室人员及定额工程师。工作计划应包括以下内容：编制标准的目的和要求；国内外同类人员已有的水平；工作步骤、计划进度和分段目标；预测可能出现的问题和对策；效果预测。

（2）编制标准草案。调查研究，预试验证。即在学习上级标准和弄清国内外已达到的水平后提出试行草案，物色有代表性的部门试点；起草征求意见稿，广泛征求意见，对分歧大的重要标准要组织讨论和修正；根据修改意见，形成送审稿。

（3）标准草案的审定。先由人事部门初审；意见分歧的标准，邀请专家评审；再送单位领导审批。报审时，要附上编制说明书、意见处理情况和专家评审结论。

## 五、计量与评价

1. 计量的原则

计量指用一个规定的标准已知量与单位同类的未知量相比较而加以检定的过程。计量通常有一个基本因素构成：计分、加权和误差调整。计分是指根据标准和等级给予某人某个要素打分数的多少；加权是指根据要素的重要程度给予加分或减分（可用绝对权数或相对权数）；误差调整是指对测量过程中出现的系统误差和随机误差进行调整。计分、加权和误差调整三者形成一个有机整体，叫作计量体系。计分是计量的主体，加权是重要补充，误差调整是合理校正。

计量的原则如下。

（1）简便性原则。在未具备电脑的条件下，要便于手工计算，简捷灵便，易于掌握；有电脑的单位，也可以上机计算。

（2）可比性原则。测评所得数据，要借助数理统计和数学手段，对原始数据进行处理，使不同类型人员的测评得分和不同要素的测评得分，都具有可比性，以便对不同类型人员和不同要素进行对比评价。

（3）客观性原则。测评的目的，是通过测量评价弄清人员之间功能差异及其原因。人员的客观存在决定了功能的客观差异，计量过程就是如何客观地表现它们。

（4）测量与计量相分离的原则。为使测评过程少受人为因素的干扰，测量与计量过程应分离。即计量与考核不要集中于一人身上。

2. 计分的方法

计分方法有多种类型，如按要素数目分，有单要素和多要素；按量表体系分，有非标准化量表和标准化量表；按综合方式分，有纵向综合计分、横向综合计分、纵横向综合计分等。现介绍按要素数目分类的计分法。

（1）单要素计分。对单个要素的得分进行计量。分自然数法和系数法，也可以有多个可供选择的自然数。

（2）多要素计分。是指对两个以上要素合计得分的计量，或者说，两个以上的要素所得分相加求出总分。这必须在测量尺度达到等距水平的情况下才有意义。通常对于绩效结构中的技术经济指标，可以进行四则运算，但对素质、智力、能力结构诸要素，必须通过统计处理后，才能进行加减运算。多要素计分法，大体有简单相加法、系数相乘法、连乘积分法和百分比法四种。

3. 加权的方法

在测评各个要素中，其重要程度并不是相等的，加权的目的是要区分要素的重要程度。加权的方式有自重权数和加重权数之分。自重权数预先已加进到分值之中，以区分各要素的重要性不是等同的。加重权数就是在要素已知分值之前再设立权数，实质是双重权数，或是权上加权，以体现各种差异。

加权方法大体有经验加权法和数学加权法两种。

（1）经验加权法

通常由有经验的人事管理干部和有关研究人员参与商定，也称定性加权，是加权法中常用的方法。

（2）数学加权法

运用数学原理和方法，赋予权数，使之趋向精确化，也称定量加权。它是以经验为基础，数学原理为依据确定的权数。

4. 误差调整的方法

测评时，产生误差是避免不了的，例如测评者由于对被测对象的情况了解不全面，或者情绪不佳，在计分时偶有疏忽，会产生随机误差。由于测评者缺乏测评常识，偏离了测评标准，属于系统误差。系统误差可使测评失误。

调整误差有事先调整和事后调整两种方法，以事先调整为主，以事后调整为辅。

（1）事先调整方法

要素设计时要分解明确，定义得当；标准的编制要做到等级界限清晰，分等合理；运当进行计量加权；对测评者加以培训，使其掌握测评常识和基本方法，最好是先试点练习，确实掌握了要领以后再铺开。

（2）事后调整方法

事后调整法有多种，现介绍比较简单的平衡系数调整法。平衡系数调整法是运用一个系数来修正测评数据。平衡系数实质上是加权的一种形态，它可以调节总分，也可以调节结构分和要素分，看具体情况而定。误差调整后，仍应保持原来的记分，平衡系数适用于测评过程各个阶段。

在实施调整前，应对测评过程的各个环节进行认真检查，找出产生误差的根源。对调整所得结果，应反复进行验证，并征求有关领导者的意见，最后确定。

## 六、测评步骤

办公室工作人员职业能力测评对于实施办公室工作量化管理有重要意义和重大的参考价值。

1. 准备阶段

确定测评要素、测评标准和计量方法；设计测评表；做好被测人员的思想工作，并消除其疑虑；培训执行测评工作的人员等。

2. 测评阶段

由测评人员对照标准对被测评者进行测评。测评可按自我测评、组织测评、领导测评、同级测评、下级测评等层次依次进行。

3. 数据处理阶段

将各层测评数据输入计算机进行处理。

4. 汇总分析阶段

把处理后的数据进行分析、比较，得出测评结果。

5. 测评反馈阶段

将测评结果告诉有关人员，使被测评者知道自己的长处和短处，从而进一步确定努力方向。

# 第四章　办公室调查研究工作规范

## 第一节　办公室调查研究的内容

调查研究是指人们运用科学的方式、方法，有目的、有计划地对经济、社会现象进行考察了解和分析综合。

调查研究工作根据内容可分为综合型调查研究、重点调查研究、政策性调查研究、临时事件的调查研究。

### 一、综合型调查研究

综合型调查研究，是指在一定范围内，一定时间内，对所要调查的对象的基本情况进行全面的、综合性的调查研究。这种调查研究的目的在于通过对这些地区、部门或单位全面情况的掌握和分析，找出主要问题，制定全面的、有利于全局发展的总体方案。这样的调查研究一般涉及面广，内容多。基本情况的调查研究是基础调查研究，是办公室工作最基本的内容。只有对基本情况摸得清，分析研究得透，为领导决策提供的参考意见才具有较强的实用性和正确性。

### 二、重点调查研究

重点调查研究，一般的形式有专题型调查研究和典型型调查研究。

专题型调查研究，是相对于综合型调查研究而言的，是针对某一问题，特别是当前迫切需要了解和解决的问题而进行的，不是以人或单位为对象。它要求把点和面上的情况结合起来分析，这样才容易使调查研究有深度，分析问题针对性强。如关于工业企业资金严重短缺问题的调查等。

典型型调查研究同专题型调查研究相比，主要是调查研究的对象不同。专题型调查研究主要是以问题为对象，而典型型调查研究则是以单位、人为对象。这种调查研究主要是根据调查研究的目的和要求，在对一定范围内的事物总体进行初步分析的基础上，有意识地选择有代表性的单位或人作为典型，进行深入细致的调查研究，借以由此及彼地认识所要调查事物的总体情况和发展变化规律。典型调查研究以客观事物的个性与共性辩证统一的原理为方法论基础，对象具有典型性和代表性，其结果具有说明一般、指导全局的作用。由于调查对象数量较少，可以集中时间和力量对典型单位或人进行深入系统的调查，从而比较深刻地认识问题。进行典型调查研究，最重要的是选好典型。怎样选点？人们从实践中总结概括出了“择中选点法”“划类选点法”“择优择劣法”等有效方法。典型型调查研究的缺点是容易带有偶然性和局限性。因此，典型调查一般是和综合型调查研究配合进行。这样既可保证调查研究的全面性和客观性，又能保证其深刻性和说服力。

## 三、政策性调查研究

政策性调查研究一般分为：宏观发展战略型和微观局部型。

宏观发展战略调查研究主要是针对未来中长期发展战略而进行的。通过宏观发展战略调查研究，能够为一个较大范围的地区或系统制定宏观战略规划，进行全局性的部署，确立长远目标，做出重大决策提供参考依据。宏观发展战略调查研究一般投入的人力、物力较多，因此在组织上应有统一的领导，即由一个部门或领导牵头主持，组织有关方面的人员参加，分片分组调查。调查完后，统一汇总情况，统一分析研究。这样的调查研究由于调查的面宽，人员多，可靠性也较大，一般在宏观决策部门采用得多。

微观局部调查研究主要是着眼于眼前面临的局部性的并且相对独立的问题，调查的范围比较小，问题比较单一。如通过对一个单位的调查研究，比较丰富地掌握这个单位的情况，找出存在的问题及其原因，提出解决问题的办法。微观局部调查研究可以为宏观发展战略调查研究提供具体详尽的参考资料。

## 四、临时事件的调查研究

即在某一事件发生之后，为尽快了解事件发生、发展的情况所进行的调查研究。这样的调查研究突发性强，时间紧。因此要求调查者必须深入现场，直接向事件的当事人或目睹者了解情况。如某地区遭受严重洪灾，上级机关的办公室就应该马上派出人员对该地区遭灾情况进行调查了解，很快调查清楚情况，并上报领导，同时提出应该采取的措施，供领导参考。

## 第二节　办公室调查研究的方式

调查研究的方式，可分为间接型调查研究和直接型调查研究。

### 一、间接型调查研究

间接调查研究，是指调查者通过间接手段，如同有关调查研究人员进行座谈，或通过书面材料进行再了解，从而达到掌握实际材料的目的。这样的调查研究主要是工作任务繁重时采取的一种调查方式。间接调查研究的好处是要以通过别人的调查研究成果，尽快为领导提供决策参考，其弊端是容易陷入别人研究的误区，可靠性较差。间接调查研究常用的方式主要有开座谈研讨会、走访有关问题专家、查阅资料等。

### 二、直接型调查研究

直接调查研究，是指调查者深入到客观事物的本身中，接触事物本身的当事者，了解和掌握第一手实际材料。直接调查研究是我们最提倡的调查研究类型。直接调查研究因为是在客观事物的现场进行的。因此，其可靠性比较大。直接调查研究常用的方式有普遍调查、现场调查、蹲点调查等。

## 第三节　调查研究工作的原则

调查研究是一项严肃的科学工作。科学的调查研究活动必须遵循正确的原则。要搞好调查研究工作，就要科学地去研究和解决改革开放新形势下社会生活中的各种现象和问题，坚持以科学的理论为指导，认真把握好基本原则，真正发挥好参谋助手作用。

调查研究工作主要遵循以下几个原则。

## 一、综合性原则

综合性原则是指调查研究应多方位、多角度、多层次地综合进行。社会是由许多子系统构成的大系统，是由多层次、多方面、多系统构成的。同样，一个社会现象、一个社会事实也是多层次、多方面因素继成的。因此，在调查研究中既要看到正面，又要看到侧面和反面；既要看到静态方面，又要看到动态方面，要多角度、多层次地做全方位调查。

综合性原则也体现在调查研究方法上的综合性。要获得真实的、准确的调查材料，仅仅靠一两种调查研究方法和技术是不够的，必须综合运用多种技术和方法，取长补短，才有成效。

在调查研究实践中，要善于把这些基本原则作为整体来理解把握，融会贯通，综合运用。

## 二、明确简要原则

作为办公室的调查研究成果，不论反映问题也好，还是提出建议也好，应当考虑到领导时间紧、头绪多的特点，尽可能地做到简明扼要，切中要害。这样，才能使成果容易被领导采纳。否则，洋洋万言的报告，不仅会使成果的精髓黯然失色，领导也会一见就头疼，减少阅读下去的兴趣，达不到预期效果。因此，调查研究的成果最好是一事一议，言简意赅。

## 二、综合分析，突出事物本质原则

调查研究中，应该对调查研究内容的网络系统中众多因素进行辩证的、立体的综合分析。因为基层情况是错综复杂的，这些情况是由许多种因素在一定条件下相互作用形成的，而且随着条件因素的变化，还在不断发生变化，充满机遇性因素和偶然性因素。对此，难以从一两个因素的因果关系的分析中概括出事物的全貌。因此，在办公室的调查研究工作中，一定要从事物的各个方面，包括它的正面和反面，历史和现实，与其他事物的相互联系等诸多因素来进行高度综合的考察研究。

## 三、实践性原则

实践性原则是指要从实践的需要出发确定调查研究课题，回答实践中提出的问题，把调查研究的成果用于指导实践。坚持实践性原则，必须把调查研究同解决影响社会发展的社会现象和社会问题紧密结合起来，预测事物发展的可能倾向，把握社会发展的趋势。

坚持实践性原则，还必须把调查研究和决策结合起来。通过调查研究，为决策机关制定正确的方针、政策和措施提供依据。调查工作要做到为决策服务，就不能一般地出提问题，而是要通过深入细致的分析研究，提出与实践相符合的见解，拿出解决问题的主张、办法、措施来。

## 四、实事求是原则

调查研究工作遵循实事求是的原则必须从被调查对象的实际出发，真实全面正确地反映被调查对象的本质。

1. 要防止主观臆断来下结论。在调查研究工作中，往往有些同志下去调查时不愿进行深入细致的工作，只凭主观想象、推测，就对被调查对象作出结论。这样的结论是难以全面地真实地反映出事物的本来面目的。这种想当然的主观主义作风在调查研究中是必须坚决克服的。

2. 要防止带着框框去调查研究。调查研究是“对自然界本来面目的了解，不附加任何外来的成分”。因此，在调查研究中，应注意四忌：一忌从原有的定义或结论，或经典著作，或红头文件，或领导及权威人士的讲话等已有定义或结论出发，下到基层寻找例子，为这些定义或结论加注解。二忌按领导意图进行规定性调查。调查研究只对事实负责，不能对任何个人负责。因此，不能为迎合领导的口味，就违背事实真相，进行不负责任的杜撰。三忌从形势出发。有的同志自己没有主心骨，人云亦云；有的同志怕担风险，隐瞒自己的观点，做出违背事实真相的结论。报上说什么坏，就坏得不得了，领导说什么好，就又好得不得了。四忌从个人好恶出发。有的同志受一些旧有因素的影响，或其他一些非事件本身情况的影响，对某事物或某一件事有看法，接到调查的任务后，往往根据自己的好恶，不顾事实，想当然地下结论。

3. 要防止以偏概全。调查研究是一种从点到面的归纳过程。即从众多调查对象中提炼出调查结论来的过程。因此，调查的对象越多，得出的结论就越可靠。这是一般调查研究的特点，但是，有的同志往往根据一两个点的调查情况，就草草得出调查结论。这样的结论可靠性很差，容易犯以偏概全的错误，把局部当成全部。因此，在调查研究的时候一定要尽可能多地占有点上的材料，多倾听各方面的意见，注意情况的广泛性和代表性，并用全面、多角度的思维方法来分析研究问题。

## 五、最优选择原则

调查研究就是为了选取最优的解决问题的方案。下去搞调查研究，收集了大量的情况和群众意见，这些情况是十分复杂的，群众的意见也可能是多种多样的。作为办公室的调查人员不能毫无选择地把这些情况和意见统统搬到决策者的桌子上来，那样会使领导陷入繁杂的初始的情况堆中，难以做出正确的决策。必须经过认真的分析和研究，最终拿出一个有情况、有分析、有深度的最佳方案来，这样才能帮助领导理顺思路，进行正确决策。

## 六、群众性原则

群众性原则是指进行调查研究，必须深入到群众中去，充分相信群众、依靠群众，拜群众为师，虚心向群众学习请教。

坚持群众性原则，要求调查者一定要深入群众，深入到生产和工作的第一线去进行调查研究。决不能认为走出了办公大楼，离开了机关大院，就算深入实际；也不能认为听了下级干部的汇报，看了有关的资料，就算深入群众。那种浮在上面，或蜻蜓点水式的调查，是调查不到什么真实情况的。

坚持群众性原则，必须尊重群众，虚心向群众学习。调查者要眼睛向下，放下架子，甘当小学生，虚心求教，和群众打成一片，这样才能取得群众的信赖和支持，调查到丰富生动、真实可靠的材料，达到预期目的。那种居高临下，态度傲慢的调查，绝不可能听群众的真话和心里话。

坚持群众性原则，还必须对人民群众负责，全心全意为人民服务。在调查研究中，要抛弃个人的一切私心杂念，敢于反映现实，敢于揭露矛盾，敢于做人民群众的忠实代言人。

# 第四节 调查研究工作的程序

调查研究是一项复杂而又艰巨的工作，逻辑性条理性很强，因此，应该有它自己的程序。调查研究的过程是了解问题、分析问题和解决问题的过程，这一过程也就形成了调查研究应该遵循的基本程序。这就是：准备工作、了解情况、分析研究和综合提炼。

## 一、准备工作和了解情况

### （一）调查目的的准备

调查研究是有目的而进行的。在起始调查研究之前，就应该对本次调查研究的动机、意图和任务有充分的正确的理解。每次调查研究之前，必须吃透调查研究的目的，搞清下去调查什么，研究什么。当然，目的准备不是让调查者钻领导布置的框框。目的准备只能是下去调查研究的一个方向，不应成为调查研究的结论要求。

### （二）调查对象的准备

在确定调查研究的任务之后，就要对调查对象所处的不同发展阶段，有不同的成果和目标要求。如萌芽期，就是事物发展初期，调查的目标要求是讲清其性质和发展方向，指出应肯定还是否定即可，不应确定总结经验的目标。生长期，就是事物的性质和发展方向已经清楚，应当讲如何使它进一步发展，即主要讲思路、讲措施。成熟期，应当讲如何使它进一步完善提高。只有目标明确具体，才能事半功倍，避免无效劳动。

对象的准备工作不是可有可无的。这项工作关系到调查研究的效率和效果。尽可能对所接触的地区、单位、人员了解得深刻一些，调查研究工作就能搞得更好一些。

### （三）知识准备

调查研究是一项专业性很强的工作，如果调查研究者本身对某一问题没有较深的知识，就不可能做好对这个问题的调查研究。调查研究前，认真学习有关理论和上级有关方针、政策、指示以及有关业务知识，是十分必要的。通过学习，可以明确调查研究的方向，掌握正确的立场、观点和方法，提高思想政策水平。做好与调查内容、调查对象有关的材料收集工作，充分了解和掌握前人已有的调研成果，以免重复劳动，浪费时间和精力。当然，这些知识是不可能在调查研究之前就一下全部掌握的，主要还是要在平时的工作中注意积累掌握，到了临近调查研究时再熟悉一次。

知识的准备一般从三个方面来做：一是学习和掌握与调查研究的内容有关的上级规定、制度等文件；二是查阅有关的研究成果和报刊资料；三是学习和掌握与调查研究内容有关的自然科学和社会科学方面的知识。

### （四）组织准备

调查研究是一种开放型工作，除一些极单纯的问题接触人少以外，一般的调查研究涉及的人员都比较多。因此，必须做好组织准备工作。

1. 调查研究人员的组织准备工作。根据调查研究的任务大小，确定参与人数。如果一个单位承担难以完成，可以联合其他单位一起搞。如果参与调查研究的单位和人员比较多，就必须首先确定牵头单位和负责人，然后根据人员多少和素质确定分组，并对调查的时间、步骤、方法、具体要求和注意事项以及调查研究的经费、交通工具等作出详细计划。

2. 调查对象的组织准备工作。一般的调查研究都是上级对下级的。因此调查者可以提前向被调查单位提出调查提纲和要求，以便调查对象有充分准备。被调查单位一般应根据调查提纲和要求，对调查对象进行安排组织，比如什么时间、什么人参加座谈会，什么时间现场参观等。在组织调查对象时，应特别注意不要只挑选报喜的人，而把那些有头脑、平时爱报忧甚至持不同政见者排除在外。即使有些人的意见不顺耳，是错误的，但听一听，分析分析，使问题更加明朗，还是有好处的。

准备工作完成之后，就可进入调查阶段了。了解情况是整个调查研究工作的基础，情况吃得透，问题摸得准，就为整个调查研究工作打下了好的基础。在这个阶段，应该尽可能多地接触有关人员，尽可能多地掌握一些第一手资料。掌握的情况越多，对下一步的分析研究就越有利。

## 二、分析研究和综合提炼

其实，这在调查了解情况的阶段就开始了，因为在收集情况时，不可能像录音机一样不用费脑子，而是一边听情况，一边就开始分析研究了。分析研究阶段是了解情况阶段的升华。了解情况阶段的工作，只有通过分析研究阶段才能成为成果。这一阶段包括：一是调查报告提纲的准备；二是调查报告的写作。

分析研究阶段是一个非常艰苦的过程，因此首先要有打硬仗的准备，要有顽强的毅力和高昂的斗志。其次，要掌握分析研究的一些先进方法。最后，要具备写作的基本技能。

经过分析研究阶段，对问题的认识就更清楚了，但这并不是调查研究的结束，还要经过一个综合提炼阶段，即对存在问题提出解决的办法。这是调查研究的关键，因为调查研究的目的就是为了解决问题。

在综合分析中，要有步骤地解决三个问题：一是从调查材料中剖析事物的本质，找准主要矛盾，确定所要提出和回答的中心问题；二是用联系和发展的观点，找出带规律的东西，并沿着这个规律研究得出有关的一系列基本观点；三是再按照这些基本观点，从调查材料中找出最有说服力的事实，进一步加以论证，使观点和材料统一起来。

## 第五节　调查研究工作的方法

调查研究方法，是指调查研究的途径、手段。随着科学技术日新月异的发展，现在的调查研究除了采用传统的方法外，又创造出了许多新的科学方法。下面就简单阐述一下。

### 一、会议调查法和实地观察法

会议调查是调查研究工作中常用的方法。召集一些了解详细情况的同志，用座谈或讨论的形式，请他们谈谈某些问题的情况和他们对此问题的认识，提出建设性意见。开调查会的好处是可以在短时间内了解到比较详细的情况，效率比较高，而且由于参加会议的同志是比较熟悉情况的，因此掌握的材料会比较可靠。

开调查会一般应注意以下几个问题。

1. 选定适合参加调查的人员。参加调查会的人员应是熟悉情况的同志。如果对情况不熟悉，就不可能谈出真实的情况来，甚至会把调查者引向事物的反面。

2. 参加调查会的人员应尽可能地挑选各个层次、各个行业或部门、不同年龄的人员，这样便于更广泛地了解各方面对某些问题的看法。

3. 调查会要有活泼、畅所欲言的气氛，主持调查会的同志要善于用坦诚的态度、民主的作风、轻松的语言、活泼的手势等谈话艺术，解除与会者的紧张心理，引导大家展开讨论。

4. 根据不同的情况，确定调查会的规模大小以及分几次开还是一次开。有时事情情况较复杂，发言人较多，可以分开两次或多次，让参加座谈的人员都能充分发表自己的意见；有时由于一些领导或权威人士的参加可能会使参加调查会的同志紧张或拘束，不利于发表意见，主持人就可以分层次召开或个别征求领导及权威人士的意见。

5. 将调查的内容提前告诉参加会议的人员，请他们提前做好准备，防止调查会开始才提出议题的做法。

实地观察法，是指调查者有目的、有计划地运用自己的感觉器官或者借助科学的工具和手段，直接考察正在发生的经济或社会现象。实地观察法是搜集非语言行为资料的首选方法。实地观察法的主要优点是，调查者能够在实地直接感知客观对象，所获取的是直接的、生动的、具体的感性认识，能掌握大量的第一手资料。但实地观察法所观察到的往往是事物的表面现象或外部联系，带有一定的偶然性。

## 二、文献调查法和民意测验法

文献调查法，是指通过对文献的搜集和摘取，以获得关于调查对象的信息。文献是指记录知识的信息资料，是调查资料的重要来源。对于社会现象的历史演变及发展趋势的研究等，文献资料就可能成为首要的资料来源。文献调查法的目的和作用，在于充分了解事物的背景与概貌，以探求事物发展变化的规律。文献调查法往往是一种先行的调查方法。一般只能作为调查的先导，而不能作为调查结论的现实依据。

民意测验是一种充分体现民主精神的调查方法，可以充分了解群众对某问题的态度和意见。民意测验一般采取两种形式。

1. 走访调查法。调查者通过抽样法，选定一定数量的调查对象，通过同他们面谈或电话联系等，了解他们的真实思想和意见。这种方式可以了解到与调查内容相关的其他内容。其缺点是容易使被调查者产生一些拘束，不愿谈出自己的真实想法来。

民意测验选的对象越多，了解到的情况就越接近真实。民意测验挑选对象时应注意不要单调地选一种人，而应从年龄、职业、收入、政治面貌、种族、性别等不同的方面选出不同的人来，这样才能保证民意测验的广泛性和真实性。

2. 书面调查法。一般采取无记名方式，调查者提出一些题目或调查内容，通过卡片、信函和问卷等书面形式分发给一定数量的群众，由群众自愿填写，然后收回，进行统计分析，由于采取无记名方式，群众没有任何政治或其他方面的压力，可以无所顾忌地把自己的真实想法提出来。因此这种方式可以了解到群众真实的心理和看法，对改进工作很有帮助，而且由于这种方式调查面广，增加了调查的可靠性。

## 三、访谈调查法和资料调查法

访谈调查法，是指调查者与被访谈者通过口头交谈的方式了解调查对象情况的方法。访谈调查法要求访谈者不仅要做好访谈前的各项准备工作，而且要善于进行人际交往，与被访谈者建立起基本的信任和一定的感情，熟练地掌握访谈中的提问、引导等技巧，并根据具体情况采取适当的方式进行访谈。

资料调查法即通过收集有关现成的书面资料，查阅各种历史档案，进行调查研究。这种方法简单易行，尤其对于不容易接触的东西或地方，通过这种方式就能获得一定的情况。资料调查法的缺点是收集到的资料是第二手资料，有时会由于其记录者的水平问题，使资料的真实性和可靠性受到影响。因此进行资料调查时，要认真核对资料，尽可能地掌握完整的资料。

## 四、统计调查法和实验调查法

统计调查法是利用固定统计报表的形式，把下边的情况反映上来，通过分析而进行的一种常用的调查研究方法，由于统计报表的内容是比较固定的。因此可以通过报表分析出某项事物的发展轨迹和未来走势。如通过每月报表，可以分析出某个省逐月产值完成情况，并能分析出比上年同斯增减情况，还可预测出下一步的趋势。运用统计调查法，应注意几点：一是统计口径要统一，否则是不可比的；二是应以统计部门的数字为准，否则分析的依据难免有误；三是报表分析要和实际情况的调查相结合，不能就报表进行单纯分析，如对产值大幅度上升或下降的原因，报表中难以反映出来，只有通过实际调查才能形成完整概念。

实验调查法，是指经过特殊安排，适当控制某些条件，使一定的社会现象发生，以揭示其产生原因或规律的方法。其特点是：控制某种条件，较准确地了解有关现象的变化，深刻地掌握事物发展的规律。实验调查能否达到预期的目的，很大程度取决于能否有效地控制实验过程，尤其是取决于对实验因素的控制和对非实验因素的控制。实验调查法通常有两个方面的作用，一是可以达到一定的理论目的，即检验一定的假设；二是可以达到一定的实践目的，即对新的政策、措施或社会形态的合理性进行检验。

## 五、综合归纳法和问卷调查法

办公室工作人员在调查研究中可能会接触到很多零碎繁杂的情况，如果把这些情况不加整理地全给领导端上来，就不能达到调查研究的目的。因此，必须对这些情况加以整理，整理的办法之一就是综合归纳法。所谓综合归纳法就是把研究对象的各个部分、各个方面和各种因素联系起来考虑，通过考虑得到普遍性的、有规律的东西，形成多样性的统一，从整体上把握事物的本质和规律。综合归纳法是从特殊到一般的过程，并不是事物各个方面的、各个部分的简单相加。综合归纳离不开分析研究。

问卷调查法，是指调查者运用统一设计的问卷并选定一定数量的调查对象了解情况或征询意见的方法。这种方法能突破时空的限制，同时进行大范围的调查，调查资料便于汇总整理和分析，资料较为可靠，能够用较少的人力物力消耗收到比较大的效果。

## 六、回溯分析法和典型调查法

回溯分析法一般用在对某项决策效果的调查研究中，即在某项决策面临失效的情况必须重新决策时，就需要对原有决策的产生背景及决策本身进行客观分析，找出失误产生过程的原因，在此基础上纠正失误。

回溯分析一般采取两种方法，一是从原有决策的起点开始，一步一步按事物发展顺序来进行，通过对当时决策背景、决策实施的每一步的演示，找出问题的症结。二是从决策的结果开始，倒着一步一步地进行分析，先摆出失误的后果，然后找出引起失误的原因，再找出更深层次的原因，直至找出最终的原因。

回溯分析必须以充分的事实说话，不能想当然搞假设推理。

典型调查法，是指在一定范围内选择具有代表性的特定对象进行调查的方法。这是调查中经常使用的方法，虽然是只选择部分对象进行调查，但这些对象具有代表性，能够反映事物的本质特征，所以也能够达到认识事物总体的目的。典型调查必须注意对象的选择，如选择的对象不具有代表性，那么就很难得到对事物整体的正确认识。这就要求调查者根据调查的目的和要求，详细了解所有调查对象的概况，认真加以分析比较，从中选择出具有代表性的对象，只有这样调查才能具有全面的代表意义。

以上介绍的调查研究的方法，只是一般常用的方法。这些方法在调查研究中使用时，并不是单一运用的，而是互相交错运用的。因此，办公室人员应在调查研究工作中灵活运用。

## 第六节　调查报告的写作

调查报告就是把调查研究的成果用文字表达出来，形成有应用价值的书面材料。调查报告是对调查材料的深入分析研究的总结。

### 一、调查报告的类型和特点

调查报告按调查研究的不同内容，可分为以下几种类型。

（一）介绍新事物型

这是在比较全面地、完整地调查某一体现时代精神的新生事物时所使用的一种调查报告。它要写出新生事物的情况、特点，阐述它的产生背景、发展过程，说明它的意义、作用，指出它的发展方向，揭示它的成长规律，促进它的迅速发展。

（二）介绍典型经验型

这是对先进经验和典型事物进行调查研究之后所写的一种调查报告。它侧重于反映比较成熟和具有榜样意义的先进经验，为贯彻党的方针、政策提供成功的经验和具体的做法，因而具有代表性、政策性和指导性。

（三）揭露问题型

这是以批评社会不良现象和揭露存在的问题为主要内容的一种调查报告。这类报告具有特殊的社会作用，既可作为公正严肃处理问题的依据，又能起到反面典型的教育作用，引起人们警觉，接受教训，少犯或不犯错误。

（四）反映社会现状型

这类调查报告，题材丰富，内容广泛。它是以反映社会现状为主要内容的，为领导机关了解情况、研究问题、制定政策和进行决策提供依据的一种调查报告。

（五）事物发展动态型

这是对政治、经济、社会、文化科技等方面的某一范围、某一时期的发展情况，分专题调查研究之后写出的调查报告。如市场动态调查报告，就是以反映产品在市场上的地位和处境或反映商品市场的形成、规模、动态及发展趋势为主要内容的。

调查报告具有以下特点。

### （一）真实性

调查报告必须用事实说话，用大量的真实可靠、令人信服的事实、数据和资料作基础，揭示事物发展的规律，提出令人信服的观点和建议，不允许根据自己的目的虚构情节，歪曲事实。调查报告采用的材料应是经过科学处理和认真鉴别的，没有虚假的、不可靠的、道听途说的成分。调查报告所证明的观点应以大量事实、数据为依据，而这些观点应能揭示事物发展的客观规律。

### （二）针对性

调查报告应围绕一个中心问题来写，不能过于分散，同时写几个问题。调查报告一般应选择具有典型意义的事件或问题作为报告的中心问题来写。并应通过报告，有针对性地提出作者对所调查事物的看法，正确地预测发展趋势，提出解决问题的意见或方案。

### （三）鲜明性

调查报告以真实地反映社会生活，有根据地促进社会发展为目的。它从各个不同的侧面具体地反映社会生活各个领域中的客观情况和存在的问题，并带有普遍性和典型性，能为决策部门提供改进工作的咨询性意见和制定政策的科学依据，起到教育人民、鼓舞人民、推动社会进步的作用。因此，调查报告支持什么，反对什么，对某个问题怎样认识，都应该鲜明地提出来，要敢于揭示矛盾的实质，反映事物的本质特征。

## 二、调查报告主题和结构

主题是调查报告的灵魂，是说明事物、阐明道理所表现出来的基本思想和观点。调查报告的主题要求正确、新颖、鲜明、集中。确定主题的过程，是认识主要矛盾、揭示事物本质的过程。

结构指的是报告内容的层次结构，是用具体材料说明或论证主题的层次安排。结构是调查报告的骨架，在具体层次安排上可以灵活机动。但无论采用什么形式，都必须做到观点和材料的统一。最常见的有三种方法：一是先叙后议，即先摆事实，着力叙述事物的前因后果、来龙去脉，使读者有一个感性认识，再扼要地归纳认识，得出结论；二是夹叙夹议，即一边叙述交代调查的事实情况，一边进行必要的议论，观点和材料渗透在一起；三是印证说明，即先提出观点和方法，再摆事实加以印证。

### （一）调查报告的结构层次

调查报告的结构层次一般应具有以下几方面：

1. 该项调查的意义概述；
2. 阐述前人的研究成果；
3. 介绍本次调查的范围、对象、时间、地点、方法、程序；
4. 昭示调查事实，分析研究成果；
5. 总结与讨论，进一步辨明事物发展的趋势和方向；
6. 提出作者的观点和建议；
7. 注明参考资料。

只有具备以上几个层次，才能把调查后要说的问题说清楚。

### （二）调查报告的写作内容

按照调查报告提出问题、摆出事实、分析问题、解决问题的基本逻辑结构，调查报告的写作内容应该有标题、开头、正文、结尾。

1. 标题。主要有两种，一是由正标题和副标题构成。正标题通常用来提出问题或概括主题，或概括所要调查的事物的意义，或概括所要介绍的基本经验。副标题一般是用来说明什么范围内关于什么问题的调查。通常在标题里就标出“调查报告”或“调查”等字眼。二是也可随便一些，如有的只有一个标题，有的不标明“调查报告”或“调查”等字眼，可视内容而定。

2. 开头。一般写概况，有的只介绍被调查单位或人的基本情况。有的则把调查的时间、方式等基本情况也写进去。有的开头把调查之后所得出的结论概括地提出来，使读者先有一个总的印象，以便引起下文，为后面的写作提供基本的指导线索。有的则先提出问题，后作结论。这部分应该语言概括，简明扼要，直截了当，抓住要害，揭示本质，做到扣人心弦，有吸引力。但不能写得太细，使文章迟迟不能入正题。

3. 正文。这是主要部分，一般有三个方面的内容：一是调查报告的中心思想和观点；二是说明中心思想和观点的事实；三是对这些事实的分析和评价。

由于调查报告是通过对事物的了解、分析、研究而写出来的，因此，一般正文的结构安排有以下几种。

（1）按照事物发展的逻辑规律来写。即按时间顺序来写。这种写法一般运用于对某一事件或事物发展的专题调查。

（2）按照事物内在联系的逻辑规律来写，即围绕主题，从几个并列的，但有联系的侧面来写。这种写法一般运用于对某个问题的综合性调查。这种调查涉及的事物发展过程复杂，牵涉到许多方面，而且前后经历时间较长。

（3）按调查过程的顺序来写，当所调查的几个对象都有自己特点、做法和经验时，采用这种结构为宜。

（4）采取对比的结构，用两种截然不同的事物来进行对比，通过逐一分析，对其优劣得出结论。因为事物发展是复杂的，因此在调查报告中这几种写法也是互相交叉运用的，不可能单独使用一种。

正文总的要求是：先后有序，详略得当，具体充实，有点有面，突出重点。

4. 结尾。调查报告的结尾一般比较简要，有的扼要地提出结论来；有的概括经验的要点；有的交代事物产生的影响或群众意见、反映；有的说明不足之处或提出新的问题，指出努力方向。有的调查报告在正文部分已经表述清楚，可以省略结尾。

以上这几部分都是调查报告的写作形式。因为形式是为内容服务的，因此在写作时应根据内容来确定采取什么形式。文无定势，还可以有其他一些好的写法，全凭在实践中摸索、掌握。

调查报告的主题有以下要求。

（一）真实正确

调查报告的主题必须建立在真实的基础之上，主题要反映客观事物的本质和规律，有积极的社会意义。

（二）新颖脱俗

调查报告要有新意，如果该报告反映的东西是别人已经多次阐述过的，那就失去了新意。因此，一定要在刻画主题的新意上下功夫。首先要对该次调查研究的已有成果进行了解，并将此同该次调查所得的情况进行分析比较，找出更具代表性和典型性的规律来。这样，就可避免同已有成果的重复，而挖掘出新的主题来。当然，主题要新，并不是要脱离实际去空想，杜撰出违背事物规律的东西来。

（三）鲜明通达

调查报告赞成什么，反对什么，对某件事情怎样看待，应该明明确确地表述出来，毫不隐讳，要让读者一目了然。

（四）精练集中

不论内容有多少，都应该集中一个主题来写。如专题报告不能把调查中所得到的情况全部罗列进去，而应根据要反映的主题，集中选择一些重要的与主题有密切联系的内容，做到紧扣主题，与之无关的内容一概省去。同时，要直截了当，反对绕圈子，浪费文字。

## 三、调查报告的表现手段

调查报告的表现手段主要是用事实说话。一篇调查报告如果只是提出了观点，空泛地议论了一番，是不能取悦读者赞同你的观点的。最能打动读者的心，让读者同意你的观点的好办法，就是用事实来征服他。用事实说话的最好的办法就是用典型的事例来说明你的观点。因为典型事例具有代表性，能反映出事物的本质来，借助典型事例说明问题具有简洁性、透彻性、深刻性及巨大的说服力。

## 四、调查报告的选材和语言

选择材料是写好调查报告的重要一环，必须围绕主题，认真分析调查所得的资料，进行去粗取精、由表及里的改造制作。剔除那些与主题无关的、次要的、非本质的、琐碎的材料，选出能够真正反映事物本质的、主要的典型材料。在材料的选择过程中，要注意材料的多样性，合理使用不同的材料，来反映客观实际。

调研报告语言总的要求是准确、简洁、通俗。避免语意模糊和咬文嚼字，尽量少用生僻术语以及华而不实的辞藻。陈述事实时，应该语言客观、科学，不加任何虚饰。在议论部分，则不必拘泥，可以充分发挥，准确表达作者内心的感受，表明作者自己的思想倾向。报告初稿完成后，还要进行反复修改，要看一看研究成果是否表达清楚了，材料用得是否妥当，用词是否确切，文字是否合乎习惯，是否容易为读者理解。

# 第五章　办公室信访、接待与印信工作规范

## 第一节　信访工作概述

### 一、信访工作的含义

信访是指人民群众用写信或上访等形式，向各级党政机关、企事业单位、人民团体及其领导人反映个人或集体的愿望和要求，提出批评和建议的行为。

从直观上看，信访工作是一项联系广泛的工作，是各级党政机关和企事业单位处理人民来信来访的活动，是联系群众的桥梁和纽带。信访受理者的任务是代表党政机关和组织处理信访者的信访问题。信访问题的解决，表明信访关系的转化。因此，信访工作的定义应该是：信访工作是党政机关、人民团体、企事业单位调整和处理信访关系、促进信访矛盾转化的有组织有领导的活动。

### 二、信访工作的特点与作用

1. 信访工作的特点

信访工作的特点，主要表现为：

(1) 服务性

信访工作的服务性主要体现在：

①为群众服务，满足群众的正当要求；

②为领导服务，协助领导处理群众信访问题；

③为党的中心工作服务。

在信访工作中，这三种服务既相互联系，又有区别，统一落实到全心全意为人民服务的基点上。

（2）监督性

信访部门虽然没有对监督对象的处分权，但是它可以通过自己工作的特点，充分发挥监督作用。

（3）群众性

信访工作的群众性，一是指信访工作面向群众，联系群众，工作的对象主要是人民群众；二是指工作的广泛性。

信访工作的群众性，是党的群众路线的具体体现，主要表现为：

①代表党政组织联系群众，了解群众生活情况、思想动态；

②通过对话和书信形式向群众宣传党的路线、方针和政策，做好群众的思想政治工作；

③落实党的政策，为群众排忧解难；

④倾听群众的呼声，采纳群众的意见。

（4）政策性

信访工作的政策性主要表现在两个方面：一是及时，准确地把群众在信访中提出的有关政策性问题向有关领导和组织反映，作为制定和完善政策的参考；二是按照党和政府的政策解决信访问题。此外，对群众在信访中要求解决的实际问题，信访部门除了按照“分工归口”的原则，转请有关部门酌情处理外，也要和有关部门配合，弄清情况，落实政策。

2. 信访工作的作用

（1）发扬党的优良传统，密切党群、政群关系

通过信访工作，从中了解社会各阶层的情绪和要求，了解党和国家的方针政策的贯彻落实情况，了解人民群众的真实呼声和疾苦，了解社会风气和党风状况，了解社情民意，切实为群众排忧解难，满足群众的合理要求，加强党同群众的联系，增强群众对党和政府的向心力，调动群众的社会主义积极性。

（2）充分发挥群众的民主监督作用

人民群众通过信访活动，对党和政府的方针政策发表意见，对各项工作提出批评和建议，对党和政府、企事业单位及其工作人员实行自发的、直接的、公开的、有效的民主监督，维护和实现人民群众民主权利。通过信访工作，可以及时发现领导机关及其工作人员存在的各种问题，查处违法乱纪行为，纠正不正之风，克服官僚主义，做到为政清廉。

（3）有效地调解社会矛盾

信访活动是社会各种矛盾直接或间接的体现。通过信访工作，可以及时有效地调整人与人、人与组织、人与社会之间的关系，减少和消除不安定因素，促进社会的安定团结，促进生产力的发展。在改革的时期，信访工作调解矛盾的作用显得尤为重要。一是通过受理信访者的申诉和落实党的政策，满足其合理要求。二是及时

调解处理有关方面的纠纷，把矛盾解决在初发阶段。三是通过受理检举揭发事项，扶正除邪、惩治不法。

## 三、信访工作的任务

信访工作是党和政府及社会组织管理者围绕社会成员反映和提出的信访问题所展开的全部活动。其工作任务具体如下。

1. 受理本地区、本系统、本单位和上级机关交办的来信来访事宜，为信访群众排忧解难，满足群众的正当要求。

2. 向所属地区、部门和单位交办来信来访事宜，并督促检查案件的处理情况。

3. 发扬社会主义民主，接受群众的民主监督，及时处理群众的各种建议或批评意见。调解社会矛盾，维护社会的安定团结和良好秩序。

4. 定期综合研究人民群众来信来访的情况和问题，及时向党政机关及负责人反映有苗头性或倾向性、普遍性的问题，并提出解决问题的建议。

5. 协助党政领导机关检查本地区、本系统的信访工作，发现和解决问题，组织交流工作经验。

## 四、信访工作机构的设置

根据中央《党政机关信访工作条例》的规定："各级党政机关，要按照方便群众，有利工作和机构精干的原则，建立健全信访工作机构"的要求，各级党政机关和企事业单位信访工作机构的设置情况大致如下。

1. 中央、国务院办公厅信访局。

2. 中央、国务院所属各部门内设的信访办公室。

3. 县及县以上党政领导机关信访局或信访办公室。

4. 相当于县或县以上的企事业单位设立的信访处或专职信访工作人员。

5. 不具备设立专门信访机构或专职信访人员的单位或部门所设立的兼职信访工作人员。

## 五、信访人与信访问题分类

1. 信访人的权利和义务

信访人是指用写信或上访等形式向各级党组织和政府及有关的企事业单位、人民团体及其领导表达某种意愿的个人或集体。

（1）信访人的权利

①对党和国家的各级组织及企事业单位、人民团体有包括政治、经济、文化、社会等各个方面的广泛的批评建议权。

②个人利益、人身自由遭到损害时，有权向党和组织或政府机关提出申诉。

③对党和国家机关及其工作人员的违法失职行为，有揭发、检举和控告的权利。

④对党和国家机关及其工作人员的工作有质询监督的权利。

（2）信访人的义务

①要自觉遵守和维护国家的法律法令，在宪法规定的范围内活动。

②实事求是，不得夸大、隐匿、歪曲、捏造事实，不得诬告他人。

③自觉遵守和维护信访部门的各种规章制度，服从工作人员的安排，保证信访工作的正常秩序。

2. 信访问题分类

（1）地域分类法

是以信访人居住的地域或信访问题所涉及的地域为特征进行分类的方法。地域分类方法便于对某一地区或部门的信访态势进行比较分析，便于按属地原则进行分类处理。

（2）时间分类法

是以信访人来信来访发起时间或信访问题发生的时间为特征进行分类的方法。按时间分类，可以帮助信访部门联系当时的历史背景，分析和了解信访的发生规律和趋势。

（3）问题分类法

是以信访人来信来访反映问题的性质为特征进行分类的方法。按问题分类可以帮助信访部门了解和掌握群众中信访问题的热点、难点，以便分类研究，区别处理。

以上三种分类方法可以单独使用，也可根据实际情况相互结合使用，如综合反映某一地区某一时间内群众集中反映了一些什么样的信访问题。

# 第二节　办理群众来信

## 一、接收

主要包括拆封、装订、盖戳。当日收信，当日拆封，并加盖收信章。拆封，首先要按收信人单位、姓名和发信人的地址检查一下来信，看是否属于自己所受理的范围，以免拆错。拆封时要注意：

1. 信中如夹带有证件、现金、票证或其他贵重物品，要逐一清点核对，妥善保管，防止丢失。

2. 要保护信封和邮票、邮戳的完整，以便佐证投信时间和地址、供处理来信反映问题所要求的时间参考和复信的地址需要。若发现原信封无邮票，应说明。

3. 来信如缺张少页，应注明。

4. 如来信要求保密，应予尊重，不得任人翻阅。

5. 装订时，信纸与信封一并装订，信纸在前，信封在后，在上级机关和其他部门附转办单转来的信件，转办单、信封要与原信一并装订，转办单在前，信封在后。如果来信页码是颠倒的，要按照顺序调整过来。装订后，要在信的右上方空白处盖收信日戳，收信日戳应有收信单位名称和收信日期。如无收信日戳，也要另行注明收信单位和日期。

## 二、阅信

阅信的目的在于弄清来信内容。对于人民来信，只有细心阅读，了解全篇内容，才能做出合当的处理。所以，阅读要集中精力，认真细致，要逐字逐句地体会，理解和掌握来信者的意图、要求及反映情况的各个过程。

并根据来信内容和要求，提出拟办意见。阅信要注意：

1. 要注意上访人因受文化水平限制，信的内容语无伦次，缺少逻辑和精神病患者的来信。如怀疑来信人有精神病，可请有关单位予以确认，再做处理。

2. 对重复来信，如不是内容完全相同的印刷信或复制信，都应同初次来信一样阅看，以免出现差错。

3. 来信中的急件，内容重要的要作为重点进行登记处理，对反映某方面重要问题的，应进行摘录或建议简报反映。

## 三、登记

就是在来信登记卡片或来信登记簿上按照项目填写来信的基本情况。字迹要工整清楚，用词要简明准确，条理分明，不失原意。要登记的主要内容有：

1. 写信人的姓名、职业、职务和政治面貌，以及信中涉及的主要人物的情况；

2. 信寄出的时间，收信的时间，所反映问题的发生及过程的时间；

3. 写信人的住址和工作单位，所反映的问题涉及的主要单位，由其他单位转来的信，应注明转信单位；

4. 来信的主要内容。一般采用摘记的方法，写明来信反映问题所发生的时间、地点、主要情节和过程，涉及的单位和人员，来信人的要求和愿望。注意做到既要概括全面，又要抓住中心。

在登记时还应注意到这几种情况的处理：

（1）遇到与前信内容相同的重复来信，要注明收信时间、数量、办理情况，倘若有新内容，则应补记；

（2）对随信寄来的证件，现金，票证或其他物品，应逐一登记清楚；

（3）如来信有领导批示、上级发函或已有处理结果和已向上级机关作了汇报的，应予注明，以便查找。

（4）经办人员要在登记卡片或登记簿上签署姓名，以示负责。

## 四、转办

转办就是受理来信的机关和信访部门，根据来信反映问题的性质，按照“分级负责、归口办理”的原则，转交给有关地区、部门或单位处理。这是处理人民来信，特别是上级领导机关和信访部门处理人民来信的一种重要方法。转办信件常用的方法有三种；一种是统转，即将转给一个地区和部门的信件，装在一起集中转出；一种是单转，即将一封来信单独转出；一种是函转，即对一件或数件重要来信附公函转出。

在转办人民来信时，还应注意几个问题：

对揭发、控告信件，要转给被揭发控告单位或它的上一级机关和领导人，问题重大的，原信一般不要下转，可用摘抄转办的方法处理，不要公开来信人的姓名和单位；

对反动信件，在呈送领导审阅后，转公安部门处理，严防扩散；

对危急信件，要用电话、电报或其他方法通知有关地区或单位采取措施。做好工作，然后将原信附函转出；

既无实际内容又无参考价值的来信只收不转；

对信中附有的现金和原始证件，分别以汇单、挂号或机要件退回，严防丢失；

匿名信要同具名信一样处理，该转的应按要求转办。

1. 复信

给来信人复信，是指受理人民来信的机关或信访部门在收到人民来信后，给来信人回信，宣传政策、做思想工作、告知处理情况、答复处理结果。作为领导机关和处理人民来信的信访部门，收到人民来信后，除匿名信和反动信件外，原则上都应复信，做到件件有回音。具体的复信应根据以下几种情况，酌情处理：

反映的问题按政策规定不能解决的，要复信宣传政策，讲明道理；

提出发明创造和合理化建议，有参考价值的，应复信鼓励，并说明处理情况；

对领导机关及工作人员提出批评意见的，可在领导作出正确处理之后，复信表示感谢，告知处理情况；

对咨询政策性问题的来信，复信给予具体的、准确的解释和答复；

对附有钱、票、证件等物的来信，复信告知下落；

对来信转交有关地区或部门处理的，复信告知来信人直接同承接单位联系。

对外国人及外籍华人、华侨和港澳台胞要求解决私人问题的来信，一般不要直接答复来信人，可口头答复其在国内的亲属、亲友。确需答复本人的，可请县级以上外事或侨务部门出面答复。

2. 催办

对立案交办的案件，要及时催促承办单位按期结案上报。对一些疑难案件，要深入承办单位进行检查督促，参与研究案情，给予帮助指导。

3. 立卷归档

对立案交办和自查的案件，按来信人立卷，分年组卷，移送档案部门统一保管。

## 第三节　接待群众来访

### 一、热情接待来访群众

1. 诚恳热情

诚恳热情的态度是人际交往成功的起点，也是待客之道的首要之点。俗话说："情暖三冬雪，善招天下客。"不管是上级机关来的，还是下级单位来的，也不管其身份、职位、资历、国籍如何，都应平等相待，诚恳热情，不卑不亢，落落大方。

2. 讲究礼仪

接待活动作为一项典型的社会交际活动，务必以礼待人，体现办公室人员较高的礼貌修养。讲究礼仪包括：在仪表方面，要面容清洁，衣着得体，和蔼可亲；在举止方面，要稳重端庄，风度自然，从容大方；在言语方面，要声音适度，语气温和，礼貌文雅。

3. 细致周到

接待工作的内容往往具体而琐碎，涉及许多部门和人员。这就要求办公室人员在接待工作中要开动脑筋，综合考虑，把工作做得面面俱到、细致入微、有条不紊、善始善终，也就是要一环扣一环，一丝不苟地做好每一件事，切忌有头无尾，缺少章法。比如说，接到一个任务后，不能慌张忙乱，而是弄清情况，做好准备工作，同时可以拟订出完整的接待计划。

### 二、登记与归口

对来访群众，首先要进行初谈，做好登记。登记来访者的姓名、性别、年龄、职业、住址或工作单位以及所反映的主要问题等。来访者反映的问题中，一类需要直接受理，另一类按照分级负责、归口办理的原则，及时介绍到有关部门去接谈处理。信访部门直接处理的来访问题主要有：

1. 涉及党的方针政策和中心任务的重大问题；

2. 可能影响安定团结及群众生产、生活的突出问题；

3. 反映带普遍性的政策问题和值得注意的倾向性问题；

4. 涉及几个部门并且容易形成互相推诿、需要协调处理的问题；
5. 长期越级上访，多次处理不服的重访“老户”问题；
6. 上级党政机关介绍来的或收容遣送回来的上访人员的问题；
7. 各级党政领导人亲自指示、责成信访部门直接办理的重要来访问题；
8. 集体上访人员的问题；
9. 有关询问党的政策的问题；
10. 反映承办单位拖着、顶着不办，长期没有解决的问题。

属于归口办理的来访问题，应按党政隶属关系和业务分工进行归口。由哪一级党政机关管辖单位的问题，一般转哪一级处理；属业务、技术性的问题，应归口到有关业务技术部门处理。

## 三、恰当处理

根据有关的政策、法律等对来访者反映的问题实事求是地给予处理，满足来访者的正当要求。

1. 当面解答或电话联系

对来访者提出的能当即答复解决的问题应予以答复解决。倘若来访者反映的问题紧迫或遇到意外情况，或者来访人提出的要求需要研究解决的。可通过电话向有关部门进行联系，弄清有关情况，予以处理。

2. 出具便函

来访者反映的问题，应由有关部门处理的，根据“分级负责，归口办理”的原则，出具便函，介绍来访者直接去有关部门接谈处理。

3. 立案查办或交办

来访人反映的问题重大或要求合理，政策又允许解决而长期得不到解决的问题，应按一定程序立案，直接进行调查，由经办人出调查处理报告，报请有关领导审批后转有关单位处理，或立案后直接发函交有关方面或部门办理。

4. 联合办案，严肃法纪

来访者反映的问题涉及两个以上部门、单位的案件，应组织协调有关部门和单位联合办理。

对少数无理取闹、扰乱社会治安或机关办公秩序而屡教不改的，经有关领导同意，可由公安、民政部门收容、遣送。个别情节严重的应严肃处理。

## 四、检查落实

1. 催办、督办

对已交办的来访问题，应适时通过打电话、发函、派人、召开会议等形式催报处理结果。或深入承办单位，参与研究案情，检查督促，帮助指导，及早结案。

2. 审查批复

对承办单位的处理结果，符合政策，处理妥当的，要及时批复承办单位结案；对事实不清或结论处理不当的，应要求承办单位重新调查处理或复议。

3. 结果上报

对上级机关及领导批办的上访案件，应将处理结果及时上报。

4. 立卷归档

对立案交办、自查和联合办理的案件，结案后应将有关材料加以整理，按立卷要求及时立卷、归档。

5. 回访

回访，就是由信访受理者主动去拜访信访者，把调查情况和处理意见直接与信访人见面，征求意见，有针对性地做好疏通引导和政策解释工作，或了解结案后信访者还有什么问题和要求需要帮助解决，有无思想波动等，以巩固结案结果。

# 第四节　办理信访案件

## 一、办理信访案件的含义

办理信访案件，是指党政机关、企事业单位及其信访部门在办理群众来信、接待群众来访的基础上，针对群众来信来访提出的一些比较重大的问题，认为需要调查处理的，通过一定程序，立为信访案件，直接调查处理，或按照“分级负责、归口办理”的原则，责成有关地区、部门或单位调查处理，并如期汇报处理结果。它是信访部门一项十分重要的工作。办理信访案件的基本要求是：本着实事求是、合情合理的原则，坚持群众路线，在调查研究，弄清案情的基础上，对照党的有关政策，积极主动地解决问题，满足群众的正当要求。

## 二、立案范围

各级党政机关、人民团体、企事业单位需要处理的信访案件，一般包括上级交办、领导批办、自行立案等部分。符合以下几种情况的应立案处理：

1. 上级或本级领导批示交办的；
2. 揭发干部违法乱纪，情节比较严重的；
3. 控告检举坏人坏事的；
4. 对所受处分或结论不服，并有正当理由的；
5. 涉及群众生产、生活的重大问题；
6. 较重要的发明创造和批评建议；
7. 按政策规定应予解决，但有关单位互相推诿或顶着不办的；
8. 涉外问题和涉及重要统战人物的信访。

## 三、立案程序

对人民群众来信来访提出的问题进行立案交办，一般要经过以下几个环节。

立案，上级交办或领导批示交办的，要依据交办函件或批示立案。本级立案的，应由受理人提出意见，领导批准。

命名，一般按照信访人的单位、姓名确定案件名称。

分类，分类的目的在于妥善安排办案力量和时间。涉及全局的案件属于大案；情节严重、内容重要的属于要案；久拖不决的案件属于难案。其他可定为一般申诉、求决类案件。

交办，交办案件要以正式函件下达承办单位，注明函号和需要查清的问题，并附上原信或申诉材料。

办案，办案方法多种多样，有的需要派人下去会同地方组织共同调查处理；有的则需要请地方组织和有关部门携卷来一起研究；还有的案件是跨地区、跨行业或涉及几个部门的问题，需要联合办案。

## 四、处理信访案件的程序

处理信访案件，一般要经过下列环节。

1. 落实承办人员

是指确定负责案件具体工作的办案人员的过程。但应注意：本案的原办案人中、不适合再承办此案的，或信访人对其意见很大的，要回避。

2. 重新听取信访人陈述

是指办案人接案后，根据工作需要，重新找信访人全面听一次陈述、为搞好调查研究提供情况和线索。

3. 调查取证

是指针对信访人提出的问题，采取不同的形式，进行广泛深入的调查，听取各方面的意见，搞清案情，取得可靠证据的过程。

4. 研究结论和处理方法

指从案情出发，根据党的政策、国家法律分析确定问题的性质，提出妥善的解决方案。

5. 与信访人见面

是指将调查结论和处理决定告诉信访人，向其征求意见。

6. 落实处理意见

是指根据最后定案时决定的具体处理意见和方法，组织力量逐项落到实处的过程。

7. 结案上报

是指承办单位在对上级交办案件处理完毕时，写出结案报告，逐级上报。做到事实清楚、观点明确、理由充分、态度明朗，不要模棱两可或者含糊不清。凡上级机关交办的和领导批示交办的案件，要尽快加报查处结果，一般不得超过三个月，如遇特殊情况不能确切结案的，应向交办单位写出案件的查处进度报告。

8. 立卷归档

指案件处理结束，将全部有关材料装订成卷，存档备查。

上述这些是办案的主要程序。在实际工作中，可根据具体情况增加或减少某一环节。

### 五、办案中应注意的问题

办案中应注意的问题有：

1. 要从客观实际出发，反对主观主义和形而上学，要采取严肃认真的态度，遵循实事求是的原则，积极主动地解决问题；

2. 要按政策办事，不搞无原则迁就，这是处理信访问题的准绳；

3. 要坚持走群众路线，树立为民排忧解难的责任感；

4. 要注意工作方法，发挥信访部门的协调作用。

### 六、信访档案的利用和保密

信访档案的利用工作可按文书档案的利用原则和要求等进行。但由于信访档案中会有一定数量的检举、控告等方面的内容，为了不使这方面的内容及检举、控告者被泄露，就要在信访档案的提供利用时注意做好保密工作。对控告、检举揭发和批评等方面的个案档案材料，除已查实确属诬告的外，一律不予外借，以保护来信来访人的正当民主权利。

## 第五节　印章管理

### 一、印章的概念

印章，即图章，是印信凭证的一种，是国家、社会机构、组织、个人的特定标记。印章包括两大类：一类是机关或单位的公章；一类是机关或单位领导人的个人章。这两类印章都代表机关或单位职权的合法性。

### 二、印章的作用

1. 标志作用

任何一个机关或单位的印章，都要标明这个机关或单位的法定全称，使人一目了然地看出性质、级别和职权范围。使用印章，是这个机关或单位存在的合法性标志。

2. 权威作用

指印章象征单位、组织或个人的权力。代表组织或个人对事务起证明作用，凡是以单位的名义发出的文书加盖本单位公章后立即生效，并代表该文书的法定性。

3. 证明作用

各种各样的文凭证据只有加盖公章后才能生效，才能表明某个机关或单位对此负有责任，人们才会相信它的效力，如任命书不盖印，任何职务的任命都是无效的；毕业证书不盖印，就无人承认其学历；现金支票不盖印，就不能取出现金等等。

4. 凭信作用

既然印章是机关或单位合法性、权威性的象征，那么，它在工作中无疑具有凭信作用，一切文件、信函、合同、协议书以及各种证明要使人们真正相信它具有效力，就必须盖章。不盖印章的行文，很难取信于人，因而不能产生法律效力。

## 三、印章的种类

印章按其性质、作用、质量可分为正式印章、专用印章、套印章、钢印、手章、名章、戳记 7 大类。正式印章是按照国家规定由上级领导机构正式颁发给所属领导机构使用的代表一定职责、权力的印信凭证。专用印章是机关或单位为了便于工作，专门刻制用于某种特定用途的印章，这种印章不代表整个领导机构，只代表领导机构某项专门业务内容和权力。它包括财务专用章、合同专用章、业务专用章。套印章，它主要用于印刷需加盖印章的文件、颁发的《通知》《布告》以及经缩微后在各种凭证的印刷品上使用，它用制版印刷的方式代替手工盖印，适用于大宗公文凭证用印。钢印是用金属材料刻制的，上下两部分凸凹相对，可以直接在文凭证件上压印出字迹的印章。一般用于需要贴照片的证件，盖在照片与证件的骑缝上，表示证件与照片相吻合，防止伪造。钢印不能作为文件、介绍信用及其票据凭证的有效标志。手章是指刻有某人姓名的图章，各级领导机构的领导干部的个人手章，代表行使法定职能的领导干部的个人印信。比如，在各级机构使用的支票上，除要盖有专用印章，还需要盖有主管领导干部的手章。名章属于私人印章，使用名章可以代替手写姓名，加盖个人名章可作为个人对某事负责的凭信。戳记是刻有一定字样的，带有标识性质的印章。这种印章主要是为了方便工作，提高工作效率而刻制的。如文件的收文章，文件密级中用的“机密”“绝密”“急件”等戳记。这种印章不仅可以减少工作人员的工作量，而且还可以使工作规范化。

## 四、印章的使用

印章加盖在文书的不同位置以及在文书处理的不同环节中，其作用也各不相同，其中有：款章，无印的机构可以借印。如派出机构可以借用所驻机关的印章，共同机构可借用实体机关的印章等。

更正章：对文书书写中的差错进行改正后，要加盖更正章，以作为法定作者自行更正的凭信。一般不要使用刊有“校对”字样的小色章作为更正专用章，以杜绝作弊现象。

证见章：对以他人名义出现的文书盖章做证。如两单位签订合同，须请双方上级主管部门加印证见；旁证材料由旁证人所在单位证见。摘抄档案内容要由档案保管部门证见。

骑缝章：介绍信与存根衔接处须骑缝加盖印章，以便必要时查核、对同。

骑边章：重要案件的调查、旁证、座谈记录等材料，很多是由调查人自作笔录，为完备手续起见，除了应由当事人盖落款章，所在机关盖证见章外，还必须将该材料多页沿边取齐后均匀错开，从首页至末页，骑各页之边，加盖一完整公章，以证明该材料各页是同时形成的，杜绝日后改易之弊。

弥封章：在公文封套封口处加盖公章，以确保在传递中无私拆之弊。调查档案时，于封口处用盖有印章的纸条加以弥缝密封。

封存章：在封条上加盖印章，以封存财册、文件橱、财物、仓库、住房等。常在节假日或特殊情况下使用。

## 五、印章的名称与印文

各级各类机关或单位的印章上所刊刻的机关名称、文字，所采用的字体以及印文排列的通称。国务院 1979 年颁发的《关于国家行政机关和企业、事业单位印章的规定》中的第一条和第二条对此作了较为详细的规定。

1. 印章名称

《规定》第二条明确规定：“印章所刊名称，应为本机关的法定名称。自治州、县、自治县、市人民政府的印章，不冠省的名称。市镇区、镇人民政府的印章，冠市或县的名称。印章所刊名称字数过多，不易刻印清晰时，可以适当采用通用和简称。”另外，国务院和国务院所领导的各部、各委员会的印章首冠“中华人民共和国”字样。一般情况下，印章名称应为该机关的法定全称，而不能用简称。

2. 印章文字

出于印章规范化、标准化以及易于鉴别的考虑，我国各机关单位的印章所采用的文字及其字体均由有关法律加以明确规定。印章的文字应使用汉文宋体字和国家公布实行的简化字，民族自治地方的自治机关的印章，应当并刊汉文和当地通用的民族文字。

3. 印文排列

《规定》第一条中对印文排列问题所述甚详。我国各级国家机关和社会团体、企业、事业单位的印章文字排列，是在徽记外自左而右环行。机关内部各部门的印章，机关名称印文环行后，部门名称印文在正五角星徽记下端自左而右横排。总之，印章的名称与印文应该法制化、规范化、标准化。

## 第六节　印章的刻制与颁发

### 一、印章制发的管理规定

印章的刻制与颁发具有较强的法律性。在《国务院关于国家行政机关和企事业单位社会团体印章管理的规定》中，对于印章的刻制、颁发、管理和使用等作了明确的规定。

（1）国务院的印章，直径6厘米，中央刊国徽，国徽外刊机关名称，自左而右环行，由国务院自制。

（2）各省、自治区、直辖市人民政府和国务院办公厅、国务院各部委的印章，直径5厘米，中央刊国徽，国徽外刊机关名称，自左而右环行，由国务院制发。

（3）国务院直属机构、办事机构的印章，正部级单位的直径5厘米，副部级单位的直径4.5厘米，中央刊国徽，国徽外刊机关名称，自左而右环行，由国务院制发。

（4）国务院直属事业单位的印章，正部级单位的直径5厘米，副部级单位的直径4.5厘米，经国家机构编制管理部门认定具有行政职能的单位的印章中央刊国徽，没有行政职能的单位的印章中央刊五角星，国徽或五角星外刊单位名称，自左而右环行，由国务院制发。

（5）国务院议事协调机构和临时机构的印章，直径5厘米，中央刊五角星，五角星外刊机关名称，自左而右环行，由国务院制发。

（6）国务院部委管理的国家局的印章，直径4.5厘米，中央刊国徽，国徽外刊机关名称，自左而右环行，由国务院制发。

（7）国务院部委的外事司（局）的印章，直径4.2厘米，中央刊国徽，国徽外刊机关名称，自左而右环行，由国务院制发。

（8）国务院部门的内设机构和所属事业单位，法定名称中冠“中华人民共和国”或“国家”的单位的印章，直径4.2厘米，中央刊国徽，国徽外刊机关名称，自左而右环行，由国务院制发。

（9）自治州、市、县级（县、自治县、县级市、旗、自治旗、特区、林区，下同）和市辖区人民政府的印章，直径4.5厘米，中央刊国徽，国徽外刊机关名称，自左而右环行，由省、自治区、直辖市人民政府制发。

（10）地区（盟）行政公署的印章，直径4.5厘米，中央刊五角星，五角星外刊机关名称，自左而右环行，由省、自治区人民政府制发。

（11）乡（镇）人民政府的印章，直径4.2厘米，中央刊五角星，五角星外刊机关名称，自左而右环行，由县级人民政府制发。

（12）驻外国的大使馆、领事馆的印章，直径4.2厘米，中央刊国徽，国徽外刊机关名称，自左而右环行，由外交部制发。

（13）国家行政机关内设机构或直属单位的印章，直径不得大于4.5厘米，中央刊五角星，五角星外刊单位名称，自左而右环行或名称前段自左而右环行、后段自左而右横排，分别由国务院各部门和地方各级国家行政机关制发。

（14）企业事业单位、社会团体的印章，直径不得大于4.5厘米，中央刊五角星，五角星外刊单位名称，自左而右环行。制发办法由公安部会同有关部门另行制定。

（15）国家行政机关和企业事业单位、社会团体印章所刊名称，应为法定名称。如名称字数过多不易刻制，可以采用规范化简称。地区（盟）行政公署的印章，冠省（自治区）的名称。自治州、市、县级人民政府的印章，不冠省（自治区、直辖市）的名称。市辖区人民政府的印章冠市的名称，乡（镇）人民政府的印章，冠县级行政区域的名称。

（16）实行民族区域自治的地方人民政府的印章，可以并刊汉字和相应的民族文字。

（17）印章所刊汉字，应当使用国务院公布的简化字，字体为宋体。

（18）印章的质料，由制发机关根据实际需要确定。

（19）各省、自治区、直辖市人民政府和国务院各部委、各直属机构印制文件时使用的套印印章、印模，规格、式样与正式印章等同，由国务院制发。

（20）国务院有关部委外事用的火漆印，直径4.2厘米，中央刊国徽，国徽外刊机关名称，自左而右环行，由国务院制发。

（21）国务院的钢印，直径4.2厘米，中央刊国徽，国徽外刊机关名称，自左而右环行，由国务院自制。

地方外事机构、驻外使领馆钢印的规格、式样，由外交部制定。

其他确需使用钢印的单位，其钢印直径不得大于4.2厘米，不得小于3.5厘米，中央刊五角星，五角星外刊单位名称，自左而右环行，报经其印章制发机关批准后刻制。

（22）国家行政机关和企事业单位、社会团体的其他专用印章（包括经济合同章、财务专用章等），在名称、式样上应与单位正式印章有所区别，经本单位领导批准后可以刻制。

## 二、印章的刻制

1. 印章的刻制要求

印章的刻制是印章工作一个重要环节。不论刻制哪一级单位的印章都要有上级单位批准成立该单位的正式公文。刻制印章时，必须由本机关、本部门申请，开具公函，并详细写明印章的名称、式样和规格，经上级机关批准。到单位所在地的公安部门办理登记手续。印章必须在持有公安部门颁发的特种行业营业执照的刻字单位制作。在刻制过程中，要严格按保密要求办理。承担刻制印章的单位和刻字者，一律不许留样的仿制。本单位不许自行刻制自己单位的印章。刻制本单位的业务用章，也须持有本单位的正式公函，刻字单位才能办理刻制手续。公安部门虽然管理着刻制印章的行为，但其自身公章的制发，也必须按规定办理。对于伪造印章和使用伪造印章者，应当依法惩处。我国刑法第167条规定“伪造、变造或者盗窃、抢夺、毁灭公文、证件、印章罪的，处三年以下有期徒刑、拘役、管制或者剥夺政治权利；情节严重的，处三年以上十年以下有期徒刑”。

2. 印章的材料

刻制印章的材料，常见的有木质、金属、塑胶等几种。目前，随着科技的发展和防止印章伪造及使用方便等技术性要求而出现了新型印章制作材料和制作方法。如：原子印、渗透印。原子印是用特殊材料、采用现代化排版及制作技术，将所需刻制的空章先制成印版，然后将原子油与印版经过热压固化成形的一种印章。渗透印则是先用固体材料热压成形，然后再将印油注入成形的印章以供使用。这两种印章的使用效果基本相同，具有以下特点：

（1）字迹清晰美观、不变形；

（2）使用方便，不需蘸印泥，可连续使用三万次以上，随印随干，不褪色；

（3）制作工艺先进，不论是简单的印章还是图案复杂的印章都是一次成形。一般的刻字部门或个人不易仿造，有利于保密。

印章刻制好以后，要有专人从承制印章的工厂将印章取回，取章时要仔细检查、验收，确认合格后交原审批的公安部门将印模备案。

## 三、印章的颁发与启用

上级单位给下级单位颁发印章，称为颁发印章。颁发印章的对象，必须是有使用印章的实际需要的法定机构，这两者是颁发印章的基本原则，二者缺一不可，这在刻制印章之前就应该严格审查。颁发印章时，要严格履行颁发手续，确保安全。特别是正式印章的颁发，更应该郑重其事，安全可靠。制发印章单位颁发印章时，要进行详细的登记，并要留下印模。颁发印章的方法，可以派专人送给受印单位，也可以打电话通知受印单位来专人领取，取送印章要按照取送机密文件一样对待。取送重要印章时必须两人同行。

印章启用，应按印章制发权限由颁发机关或代管机关以文件形式发正式印章启用通知。通知中要注明印章启用的日期和印模，并由颁发机关和使用机关将该文件立卷归档，永久保存。启用通知的印模应用蓝色印油，以表示第一次使用。启用通知的发放范围应视印章使用范围而定。

## 四、印章的停用与缴销

单位印章在该单位名称变更、机构撤销、式样改变或其他原因时，印章停止使用。应该按照上级规定及领导的指示，认真负责地做好印章停用后的善后工作。首先要发文给与该单位有业务往来的单位，通知已停止印章的使用，并说明停用的原因，标明停用的印模和停用的时间。其次要彻底清查所有的印章。停用的废印章不能在原单位长期留存，要及时地送交颁发单位处理。

正式印章停用或作废，并启用新章时，要发旧章作废，启用新章的通知。

按规定，旧章停用后，已失去原有的法人标志，不能作为现行机关、单位职权和活动的凭证。

因单位名称变更或改变隶属关系，旧印章停用，而新印章又没刻制出来时，若有些工作急需使用印章，可以采取代章的办法，即用其他的印章代替应使用的印章。代章的手续与正式印章相同。代章要在落款的后面注明一个“代”字。另外，党政机关之间代章必须是同级或是上级代下级，下级或者没有任何关系的单位一般不能代章。

特殊情况如机构被撤销，但善后工作需要继续使用公章时，要指定有关机关或单位或专人妥善保管使用，待善后工作结束后及时将印章收回，并印发印章停用或作废的通知。作废的旧章用红色印油印在印模栏内。

### 五、废印章的存档和销毁

旧印章停用后，应清查全部印章，并把清查结果报告领导，请领导审定旧印章的处理办法。根据领导的批示，分别不同的情况，或者上交颁发机构切角封存；或由印章作废单位填制作废印章卡片，并同作废印章一起交给当地档案室立卷备查，并将作废印章予以销毁；或由本单位自行销毁。对于那些重要单位的、具有保存价值的印章要分期妥善保存；对于那些临时性单位、一般单位的、没有保存价值或保存价值不大的印章，应该集中起来，定期销毁；属于领导个人的手章，应该退给本人；一般戳记可经批准销毁。销毁废旧印章，必须报请单位负责人批准，销毁时要有主管印章的人员监销。所有销毁的废旧印章都要留下印模保存起来，以备日后查考。

## 第七节 印章、印证的管理与使用

### 一、印章的保管

按保密要求，印章保管人员不得委托他人代取代用。

保管印章要牢固加锁，防止被盗。用完印章后要随手锁好，不能图省事而将印章随意放置在办公室桌上或敞开保管柜。对于印章被盗用而产生的后果，保管人员应该负有法律上的责任。一旦发现保管的印章有异常情况或丢失，应该保护现场，报告领导，查明情况，及时处理。必要时，应该报告公安机关协助查找。印章保管人员还要注意保养印章，及时进行清洗，以确保盖印时清晰。印章使用的时间一长，表面就会被印泥渣子糊住，使盖印时字迹不清楚，难于辨认。保管人员可以先把印章浸湿，擦上肥皂或洗衣粉，再用小刷子或旧牙刷反复在清水下刷洗，就可除去印泥渣子。

## 二、用印要求

机关、单位在使用印章时要十分审慎，要求每次用印要履行批准手续，并进行登记。印章管理人员在使用印章时应做到以下几点。

1. 用印时，首先应检查是否有机关、单位负责人批准用印的签字

原则上，机关或单位都制定有关用印的规定，用印应由这个机关或单位的有关负责人批准。但是，有的机关或单位为避免使领导人陷入一般性行政事务，对一些不涉及重大问题的事项用印时，如开具一般性证明等，往往将权力下放给办公室负责人或印章管理人员。但这也有一定的规定范围，超出范围的用印，仍应请示领导人批准。

2. 应审阅、了解用印内容

不能不看内容就盲目盖印，同时，还要检查留存材料是否齐全。一般用印要保留的材料有：

（1）一般信件应保留有领导人签批的草稿。

（2）协议书、合同应保留一份文本。

（3）毕业证书、荣誉证书等各类证书要附有颁发文件或领导人批准的书面材料、名册及证书的样本。要逐一核对证书与名册的姓名是否相符，并清点证书数量与名册的人数是否相同。

（4）若实在没有留存材料的，要详细地记载用印情况。

这主要有两种情况：一种情况是，机关或单位领导人在某份文字材料或文件上签注了意见，需加盖公章，应详细登记，注明何人在什么文件上签注了什么意见，发往何处，等等。另一种情况是为了证明某人为某机关、单位职工，如在汇款单上加盖公章。这种用印虽然不用留底，但也须进行登记，不能随便拿来就盖。因为加盖公章后就起着凭信作用，是要对此负责的。

3. 每次用印都进行登记

登记项目包括：用印日期、编号、内容摘要、批准人、用印单位、承办人、监印人、用印数以及留存材料等项。

除了机关或单位的介绍信有存根，发文有发文登记簿而不用登记外，其他每次用印，不论大事或小事，都应进行登记。

4. 盖印

对公文、函件经过上述审查、登记以后，即可按要求加盖印章。盖章时精神要集中，用力要均匀，使盖出的印章端正、清晰、美观，便于识别。印章文字不能盖歪或颠倒。以单位名义发出的公文、函件必须加盖单位的印章。机关的正式公文只在文末落款处盖章。带有存根的介绍信、证明信或公函等要盖两处印章，一处盖在落款处，一处盖在公函连接线上。凡是在落款处加盖的印章都要端正盖在成文日期的上方，并做到上不压正文，下不压成文日期。大批量印发的带有固定版头的机关文件，可不加盖机关印章。

5. 应整理留存材料

把用印留存的材料进行编号整理，归卷存档。对其中具有查考价值的，要在年终整理立卷时归档保存。

6. 使用正式印章要在办公室内，一般不能将印章携带出机关或单位以外使用

印章不能脱离印章管理人员的监督。在一般印刷厂套印有机关印章的文件时，应有印章管理人员在现场监印。这个问题还没引起一些机关、单位的足够重视。比如，两个单位发联合通知，需要套印机关印章，主办机关派人到另外一个机关“借”印章到印刷厂套印。这个做法是不对的。因为印章不是一般的物品，印章使用后，机关、单位都要对此负责任，它是不能随便借用的。正确的做法应该是：主办机关请另一个机关的印章管理人员携带印章，一同到印刷厂监印。

7. 印章管理人员应不允许出现盖有印章的空白凭证

因为他对于印章使用的后果要负有责任，因而，对于一切用印情况都应该具体掌握。但在有些特殊情况下，要做特殊处理。比如，有的业务部门以领导机关的名义颁发凭证，如土地使用证等，需要事先加盖领导机关的印章或套印，然后再填发。在这种特殊情况下，就按以下要求进行处理。

（1）要有机关领导人的特别批准。

（2）此类凭证要有指明用途的特定格式，除了这种指定的用途以外，不能再用做别的凭证。

（3）此类凭证要逐页编号，最好将它装订成册，并须有存根。

（4）领导机关的印章管理人员对于此类只作宏观上管理，即只办理领取登记的手续。登记的项目包括：凭证名称、起止号码、张数、领取人签名项目。

（5）此类凭证的具体管理，应由领用部门负责。领用部门要派专人负责管理，填发时应履行批准手续。

8. 代章

有的单位或者因为刚成立，或者因为改变名称，或者因为改变隶属关系，印章没有刻制出来，而有些工作又急需要使用印章，可以采取代章的办法，即用其他印章代替应使用的印章。代章要在落款的后边注明“代”字。另外，党政之间代章

必须是同级或是上级代下级，下级或是没有任何关系的单位一般不能代章。代章使用手续与正式印章相同。

## 三、印章使用时的注意事项

各级机关单位都应制定印章的使用规定。印章管理人员需严格按照规定使用印章。

原则上，使用机关或单位的印章，要由本机关或单位的领导人审核签字。使用机关或单位办公室的印章要由办公室负责人审核签字。为了方便工作，对一些一般性事务的用印，机关或单位的领导也可授权办公室负责人或印章管理人员审签。但是，一定要明确授权范围，超出范围的，应请示领导审签后方可用印。

印章管理人员用印前，要认真审核，明确了解用印的内容和目的。确认符合用印的手续后，在用印登记簿上逐项登记，方可用印。除留有存根的介绍信，机关或单位发文有发文登记外，其他用印均应进行登记。

对需留存的材料应在加盖印章后，留存一份，立卷归档。如：合同、协议、领导人签批的信件草稿，印发的文件原件及文稿等。

不得在空白凭证上加盖印章。确因工作需要，由业务部门以领导机关名义颁发的凭证，需要事先加盖机关印章或套印然后填发的，经过领导批准可以盖印，但凭证上要逐页编号，装订成册，由领用部门办理领用手续，按规定填发。

## 四、介绍信的管理与使用

介绍信是机关或单位派出人员对外联系工作、商洽事务时所持有的凭证。

介绍信的形式一般有两种：一种是文秘部门掌管的工作介绍信，按照统一格式印制，使用比较简单。有制发单位名称、使用人姓名、职务、事由、时间、有效期、用印等。只要填写即可。另一种是用公用信笺书写的。这是为请求或希望或证明某种情况而使用的。这类介绍信书写时要求叙事清楚，语气和婉。使用介绍信，应严格掌握制度，当开则开，不开空白介绍信。介绍信的使用要严格管理，开出介绍信，转介绍信，都要履行一定手续。

1. 使用介绍信须知

负责管理介绍信的文秘，应严格执行使用介绍信签批手续，否则，出现问题无处查找。严禁发出空白信。

2. 开具介绍信的手续

需要单位介绍信者，应填写单位介绍信签批单，经主管领导批准后，根据此单填写介绍信，盖章后发给需用人。履行签批手续，一可防止个人乱用介绍信，二可使机关、单位领导掌握情况。

3. 介绍信的管理

机关、单位介绍信的管理，应建立一种严密的有据可查的方法。大机关、大单位的介绍信，要分给几个部门管理使用，文秘部门在给职能部门分发空白介绍信时必须严格履行登记签收手续。

介绍信存根应妥善保管，按保密要求归档。保管期五年。

因情况变化，介绍信领用人没有使用介绍信，应即退还，未及时退还的，文秘要去收回。收回后，将它贴在原存根处，并写明情况，以免丢失。

如若发现介绍信丢失，领用人应立即向机关、单位反映，及时采取相应措施。

文秘在接待外单位介绍来人时，应认真查对来人姓名、商办事项和介绍信所开列的是否相符。

一项工作需要多次联系的，未结束前，其介绍信可继续使用。结束后，文秘一定要将来人的介绍信收下备查。

对前来借物、借款以及商洽较重大事件的人员，当事情已经办妥，在留下介绍信时，文秘要请该人员在介绍信反面签注办理情况，如经手借到有关资料几件，以便日后查对。

4. 使用介绍信注意事项

（1）使用介绍信者的合法身份与事由要严格审核。用信人的姓名、身份、人数、事由要一一写清楚。防止冒用和伪诈。

（2）单位名称要用全称或规范化的简称。签署、用印、时间等要写明。

（3）介绍信要有编号和骑缝章。存根和发出的信要一致。

## 五、凭证的管理与使用

凭证的种类很多，但都必须加盖印章后方可生效。有的用钢印，如工作证；有的用缩印，如票证；有的用领导专用章，如学生证要用校长专用章；有的用铅印等。无论用什么印，都要有严格的制度。一要逐号逐份点收，不得成捆论堆，并要严格履行签收手续；二要建立正式的凭证文书登记，不能以“良心账”代替登记；三要选择保密的地点和坚固的箱柜，有条不紊地入库保存，不得乱堆乱放；四要定期进行检查，做到心中有数，若发现异常情况，要随时提出处理意见；五要建立严格的出库登记，所有发出使用的凭证都要履行登记签收手续；六要定期进行盘存查结，向领导报告保存情况，不敷应用要报请领导机构批准再印。

对于有价证券和其他重要凭证，应该参照国家规定的金库管理办法进行管理。特别要建立二人同管制度、出入监督制度和全面密封制度。所有凭证保管人员都必须保证政治绝对可靠，思想品质优秀，工作认真负责，永不徇私枉法。二人同管，必须做到事情二人同办，从入库点收起到出库登记止，包括中间的一切存取、开关、密封、检查、盘存、结报的程序在内，都要二人一同临场、一同过目、一同查对，不得单人开关库房和箱柜。出库、入库，均应由主管领导干部亲自监督。平时应该采用尽量可靠的办法密封，并且要做到启封办完以后立即密封。

# 第六章　办公室信息沟通与协调工作规范

## 第一节　信息沟通概述

### 一、信息沟通的含义

信息就是包含有新知识、新内容的消息。人们之间互相告知包含新知识、新内容的消息，就是信息的传递或者沟通。

信息的主要特征包括以下几点。

1. 真实性

信息强调的是客观存在的一切事物通过物质载体发出的有关内容，因此，任何信息都要求能如实反映客观的事实，凡不符合事实的东西只能称为讹传，不具有任何使用价值。

2. 价值性

信息强调的是各种事物通过物质载体发出的一切有价值的内容，因此，信息总会或多或少地对完成某项工作有所帮助。当然，信息的价值度有高有低，凡具有较高价值的信息往往是在对大量原始信息进行加工处理后才取得的，那些未经过正确取舍与筛选的信息往往比较分散，其价值性也要降低很多。

3. 多变性

由于客观事物的复杂多变，反映其状况的信息也会随之变化，加上信息总是滞后于事实的特点，因此有价值的信息总是处于不断地更新、矫正、扬弃、变化的过程中。

4. 共享性

信息资源与其他物质资源不同，物质资源在使用时具有一次性的特点，信息则不然。当信息的拥有者把信息传递给他人时，他仍保有信息的使用权。可见，除了需要保密的少量信息外，其他一切信息都不具有独占性。

所谓信息沟通，就是指各种可理解的信息在两个或两个以上的人群中传递或交换的过程。简单地说，信息沟通就是信息的交流、联系和传递。

## 二、沟通的种类

1. 按沟通组织系统分，可分为正式沟通和非正式沟通

正式沟通是指组织的信息按照明确的规章制度所规定的方式进行传递。它是信息传递的最基本的形式之一。组织内上情下达、下情上报、发现问题、控制偏差、搜集信息等都以正式沟通渠道为主要依托完成，组织的统一行为和相互协调也有赖于正式沟通渠道的健全和畅通。

非正式沟通是指办公室在正式沟通渠道之外进行的各种沟通活动，一般以办公室人员之间的交往为基础，通过各种各样的社会交往而产生。非正式沟通的方式多种多样，常见的有：办公室人员私人之间的交往及日常社交活动；非正式的聚会和同事之间的闲谈；社会上以及办公室内部存在的各种传闻，等等。非正式沟通是多渠道的，信息传递的速度相当快，有时能传递正式沟通所无法传递的信息，有时能将上级的意图加上自己的理解后再进行传播，这种沟通富于弹性，有时能出现意想不到的效果，很具有大众特征。

非正式沟通的优点包括：可以弥补正式沟通渠道的不足，传递正式沟通无法传递的信息，使办公室领导了解在正式场合无法获得的重要情况；了解办公室人员私下表达的真实看法，为决策提供参照；减轻正式沟通渠道的负荷量，促使正式沟通提高效率等等。非正式沟通的缺点常常表现在所传递的信息容易受到歪曲，如非正式沟通大量存在，将会削弱正式沟通的威信，使上级命令无法执行。在特殊情况下，非正式沟通会导致谣言四起，小道消息泛滥，严重干扰正式沟通的顺利进行。因此，在办公室管理中应特别注意非正式沟通的形式，要充分发挥它的优点，克服它的缺点，使之为正式沟通服务。

2. 从组织层次来划分，可分为上行沟通、下行沟通和平行沟通

（1）上行沟通

上行沟通是指处于组织结构中下一层次的人员向较高层次的人员传递信息。比如企事业组织中的普通职工经过各层次管理人员，向上至高层主管的沟通。这种沟通不仅是组织成员向管理人员、下级向上级反映自己要求、愿望、提出批评、建议与沟通，而且可以对执行上级指令作出回馈反应，使上级了解其信息被接受和执行的情况，为上级修正指令和制定新的决策指令提供资料。自下而上的沟通一般有两种形式：一是上级向群众和下级征求意见。包括调查、召开正式会议、设置意见箱、建立来信来访机构、设立接待日、同下级进行一些闲聊等，以便从中了解下级情况，听取对上级的建议、意见或批评。二是群众和下级主动向上级反映情况，提

出建议和意见。这种反映，既可以通过正式渠道，也可以通过一些非正式途径向上级反映。在组织中，只有这条上行沟通渠道畅通无阻，上级机关和管理者才能全面、准确和及时地掌握下面的实际情况，从而作出正确而有效的决策和控制。上行沟通实际上是对组织管理活动信息反馈的过程。它可以随时反映群众和下级的困难和问题，以便上级作及时的调整和控制。

有效的上行沟通可以为组织带来一系列的好处：

①有效的上行沟通能使管理者了解组织成员和下级对本组织方针、政策、措施等的理解和接受程度。只有上行沟通畅通时，管理者才可能知道下情，才可能作出正确决策。

②组织成员只有和下级坦诚地、无拘束地沟通，才能鼓舞他们自己参与组织管理，在工作、生产中发挥主人翁精神。

③群众中蕴藏着极大的智慧，对于如何改进管理，提高工作效率等，往往有真知灼见。然而只有当上行沟通畅通无阻时，管理者才有可能收集到群众中有价值的建议和意见。

④只有当上行沟通畅通时，管理者才能从群众那里了解组织中的哪些方面存在着潜在的问题，做到防患于未然。一旦问题突然发生了，管理者也能在群体的帮助下，从容处理，不至于惊慌失措。

（2）下行沟通

下行沟通一般包括以下方面的信息：

①向下级指示工作方针与目标；

②指派工作任务，提示工作程度；

③通报组织内部工作情况与成果，提供有关部门或工作人员思想动态等方面的情况。

下行沟通的目的是使上层机关和主管的工作意图和工作部署为下级或成员所理解和接受，从而得到下级和成员通力合作，推动组织管理活动。下行沟通有着重要的意义，只有广大成员和下级了解组织的总目标，工作才能有明确的方向，只有广大成员了解实现目标的具体措施，工作才更有效。

（3）平行沟通

平行沟通是指组织中相同级别或层次的组织之间的信息沟通。平行沟通是保证组织之间互相通气，互相配合支持，从而减少不必要的摩擦、扯皮和冲突的一项重要措施。

3. 从发信者和接信者的地位是否变换的角度看，沟通可分为单向沟通和双向沟通

（1）单向沟通

单向沟通是指信息发送者和信息接收者两者之间的地位固定不变，信息总是由

一方传向另一方。这种沟通方式信息传送速度快，发信者不必顾虑信息接收者的挑战，能保持发送信息者的尊严。

（2）双向沟通

双向沟通是指信息发送者和信息接收者之间的地位不断地交换的沟通。这种沟通的优点是信息发送者和信息接收者之间不断地相互传递信息，直到双方共同了解为止，因而信息准确度高，信息接收者有反馈的机会，有参与感，通过沟通可以增强信息接收者的信心，免除信息接收者的不安，容易使其对立行为减少，从而有助于联络和巩固双方的感情。但在双向沟通中，信息发送者由于随时会遇到信息接收者的质疑和批评，因而常会感到有心理压力，并容易受到干扰，而且缺乏条理性。因此，一般说来，在工作任务不紧迫，需要准确地传递信息时，采用双向沟通的方式效果较好。

4. 从沟通的工具来看，沟通可分为语言沟通和非语言沟通

（1）语言沟通

语言沟通，即借助于语言工具进行的沟通。语言是信息沟通中所使用的基本工具。在人与人的沟通过程中，传递信息要使用语言，一旦人有了某种思想、消息，就有传递出去的意向，就要使用语言进行沟通。

语言沟通有口头语言沟通和书面语言沟通两种形式：口头语言沟通即借助于口头语言形式进行的信息交流。其优点是：简便易行、传递速度快、信息反馈快、沟通效果好。其不足之处是：信息容易失真，信息保留时间较短。书面语言沟通的优点是：可以扩大交流范围，可以保证信息的正确性，能长期保存。不足之处表现为：时效性、适应性较差。

（2）非语言沟通

在信息沟通中，人们除经常运用语言进行信息交流外，还运用非语言符号来表达自己的情感、态度、思想和观点。比如用眼神、身体姿态、面部表情和手势等来表达情绪，交流信息。非语言沟通是语言沟通的重要辅助手段。

## 三、信息工作在办公部门的地位

1. 它是办公部门的基本职能之一

掌握信息，提供信息，为领导科学决策提供依据，是办公部门的重要职责。各级办公部门又是承上启下、联系左右的中心枢纽，每天都有大量的信息通过，有可能捕捉到更多的有重大价值的信息。从本质上讲，办公部门本身就是一个信息系统，其全部工作就是一个接收信息、加工处理信息和输出信息的过程，理应成为获取信息的重要渠道。如果领导需要的信息未提供，而提供的信息又不需要或不及

时，那么就等于失职。随着改革开放的深入和商品经济的发展，信息工作的任务将越来越重，搞好信息工作已成为办公部门的一项新的突出任务。

2. 它是办公部门发挥参谋助手作用的有效途径

信息工作的开展，为办公部门更好地发挥参谋助手作用开辟了一条有效途径。办公部门及其工作人员，通过信息工作，不仅能够克服和避免自身的事务主义和官僚主义，加快工作节奏，提高工作效率，而且由于及时掌握动态，发现问题，向领导者提供准确、系统、全面的信息，使其运用信息适时修订工作目标和计划，进而做出科学决策，同时还可以帮助领导摆脱“文山”“会海”，集中更多的时间和精力深入基层，调查研究，指导工作，解决问题。

3. 做好信息工作是办公部门实现职能转变的需要

办公部门也必须更新观念，转变职能，强化信息工作机制，加快工作节奏，以提高工作质量和工作效率。办公部门只有充分收集和掌握信息，才能为领导出谋划策，提供决策依据；只有对大量的信息进行综合分析，加工处理，才能对问题提出处理意见和参考方案，供领导选择、决断；也只有通过信息的收集、传递和处理，多做一些超前工作，才会提高工作的主动性和预见性，变被动服务为主动服务。

## 四、办公室人员与信息沟通

信息在办公室工作中占有十分重要的地位。事实上，每一个办公室工作人员每天都在信息系统中工作着。如借助人的感觉器官把听到、看到的各种情况、材料反映到大脑中，就是在收集信息；再经过大脑的思维，产生观念和思想并逐步形成完整的知识，这就是信息的加工；把这些知识记忆起来，或者用文字记录下来，这便是信息的储存；把这些内容讲给他人听，或写成文稿、传真、报告等给他人看，这就是信息的传递。可见，办公室工作天天就是在和信息打交道。

在办公室工作中，每天所接触到的需要沟通的信息内容非常复杂，通常可分为以下几大类。

1. 与办公室工作密切相关的正式信息

这类信息包括上级部门的命令、指示、决议、通报、通告，以及下级部门的请示、报告、总结等等，这类信息比较正式，因而其地位较固定，沟通起来较为容易，接收效率也比较高。

2. 与办公室工作有关的非正式信息

这类信息包括办公室人员的情绪和心理活动，同事之间的私下闲谈，社会上的各种传闻和流言等，这类信息不具有正式的法律地位，常常是变动不定的，但对办公室人员的影响又是极其显著的，应恰当对待。

3. 与办公室工作有关的其他非语言性信息

如谈话时的表情、手势、动作、语音、语调等，这类信息常靠高度的语言技巧和谈话艺术来间接表现，目的是给接收者以暗示。这类信息传递灵活，但传递的效果直接依赖于接收者的领悟力，只有那些老练深沉的办公人员才能及时、准确地把握对方所表达的意思和说话时的心态。

## 五、信息工作的要求和程序

1. 信息收集的要求

（1）准确

真实、准确是信息的生命，只有真实、准确的信息才能使领导决策建立在科学的基础上。因此，在整个信息工作过程中，办公室工作人员都要抱着对国家、对人民高度负责的精神，坚持实事求是的作风，尊重事物特征的客观性，如实地进行反映和描述。

（2）及时

信息的时效性决定了信息的生命力在于流动，它流动的速度越快，在实践中获得的价值就越高。许多信息，得时而贵，失时则贱，尤其是经济信息。一个领导者能否在瞬息万变的复杂环境中迅速作出反应，并适时作出决策，关键在于能否及时掌握信息。因此，办公室工作人员在信息工作的各个程序，都要有强烈的时间观念，突出一个“快”字。收集要快，整理要快，传递要快，尽量减少中间环节的梗阻。如不及时收集、获取，则有些本来有用的信息就会因时过境迁而失去价值。

（3）广泛

在收集信息时，必须从上下、左右、四面八方各不同角度，广泛收集，并把收集对象的各种相关因素联系起来综合考虑，从中找出其共同性和普遍规律，以避免挂一漏万，顾此失彼，出现片面性。

（4）适用

适用，即要有针对性，适合领导利用。提供信息即是为领导决策服务，办公室工作人员就需对领导者在组织中的状况有所了解。

①他们分布在不同的组织类型中，如有的在机关，有的在工厂，有的在商店，有的在学校。组织类型差异性往往决定了他们所追求的目标各不相同。

②他们分布在不同的组织规模中，如大型厂矿与中小型厂矿，超级商场与小商店，大学与中小学等等。不同的组织规模导致他们具体的工作内容和时间分布上存在差异。

③他们分布在不同的组织层次中，如中央与省、市、县级。即使在同一个组织

层次中，也有高层领导者、中层领导者、基层领导者之分，如厂长、车间主任、工段长、班组长等。组织层次的不同决定了他们工作重点的不同。

④他们分布在不同的组织环境中，如社会主义制度和资本主义制度，发达地区和不发达地区。组织环境的不同使他们奉行不同的管理哲学和管理方式。

因此，办公室工作人员在收集、传递信息时，一定要有鲜明的目的性，时时处处以是否适合不同单位、不同层次的领导者的需要为出发点。同时又须看到，任何领导者每个时期的领导工作都有其中心，都有其关注的“热点”和“难点”，因此，办公室工作人员提供信息要围绕领导工作的中心，围绕这些“热点”和“难点”。另外有些问题虽然尚未列入领导的议事日程，但比较重要，也应及时报送。

2. 信息工作的程序

（1）信息的收集

信息的收集是整个信息工作的第一环节，直接关系到信息的加工、整理、分析研究、提供利用。因此，收集信息首先要明确信息服务的对象和目的，收集对领导人进行决策有所裨益的信息，才能精要、准确，才能有利于工作，才能事半功倍。

就某个机关、企业来说，它们收集信息的内容如下。

①经济性信息

主要指经济发展的速度、状况以及市场竞争及消费情况等。对主管经济工作机关来说，它的经营目的就是为了生产适销对路的产品，以取得最佳的经济效益。因此，就必须组织专门力量对市场进行调研，运用科学的方法和手段，系统地、有目的地搜集与产品有关的信息，对影响生产经营的各种内部因素作出评价，做到知彼知己，趋利避害，及时地采取对策。

②政策性信息

主要指党中央、国务院公布的方针、政策、法规性文件。

上级机关或领导部门发布的直接与生产、工作有关的指导、指挥性文件，如指示、决定、决议、批复等。当前，我国正大力发展社会主义市场经济，机关改革体制、转换机制，一些新的改革措施不断出台。机关对这方面的情况掌握得及时，吃得透，就可以有针对性地制订自己的行动计划，这是关系机关发展方向的大事，必须予以重视。

③经验性信息

这类信息是指反映各机关重要经验的信息。包括本机关、本企业和所属各部门的机构、人员、财务、物力、工作、生产等情况，以及生产计划、指标、统计数据、改革状况、科技发展、典型经验、工作总结等。

④科技性信息

主要指与本机关工作、本企业业务未来发展有关的科技新成果以及先进的经验、方法等信息资料。当今世界，科学技术正在成为提高劳动生产率的重要手段和发展生产力的决定性力量，特别是高新技术，竞争激烈，作用巨大，因此，科技信息必然成为机关信息工作的重点。

信息搜集的方式大致分为两种，一是传统式收集，即通过文件、会议以及电话等口头传达，收集上级来的信息；通过下级机构的口头汇报和书面材料，掌握下级的信息；通过同级机构和其他系统互相交换的材料、互通的情况，了解同级机构和其他系统的信息；通过信访或报刊等渠道了解社会各方面的信息等。二是开拓式收集，即在传统式收集的基础上，组织健全的信息网络，从信息网络中获取信息。

收集信息的方法主要有以下几种。

A. 观察法

即人们以自身感官或借助仪器来认识客观事物。这不仅需要有强烈的事业心和责任感，而且还需要有正确的观点和严肃认真的态度，并善于利用先进的观察仪器的方法。

B. 调查法

它包括普遍调查、重点调查、典型调查、专题调查、抽样调查、连续调查等。

C. 阅读收听法

是通过收听收看广播、电视，阅读各种书籍、杂志、报纸、广告和文献资料等，来收集所需要的信息。

D. 投书索取法

是指给外地的有关机关、事业单位或个人发出信函，请其提供某些信息。

E. 交换法

就是用自己收集或加工整理的信息同有关机关、企事业单位或个人进行交换。

F. 购买法

是向信息服务单位有偿购买所需的信息。

G. 委托法

对一些内部的和不易获取的信息，可以委托有关单位或个人帮助收集。

此外，收集信息时还可以用预测法、实验法等等。

（2）信息的整理

信息的整理是对收集到的大量原始信息，在数量上加以浓缩，在质量上加以提高，在形式上给予表现，使之便于传递、利用和储存的过程。信息的整理是整个信息工作的核心。

①信息的筛选。信息的筛选是信息处理的首要环节。信息的筛选工作，对于提高信息的利用率，起着至关重要的作用。

筛选体现了对内容的初步鉴别，其目的是让领导用最少的时间获得最大量的优质信息。

筛选的第一步工作是剔除虚假信息、失效信息和无效信息。

第二步工作是挑选出有价值的信息。有价值的信息包括：第一，全局性信息。主要指党委、政府近期工作的指导思想和工作中心，各级主要领导同志的讲话和活动，关系全局性的重大情况。第二，突出性信息。主要指已经发生或可能发生的，直接关系到人民生命财产的安全和社会安定的突发性事故。第三，方向性信息。主要指改革开放和两个文明建设中带方向性的新情况、新经验、新知识与新问题，对实际工作有见解的新看法与新建议。第四，反馈性信息。主要指上级重大决策与部署在各地区、各部门、各单位贯彻落实的情况。第五，预测性信息。主要指能预见未来发展变化趋势，为领导决策提供超前服务的信息。

②信息的加工。信息的加工就是对某一类别信息或一定时间内的信息，从总体上进行系统的归纳、整理，分析研究，综合处理，或者从中找出重要课题进行调查研究，最后形成比较系统、丰富的信息。加工后的信息应有利于领导人把握全局情况，有利于领导人发现规律性的变化或倾向性的问题，有利于领导人预测未来，适时做出科学决策。

信息加工包括两个层次。一是对现有网络上的信息和各地各部门提供的信息进行初步加工，称为基础性信息。这类信息只能供接受者了解动态。二是对各种基础性信息进行归纳、综合、分析和调查研究，提出有情况、有分析、有建议、有一定深度的信息。

信息加工的方法有以下几种：第一种是点、面结合法。即把反映同一内容的信息加以集中和归纳，从中找出带有普遍性、规律性的问题，使原始信息增强广度和深度。第二种是定量、定性结合法。即通过对大量的现象及其相互之间关系的科学分析和研究，完整、准确地把握事物的根本性质。第三种是反映、预测结合法。客观事物是发展变化的，因此不仅要提供动态性信息，而且要提供预测性信息。

信息加工的要求是既要有广度，又要有深度。横向综合要有一定的覆盖面，纵向综合则要反映工作全貌；综合处理后的材料要有情况、有分析、有对策或作出事物发展趋势的预测，以供领导人参考。

（3）信息的传递

信息的传递是指把筛选和加工后的信息，通过各种传播途径提供给接受者和使用者。传递是信息工作的衔接手段，它使信息的收集、整理成为有效的劳动。一般而言，信息传递的速度越快，范围越广，信息的利用就越迅速广泛，信息共享的意义也就越大。

信息传递的要求，一要迅速。这是因为信息具有时效性，传递的快慢往往能决定信息工作效率的高低。加速信息传递的方法，一是尽量采用现代通信手段；二是通过建立直接联系点、简化审批手续等方式疏通传递渠道。二要准确。指信息在传递过程中不能失真。信息传递本身具有客观可靠性，即不受传递者的主观随意性的影响。但信息传递又是由人来操纵的，传递什么、不传递什么，受人的主观因素决定；程序操作也由人来完成。因此，稍有不慎，就会导致传递过程失误。减少传递层次，开辟多种传递渠道，是保证信息准确性的重要措施。三要保密。机关中许多信息涉及党和国家的秘密、机关的秘密以及竞争中某些不宜公开的情况，因此要注意保密工作，根据信息内容的秘密程度，选配正确的传递方式，控制范围，勿使外传。

办公室工作人员传递信息要善于抓住几个关键，作为重点，优先传递。

①要抓住领导人决策的“空白点”，即把那些领导人应注意而没注意到且带有一定倾向性的问题，及时传递给领导人，以引起领导人重视，及时进行决策。

②要抓住领导人决策与下属单位或职能部门工作实际的“矛盾点”，即由于领导决策与基层状况不尽相符，决策在基层实施中产生矛盾，难以实施或实施后效果不佳。办公室工作人员应及时反馈信息，以求加强沟通、修正决策。

③要抓住领导人决策在具体实践中的“症结点”。即收集基层组织在落实领导决策中遇到的阻力、困难并分析其原因。

④要抓住政治经济生活中的“敏感点”。即抓住机关工作、生产、生活中存在着的妨害安定团结的苗头性、倾向性的问题，特别是抓住敏感问题、敏感日期等方面的敏感信息，以便领导人及时处理。

信息传递的方式大致有以下几种。

A. 口头传递。是将信息变成语言传递给信息接收者。它具有简单、直接、快速的特点，是文秘人员在单位内部传递信息时常用的一种方式。

B. 书面传递。是将信息变成文字、符号、图像传递给信息接收者。它是传统的信息传递方式，即使实现了办公自动化，仍然有一部分信息靠书面传递。它的特点是能避免变形失真，可进行远距离的多次传递，而且便于利用和储存。

C. 电讯传递。目前办公室的电讯传递，有电话、电报、汉字直拍、传真电报、通信卫星、电子计算机终端设备等多种方式。

（4）信息的贮存

信息的贮存，即将加工处理后的信息保管起来，以便日后发挥其咨询、顾问、参谋、查考以及历史资料的作用。

贮存的方法有书面贮存、声像贮存，计算机贮存。无论哪种贮存，都要求有条有理，排放有序，目录清楚，使用方便。

信息储存分两种，一种是办公室的信息储存，另一种是办公室工作人员个人的信息储存。办公室的信息储存，主要有以下几项工作：分类，即对各种信息按一定的规则进行类别划分；著录，就是对具体的信息资料进行如实的记载，一般按照一定格式，制成分类卡片，用简练的语言填写；建立储存检索系统，使源源而来的信息资料根据这个系统归类存放，需要时按类查找；保管，即加强信息资料入库的存放和保护。

# 第二节 办公室信息沟通的技巧

## 一、说话的技巧

话每个人都会说，但能否说得好，说得准确、生动、吸引人，却不是人人都能掌握的。要提高沟通的质量，就要学会说话的技巧，掌握以下几点。

1. 注意说话时的心态和情绪

掌握会话的技巧，必须在说话时具备良好心态，做到不卑不亢，切忌骄妄和浮躁。只有从容不迫，平静沉着，才能充分发挥出内在的潜能，把所要表达的意思说清楚。此外，掌握会话的技巧，说话者的风格对听者接受和认可所传递的信息也有很大的影响，若亲切和气，言语坦诚，听者接受说话者的观点就比较容易；若是语言生硬死板，态度冷淡，则容易使听者产生反抗心理和抵触情绪。

2. 注意用词的准确性

要掌握说话的技巧，必须具有一定的遣词造句的能力，具有较好的语言表达功底。说话时应该直截了当，用词准确，杜绝使用含糊不清的词语和概念，特别是切忌使用模棱两可、容易产生歧义的语词，要让听者一下就明白你所要表达的意思。

3. 注意语言表达的生动性

对善于表达的人来讲，把握语言的生动形象是十分重要的，好的演说者往往一开口就能把人“抓”住，凭的就是其风趣幽默、抑扬顿挫的表达风格。因此，对每一个想掌握会话技巧的人来说，学会控制语速的变化，做到有张有弛是非常重要的。

4. 注意提高语言的知识含量

要想把话说好，最要紧的还是要从自身的知识修养方面下功夫。比如许多人往往有这样的体会，与一位博学的长者交谈一番，常会感到受益匪浅，常言说“与君一席话，胜读十年书”就是这个意思。因此，要学会说的技巧，多读点书，努力提高语言的知识含量，是掌握说的技巧的关键所在。

## 二、聆听的技巧

要加强信息沟通，首先就必须学会“听”。

对于听力正常的人来说，能“听”并不难，但要注意准确把握听到的内容，理解说话人的意思，从“听”中揣摩对方的意图。聆听的技巧为：

1. 准确把握对方的语言内涵

在通常情况下，办公室人员进行沟通，都必须借助于语言。由于语言只是个符号系统，它仅仅为说话者描述和表达个人观点的符号或标签，本身并没有任何意思。因此，大多数沟通的准确性依赖于沟通者赋予字和词相同或相近的含义，而要做到这一点是相当困难的。其原因在于：

（1）语言是静态的，实际是动态的。行政活动处于实际的运动过程中，而人们用以描述它们的语言则是静态的、凝固的。对于同一种物质不断变化的情况，人们有时只能用一个词去描述，不准确的现象时有发生。

（2）语言是有限的，而实际是无限的。语言是用来指称事实、经验和关系，可是语言直到现在还远不能表达人们想要表达的一切事物。人们经常说某件事无法用言语来表达就是例证。

（3）语言是抽象的，事实是具体的。抽象是语言的重要特性，它帮助人们归纳问题。然而，在抽象过程中，人们总有所选择，有所舍弃，一千个人看《哈姆莱特》就有一千个哈姆莱特的形象。

针对这些情况，对一个好的听者来说，他首先应该静心倾听，力争把对方所说的每一句话、每一个字都听得清清楚楚，然后细心琢磨对方说这些话的主要意图，看话里是否还有话，对方对一些问题的理解和自己的看法主要区别在哪里。同时，应表现出十分真诚和认真的态度，尽量直视对方的眼睛，不随意打断对方的话，当对对方说的意思表示赞同时，应通过点头等动作让对方看到你的反应。当然，要做一个好的听者，自己的内在修养十分重要，良好的涵养能使听者表现得谦逊而有风度，使对方产生一种亲切感，更有利于对方说出自己的真实感受。

2. 努力把握非语言暗示的含义

当人们进行交谈时，常常伴随着一些带有其他含义的动作，如身体的姿势、头的偏向、手势、面部表情和眼神等。研究表明，在面对面的沟通中，仅有7%的内容通过语言表达，另外93%的内容是通过语调（38%）和面部表情（55%）来表达的。因此，对一个好的听者来说，应在用耳听的同时注意用眼仔细观察说话者的表情和动作，体会他究竟要表达什么意思。特别要注意对方说反话的情况，要时刻注意说话者的表情和语言是否相一致。

## 三、处理沟通障碍的技巧

在信息沟通过程中，即使全方位信息沟通网络，有时也难以保证领导者及时、准确、全面地获得各种信息，其重要原因就是信息沟通障碍的影响。因此，为提高信息沟通的效率和效果，必须努力消除信息沟通障碍。

1. 沟通障碍

所谓沟通障碍，就是指那些不利于沟通准确性和时效性的影响因素。常见的沟通障碍主要有：

（1）个人因素

个人因素方面的障碍主要包括有选择地接受和沟通技巧差异两大类。这里，有选择地接受是指人们拒绝或片面地接受与他们的期望不相一致的信息。研究证明，人们往往愿意听或看他们想听或想看的东西，而拒绝不中听的信息。

（2）人际因素

人际因素的障碍主要包括沟通双方的相互信任，信息来源的可靠程度和发送者与接收者之间的相似程度。沟通双方的诚意和相互信任至关重要，上下级之间的猜疑只会增加抵触情绪，减少坦率交谈的机会，也就不可能进行有效的沟通。另外，信息来源的可靠性实际上是由接受者主观决定的，当面对来源不同的同一问题的信息时，人们最可能相信他们认为最诚实、最客观的那个来源的信息。沟通的准确性与沟通双方间的相似性有直接的关系，沟通一方如果认为对方与自己很相近，那么他将比较容易接受对方的意见，并达成共识；相反，如果沟通一方视对方为异己，那么信息的传递将很难进行下去。

（3）结构因素

结构方面的障碍主要是指角色地位障碍、空间距离障碍、组织机构障碍。

①角色地位障碍

一般说来，组织规模越大，成员越多，处于中层地位的人员相互沟通次数增加了，而上下层地位的人员相互沟通次数相应地减少了。

为了减少和消除由地位引起的沟通障碍，高层主管和管理人员应转变作风，破除优越感，增强民主意识，密切联系群众，经常深入到第一线，体察民情，以平等的身份与群众促膝谈心，听取意见，让群众参与重大问题的讨论和决策，促进他们对组织的认同感，使沟通能有效地进行。

②空间距离障碍

空间距离对信息沟通及其效果有很大的影响。一般说来，双方进行面对面的交流，有利于把复杂问题搞清楚，提高沟通效率。如果沟通双方距离太远，接触机会少，只能进行间接沟通，那就很难把复杂的问题说清楚，在组织中，管理人员与第一线工作的成员之间，成员与成员之间存在着空间距离的远近，造成了空间距离对信息沟通的障碍，使他们接触和沟通的机会减少，即使有机会接触和沟通，时间也十分短暂，不足以进行有效沟通。

为了解决由空间距离较远而产生的沟通障碍问题，管理人员应成立和发展俱乐部、兴趣小组、各种形式的协会，通过各种有益活动，缩短成员之间的空间距离，增加接触和交往机会，促进成员之间的信息沟通。

③组织机构障碍

在组织中，合理的组织机构有利于信息沟通。但是，组织机构不合理，机构庞大，层次太多，信息从高层传递到基层既容易产生信息走样，又会使信息失去时效。因为，在信息传递过程中，经过层层甄别、过滤并掺杂大量的主观因素，就会使信息失真。一般组织往往采取金字塔形的结构，并用分工明确的负责制来加以保障，在这种结构中，组织层次较多，沟通常常采取上行沟通和下行沟通的垂直沟通形式。当组织成员用垂直沟通形式进行信息交流时，由于组织层次较多，不但信息传递速度慢，而且在各层次间转送信息时，会丢失一部分信息，层层传递就逐渐减少其准确性。

2. 处理沟通障碍的技巧

在办公室信息沟通的过程中，以下一些方法在解决沟通障碍方面是行之有效的。

（1）提高信息发送者与接收者的素质

信息不管多么重要，都是要由人来掌握的，因此提高信息掌握者的自身素质十分重要。只有当信息的发送者和接收者都具有较高的文化素养和知识水平，都掌握了现代化的信息传输技术，才能在最短的时间内以最好的质量完成信息的传输任务，有效地避免信息的失真和误导。

（2）加强人际交往，建立相互信任与合作的关系

办公室信息沟通是一项涉及许多人的系统工作，它要求在整个沟通过程中保持连续性和完整性，为此，努力扩大办公室人员的相互熟悉和交往，建立彼此间相互信任与合作的关系非常重要。只有相互信任，领导与下属之间才能推心置腹地交换意见，共同为完成组织的使命而献计献策；只有相互信任，同事之间才能友好交往，建立起一种融洽的关系，保证每一项工作的顺利进行。

（3）精简机构，减少沟通层次

根据信息传递链的原理，机构的层次越多，信息的失真率越大。因此，努力减少行政机关的机构层次，简化信息的传递渠道，才能真正做到减员增效，把办公室的信息沟通工作提高到一个新的台阶。

（4）积极开发多种类型的新型沟通渠道

随着现代信息沟通技术日新月异的发展，新的沟通渠道不断涌现。如移动通信和无线寻呼的普及，使人们可以在任何时间、任何地点几乎不受限制地进行信息传递。尤其是随着计算机大规模地进入办公室，使原先需要大量工作人员进行分工合作才能完成的信息收集、处理、储存、传输等工作只要由少数办公室人员通过计算机就能轻而易举地完成。

## 四、沟通联络的控制

信息沟通离不开信息的收集、加工处理以及信息传递，因而对沟通的控制也应从这个方面入手。

1. 信息收集工作

信息收集是进行信息沟通的前提，也是进行管理决策的前提。主要做好如下工作。

（1）在管理中，要收集到及时、有用的信息，关键在于信息员的素质。因此，要提高信息沟通的水平，首先要提高信息员的政治方面、知识方面和能力方面的水平，建立一支反应灵敏的信息员队伍。

（2）在收集信息时，要开辟尽可能多的渠道，力求所收集的信息完整齐备，而且，在疏通这些渠道时，又要求树立全面观念、政策观念、时效观念和求实观念。

（3）信息收集工作要求信息来源真实可靠，原始记录准确无误。切忌使用模棱两可的信息。

（4）在信息收集过程中，常常会遇到“报喜易、报忧难”的情况。因此，对信息收集工作进行控制的关键是如实报告。

2. 信息加工处理

对收到的信息进行加工处理也是对信息沟通进行控制的一个重要环节。而且，只有通过加工处理过的信息，才能进行传递。

（1）信息的加工处理必须遵循准确、及时、系统和对实际工作具有指导意义的要求。

（2）在对信息进行加工处理时，要依据其来源、时效的不同，归纳处理，以提高工作效率。

（3）对信息加工处理的反馈。这是确保信息准确性的一条可靠途径。这种反馈是双向的，即下级主管部门经常给上级领导提供信息，同时接受上级领导的信息查询，上级领导也要经常向下级提供信息，同时对下级提供的信息进行反馈，从而形成一种信息环流。

3. 信息传递的控制

信息的生命在于传递。所以，要有效地控制信息沟通，必须努力做好信息传递工作。

（1）信息传递要贯彻“多、快、好、省”的原则，这是一般要求。在信息传递中，这几方面互相联系，互相制约。

（2）传递信息要区分不同的对象，选择信息传递的目标，确保信息的效用。同时，在提高信息传递的针对性时，注意信息的适用范围，考虑到信息的保密度，防止信息大面积扩散、泛滥。

（3）要适当控制信息传递的数量，但要注意信息过分保密和随意扩散的倾向。

（4）要控制越级传递和非正式渠道的沟通，尽可能地使之成为对层层传递和正式沟通渠道的补充，共同完成组织目标。

## 第三节　办公室信息沟通的输入与输出管理

### 一、信息的输入管理

1. 信息输入的途径

办公室信息的输入，主要有以下几类途径。

（1）上级部门下发的正式文件

这类正式文件的种类十分复杂，包括上级党政机构正式下发的各种文件；中央和地方各级行政机构正式发布的命令、指示、决定、决议、通告、布告、公告、通知、通报以及有关部门颁布的法令、规章、规则、规定、条例、章程等等。

（2）下级部门呈送的各类文件

这类文件主要包括下级机关、一般工作人员或公民上呈的报告、请示、报表、建议书、意见书、申请书、请愿书、群众来信等等。

（3）同级部门传递的有关文件

这类文件主要包括相互间没有隶属关系、同级部门或不属同一级部门之间的行文。

（4）本部门自行获取的有关信息

这主要涉及本部门参加各种会议获取的有关信息；从报纸、广播、电视及各种新闻媒介获取的信息；通过办公室人员亲自到基层采访和调查获得的第一手资料，有关部门和人民群众反映的各种情况等等。

2. 信息输入的管理

办公室信息输入的管理，主要涉及如下两方面的工作。

（1）切实保证收文制度的有序进行

办公室的收文程序包括签收、拆封、登记、分发、传阅、拟办、承办、催办、注办、清退、归卷等内容；围绕着这一过程，应建立起各种有效的文件管理制度，主要包括文件的制作和监督制度；文件的登记制度；文件的清退制度；文件的存放保管制度以及文件的保密制度等。不少办公室由于收发文的数量繁多，内容庞杂，种类有别，往往呈现出复杂零散的状态，针对这种情况，应该按一定的原则把纷繁零散的文书材料整理成系统有序的分类案卷，以方便有关人员的查找和使用，同时为有价值的文书资料的存档做好准备工作。

（2）切实搞好原始信息的收集和处理工作

办公室信息的获取，除了被动地接收正规渠道的信息外，还应该积极主动地采用信息开发的方法，通过观察、发掘、试验、加工及改造等活动，利用自然、社会和思维领域里的资源创造出各种新的信息。信息开发成功与否，离不开办公室人员主动性、积极性和创造性的发挥。常用的收集原始信息的方法有常规性开发和创造性开发两种，具体来说包括专业实践、有偿征集、定点收集、采访阅读、信息追踪、解剖分析、捕捉机遇、推理加工等等。由于许多原始信息中包含着大量虚假的、错误的成分，必须对其进行认真的加工筛选才能获得真正有用的信息。加工处理的方法具体包括分类、比较、分析、判断、综合、统计、编制等步骤，保留有用的信息，剔除陈旧的过时的部分，并同时对其进行归纳分析，把有用的数据资料加工成能综合反映事物总体特征的信息，为办公室工作人员服务。

## 二、信息的输出管理

1. 信息输出的途径

办公室信息的输出，主要有以下几类途径。

（1）向下属部门发文

这类文件的种类根据办公室自身的地位及特点而定，一般包括决议、决定、通告、通知、通报、规章、规则、规定等等，主要任务是指导下属部门有效地开展各项工作。

（2）向上级部门作汇报和总结

这主要包括各类报告、总结、检查、调查报告、情况汇报、请示、报表、建议、申请等等，这些汇报和总结能保证上级部门及时了解下级部门的情况，发现问题并及时加以解决，从而对下级部门的工作进行有效的监督。

（3）向同级部门发出的函电等

为了加强与同级部门的联络，办公室常常需要向有关部门发出信函，用来通报情况或解决问题，办公室也常常通过电话和传真等方式，与同级机构保持密切的联系，以保证工作的顺利进行。

（4）通过新闻媒体或其他途径输出信息

办公室常常会通过新闻媒体，向社会大众直接传达有关信息，并可能收到较为强烈的社会反应；有时，办公室也通过各种会议的方式向上级主管部门或下级部门通报情况，传达文件精神，研究和讨论问题等。目前，通过现代化的通信手段，如微波、通信卫星和计算机网络输出信息已成为办公室信息输出的新课题。

2. 信息输出的管理

办公室信息输出的管理主要涉及如下几个方面的工作。

（1）切实做好办公室的发文工作

办公室的发文程序包括拟稿、审核、签发、缮印、校对、用印、登记、封发、注发、归卷等，这些工作是由办公室内的收发人员、文秘、打字文印部门以及办公室领导人员分工负责、共同完成的。办公室的发文工作要求做到：拟稿时根据实事求是的精神如实汇报，制止虚报瞒报的错误发生；拟好的文稿应通过严格的领导审批程序，杜绝不负责任的乱发文现象；文稿的缮印和校对工作力求清晰准确、精益求精；文稿的分发工作要求耐心细致，避免遗漏。

（2）扩大信息输出途径，提高信息传送效率

对于办公室现已掌握的信息来说，如何使它们物尽其用是一个十分重要的课题，办公室人员应根据行政决策需求的前后次序和轻重缓急，把有关的信息及时传递给行政领导者和决策者。对各种信息的输出，要求办公室人员做到及时、准确、真实。传递的方式可以多种多样，随着现代通信技术的进步，更先进的传递方式不断地运用到办公室信息的输出过程中，如可视电话、移动通信、计算机网络等等，所有这些传输方式皆应本着迅速高效的原则加以运用，以保证信息传送效率的提高。这就要求办公室人员学会并熟练掌握新的信息传递方式、技术和业务，从而保证信息传递的时效性和高质量。

## 第四节 办公室关系协调的基础

### 一、协调工作的含义与特点

协调就是沟通信息，通报情况，解决矛盾，从而取得最佳工作成果和社会效益。协调是办公室的主要职能之一，这是由其所担负的任务和它在整个行政组织系统中所处的特殊地位决定的。

办公室协调工作具有下列特点。

1. 广泛性

协调工作往往涉及各个方面，横向有部门与部门之间的关系，纵向有部门与领导、群众与部门、群众与领导、上级部门与下级部门的关系。协调工作所涉及的问题，有现实的问题，又有历史的问题，有牵扯面较宽的政策性问题，又有牵扯面较小的是非性问题。总之这些问题多呈相互交错、纷繁复杂、涉及面宽、牵扯部门多等特点。有时候当领导与领导之间的意见不一致或分别做出某些互相矛盾的决定时，往往也需要办公室进行沟通。此外还有办公室内部的协调，内容也是多方面的，包括任务协调、思想协调、职权协调、利益协调，等等。

2. 变通性

协调和协调工作的变通性是指它是原则性和灵活性的辩证统一，是创造工作的具体表现。协调的原则性是指对于一切危害全局，影响整体优化效应的思想、言行必须予以严厉的批评，切实地加以纠正，不得姑息，更不能怂恿，但原则性和灵活性都不能过了头，否则不但协调不起来，而且还会出现更为严重的失调，甚至导致整体的分崩离析。协调的变通性，通常表现为在保持整体效应的前提下，在条件允许的范围内，有关各方作出相应的妥协或让步，满足一部分的要求和利益，以使一些利害攸关、影响全局的关键问题得以顺利解决。西方管理学者们认为，真正的灵活性表明了一个人因为知道了一些东西，找到了更好地贯彻原则的方法而改变主意的能力，也就是说，最好的变通性就是创造性地发现或提出可以同时满足整体利益和各单方利益的协调方法和方案。

3. 权威性

协调要有权威性，没有权威性，协调就形不成结果，或虽有结果但不能贯彻到底。没有权威性，各部门就会各自为政，自以为是，有令不行，有禁不止，遇事互相推诿，出了事互相指责，整个单位就如同一盘散沙。

4. 服务性

协调本身是一项服务性很强的工作，一方面是围绕政策、围绕领导服务，根据领导的旨意和政策的要求去协调以求得步调的一致；另一方面是为基层服务。基层往往面临难以克服的困难，因此，常以协调的方法调动有利的积极的因素帮助基层克服困难。

5. 保证性

协调和协调工作是工作目的或管理目标得以顺利实现的重要保证。在现代社会大规模的建设发展中，在大范围的联合攻坚过程中，各种纵横配置的关系、矛盾更加复杂，协调的任务更多，担子更重，意义更是较前深远得多。因此，现代管理学提出，在管理活动中，第一要做的是确定科学可行的目标体系；第二要做的就是贯穿管理全过程的极其重要的协调和协调工作。很难设想，在一个没有协调的组织系统中，该组织系统能够发挥出最优化的整体效应。所以，协调和协调工作在机关管理活动中，始终保证着工作目标的实现，以及工作机器的正常运转。

6. 复杂性

一般情况下，协调工作的性质，所处的环境、条件、时间、承办的部门、人员等诸多因素只要有一项发生变化，其协调的方式、方法及结果就可能迥然不同。同样表达一种协调的意见，一句不同的话可能使人心情舒畅，也可使人满腹怨气。同样一件事情，有时要热处理，有时要冷处理。对不同的对象，有的需要情感激发，有的需要理性启迪，有的需要批评帮助，有的需要表扬激励。以上这些都体现了办公室协调工作的复杂性。

7. 时间性

在竞争日益激烈的今天，时间作为效率的重要内容越来越为人们所重视，现实生活中由于工作推委扯皮得不到及时协调解决而造成重大损失的教训是不少的。适时、及时，就是协调时间性的内涵要素。没有时间性的协调就是一种无效的协调。

## 二、协调工作的要求与类型

1. 要有把握全局的综合素质

不仅要了解各部门的工作性质、任务、特点和规律，懂得综合管理知识，对全局情况心中有数，还要有良好的个性修养，过硬的调研本领，敏捷而周密的思维能力，宽容谦和的处世态度等。

2. 要有承担责任的勇气

对工作敢抓、敢管、敢负责，对看准的问题要一抓到底，雷厉风行，令行禁止。

3. 要有良好的工作作风和献身精神

要能够吃苦耐劳，做到眼勤、手勤、腿勤、嘴勤、脑勤，勤勤恳恳为领导、为部门、为人民群众服务。要能够正确对待名利，甘当无名英雄，有时还要经得起各种误解和委屈。

4. 要有较强的判断能力

要想协调准确，必须判断准确，有些时候一步失调就可能给全局造成重大损失。

5. 要有和谐的人际关系

人际关系不好，难以进行协调，有时还会将一些问题复杂化，好的人际关系可以使协调人面对复杂情况周旋自如、游刃有余。应当善于团结人、关心人、支持人，使人感到可亲、可信、可敬。

6. 要有灵活多样的协调办法和技能

善于因势利导、因地制宜、因人制宜、以变对变、变中求成。

协调按工作范围和涉及的关系可划分为如下种类。

1. 按协调工作的范围分

（1）战略协调

战略协调是一项复杂的工作。不仅指较大区域或较高层次、较高机关所应考虑的发展战略，也包括一般的企事业单位对自身发展长远规划的考虑。任何战略发展规划都必须与国家或一定区域的总体发展战略相协调。办公室必须协助战略决策者和战略发展规划制定者，对战略规划讨论中出现的各种方案进行分析，对各种看起来矛盾而实际上都可能相互补充的意见进行综合协调。

（2）政策协调

政策协调是指办公室在政策制定中的协调工作和政策本身所具备的协调性。一般地说，政策的制定与办公室尤其是政府一级的办公室关系十分密切。而且办公室的层次愈高这种关系就愈密切。一项政策应该既具备全面性，又要有针对性；既有原则性，又要有一定的灵活性。因此在制定政策的过程中，办公室必须协助领导人和有关职能部门对政策所规定的各项内容之间的关系、对政策所涉及的各种关系的处理、对该政策与其他政策之间的关系进行协调并利用政策本身所具有的协调性有效地协调有关单位的活动，从而避免先后制定的政策彼此矛盾和有关单位在执行同一政策的过程中发生矛盾，造成实际工作的混乱。

（3）事务协调

这是对各部门各单位日常事务进行的协调工作，特别是在各级政府工作部门，经常要遇到由于机构设置不当、职责分工不明确或处理问题的角度不同而引起矛盾。这种矛盾，往往由办公室进行协调处理。

（4）计划协调

办公室的计划协调是在行政领导机关制订和执行行政工作计划、企业发展计划、事业发展计划时所进行的协调。一般地说，制订这些计划时，应考虑到区域性工作目标和本单位长远规划是否一致，这就需要对工作的轻重缓急的安排进行协调。此外，上级领导机关对下属各机关和单位的工作计划也要从全局出发，统筹协调。因此，当这些计划经各业务部门初步拟订后，在送领导审定前，办公室应会同有关职能部门，对其中需作协调的问题，逐一准备好协调意见，提供领导审定。计划在执行过程中，往往受到财物、环境、人员等因素或全局性工作变动的影响，需要及时对这些相关因素进行协调。因此，办公室应该常与有关业务部门联系，注意各种因素的变化，及时协调解决计划执行中产生的新问题。

2. 按协调涉及的关系分

（1）上下关系的协调

指本单位与上级领导机关、本单位与下属单位或部门之间的关系协调。由于职责不同，角度不同，认识不同，在工作中产生矛盾是不可避免的。这就要求办公室人员积极主动地搞好他们之间的协调工作，运用各种手段，沟通信息，疏通渠道，对上情要及时下达，下情应迅速上报，不拖延积压，贻误时机，力求理顺关系，化解矛盾。

（2）左右关系的协调

它包括两个内容：一是协调本单位各部门之间的关系；二是协调本单位与有关单位的关系。实践证明，哪里的横向联合搞得好，哪里的经济就有活路，改革就有起色。它们之间是相互联系、互为条件、相互制约的。在协调时，一定要注意平等协调，以诚相待，力求做到互相支持，互相配合，协调一致，同舟共济，使整个单位的目标高效率地实现。

（3）局部与整体关系的协调

当局部与整体出现暂时的矛盾时，上级领导机关要总揽全局，考虑到各方面的制约因素和实际需要与可能，做耐心细致的工作，设法解决这类矛盾。下级单位，也应尽最大努力，千方百计排除障碍，主动地使自己的工作服从于整体，协调处理好局部同整体的关系。

（4）领导人之间关系的协调

在领导班子中，需要经常沟通情况，疏通意见，避免互不通气，形成隔膜，有碍工作。这当中文秘人员是一个很好的“中介体”，起传导、纽带作用。特别是在领导班子人数较多，不可能经常碰头的情况下，更要注重这种作用。如主要领导人或主管领导确定的一些较大事项，签发的一些较为重要的文件，需要其他领导周知的，文秘部门就要及时分别汇报，便于各位领导及时了解全面情况；有些重要会议，有些领导因事、因病未能出席的，文秘人员也要注意事后把记录送给他们阅知。在领导人之间，如有些事处理不当，还会影响领导人之间的团结。因此，文秘人员要从维护领导集体的团结出发，积极地、灵活地、稳妥地做有利于缓和矛盾、增强团结的工作。

（5）业务关系的协调

一些部门单位邀请领导参加会议和社会活动、接待有关人士，哪些该参加，哪些不该参加，哪些领导应参加而因某种原因不能参加，如何替代等，办公室也要做好这方面的协调。

（6）内部关系的协调

办公室内部，如同一个“小社会”，人员有各自的分工，若要做到从整体上像一部机器那样不停地运转，调动起各方面的积极因素，既能明确分工，又能密切配合，互相弥补各自工作的不足和遗漏，这就需要协调。这是一种自我协调，以便保持机体经常处于最佳状态。

（7）工农、城乡关系的协调

包括工农业相互支援、城乡物资交流、城乡环境污染的治理、城乡建设与农村土地征用等的协调。这些关系的协调有时候很复杂，要从党和政府的方针、政策以及巩固工农联盟这个政治大局出发，既要考虑到城乡区别，又要考虑到发挥城市的辐射作用和调动农村支援城市的积极性。

（8）军政、军民关系的协调

人民解放军有着拥政爱民的光荣传统，地方政策和人民群众也有拥军优属的传统作风。地方要主动搞好部队生活物资供应，安排好部队家属就业和子女上学，安置好转业和复员退伍军人；部队也要发挥自己的优势，为地方的建设事业贡献力量。要搞好军民共建文明活动，并在其他一些方面协调好军政、军民关系。

## 三、协调工作的方法

1. 一般方法

（1）从协调的种类看，可分为：

①磋商法

如果要得到多个部门的认可，就要采用这种协调方法。如拟在市区某街某巷开设一个农贸市场，就需得到公安、交通、工商、城建等部门的同意。当某部门有阻力或意见不统一时，办公室要做好疏导工作，力求解决问题，实在行不通时，可向领导说明情况，采取新的措施。切忌把一时办不成或个别部门有不同意见的事，搁置一边，长期拖延下去。

②程序法

对于一些反复出现的问题的处理，通常是在问题刚出现时，予以认真研究，严格按有关政策拿出正确的处理意见，制定出标准的处理程序。以后出现类似的问题时，一般可按标准程序办理。

③相机法

对于一些特殊问题，由于它本身的不确定性、突发性，甚至带有某种程度上的单一性，就不能要求有一种固定不变的协调方法。解决这类问题只能根据不同的实际情况，采取不同的方法，赶赴现场见机行事，临场处置。通常是报告上级、建议领导联合办公或到现场调查，或提出派遣工作组的要求，并拟定成员名单。

④会议法

大多数会议都属于协调工作的范畴，一种情况是领导对大的政策性方向性问题阐述自己的意见，以求对协调问题的有效解决。这要求办公室就有关问题事先或进行周密调查，或请有关部门协商，或拟出若干方案多方面论证后，提出切实可行的处理意见，供会议研究决策。另一种情况是由办公室牵头约请各与会者协调，拿出方案后报领导阅示解决。

（2）从协调的程序看，可分为：

①调查研究

深入实际调查研究，是具体明了协调问题的基本途径。盲目拍板、轻率决策，解决不好也解决不了需要协调的矛盾是非。比较可靠的办法，是在接触需要协调的问题后，及时进行调查研究，深入到具体事务之中，弄清来龙去脉，情况明了才能提出解决办法，为最终决策打下基础。

②听取意见

协调过程必须听取各有关方面意见，借以交流思想，沟通信息，互相了解。听取意见可以单方面背靠背地进行，也可以多方面面对面地进行。听取意见就是要给各方面提供申明己见的机会。事先要给予准备时间，以利把各种因素或情况都了解透彻，为最后解决问题提供根据。此外，还要注意听取下级有关单位或有关地区的意见，把上下意见分歧焦点尽可能同时反映上来。收集、了解各方面的意见，既有利于部门之间统一思想，又有利于协调结果的贯彻执行。

③分析论证

在协调重大问题中，必要时对提出的解决意见要进行分析论证，进一步弄清其可行性和利弊，为最后决策提出可靠依据。分析论证可以说是决策设想的决定过程、选择过程，也是达到最后决策的转化过程。采取这种方法，可在协调会议之前，结合调查研究同时进行准备，一般在协调会上进行。

④作出结论或仲裁

协调过程中经过调查研究、分析论证，各方面达到了思想认识一致，或者客观条件成熟，矛盾可以得到解决，就应该通过共同参加的会议提出结论意见，进行最后决策。也可以在查明事实、分清责任之后，根据有关政策、法令、规定等立即进行裁决，具体明确解决办法，使协调的问题得到最后解决。

协调或仲裁之后，如果各方面都能接受，那么就可视为协调工作结束。其后便是督促各有关方面按协调结果贯彻落实。如果有一方或双方有不同意见，也可暂停协调工作，允许另作酝酿，待条件成熟后，再进行协调或仲裁，真正做到民主决策，便于实施。有的事项关系重大或比较紧迫，不容延缓，或一方或双方尚有异议，但须根据法规和政策及时作出结论，报经领导批准后，果断予以处置。

⑤及时请示汇报，按领导意图进行协调

在整个协调过程中，进行协调的工作人员要及时向领导请示汇报，以便得到领导的支持和指导。特别是领导直接交办的协调工作任务，要把协调中各方面的矛盾、不同意见、困难或问题，随时向领导汇报。同时，提出解决各种矛盾、问题的意见，供领导人决策参考。然后按照领导的意图，继续做好协调工作。需要注意的是，在协调过程中如果发现客观情况跟领导原来掌握的情况不一致，必须把客观的实际情况如实向领导反映，从而保证领导决策符合客观实际。

2. 特殊方法

（1）文件会签法

文件会签法是一种提高文件质量和效益，增强文件的严肃性、权威性和可行性，顺利推进工作的方法。文件会签的方式有三种：

①会议会签。就是将有关单位集中在一起开会。

②专业会签。就是对一些专业技术性较强的文件，采用专业会签进行协商。如订立合同，甲乙双方或一方往往不是一个公司，而是几个公司联合。因此，在拟订合同草案时，必须要在各方认可的基础上会签，这样便于执行和检查。

③信函会签。就是对涉及范围广，又不急于下发的公文，采用信函会签，可以把初稿打印若干份，附上要求，寄送有关部门征求意见，这样，文件下达后，有助于按文件执行。

（2）冷、热处理法

同样一件事，有时需要热处理，有时需要冷处理，应视不同情况而定。冷处理法，就是遇到激烈的矛盾冲突时，先缓和紧张气氛，然后再作处理。另外，一些不协调现象的产生与发展直到暴露总有个量变到质变的过程，协调工作必须紧紧地跟上去。要防止矛盾的继续激化，不要等撞了车、卡了壳才去解决。如有些事情不宜降温和冷加工，就必须雷厉风行，及时处理。这样才能把矛盾消灭在萌芽状态。

## 第五节　协调工作规范操作与技巧

### 一、开会过程中的协调

各级领导的工作会议是协调工作的重要方式。文秘部门和文秘人员可将需要协调的事项、要求、办法等提出方案交会议审议，通过会议作出决定，协调有关方面的工作。接受领导同志委托，召开协调会议，部署、检查工作，也是当问题涉及多方面时常用的方法。召开这种会议重在统一思想认识，如需作出决定，仍应提出方案交单位领导审定。座谈会、情况交流会等也是可以运用的方式。

1. 会议的时间、地点以及列席人员的协调

开会协调工作的原则是保证会议能够圆满地完成预期任务，达到预期目的。因此，会议时间主要应根据会议的内容、议题和文件材料的准备情况，以及与其他会议和其他更重要工作的统筹安排而定；会议地点的选择主要根据会议的内容、与会人员情况来进行选择，还应当充分考虑到交通、通信的便利与否，以及是否有利于节约会议开支、是否有利于精简、是否有利于保密等原则。

2. 会议议题的协调

议题协调是会议协调工作的重点。什么时间在什么情况下需要召开什么会议，讨论什么问题，需要文秘部门与有关领导和有关部门精心设计，反复协商。会议议题的协调包含三种情况，一是按照领导批示的会议议题同有关方面协调，进行充分准备，凡涉及几家的内容，会前要协调一致；二是根据党委的中心工作由文秘部门主动提出会议议题，报请领导同志批准后上会；三是一次会议提出几个议题时，要按照轻重缓急充分协调后确定讨论次序。无论哪种情况，会前都需要文秘部门经过反复协商确定。

3. 会议的时间、地点和出席列席人员的协调

领导确定开会以后，在会议的时间、地点和出席、列席人员的细节安排上文秘部门要注意协调。总的原则是利于会议开得卓有成效。会议时间，要根据会议内容和会议文件准备情况而确定；会议地点要根据会议内容和与会人员情况来作合理安排。会议的出席、列席人员的协调工作比较复杂，总的来说，应遵循有利工作、有利精简、有利保密的原则。

4. 会议纪要的协调

会议议决以后，往往要用纪要的形式记载下来并传达给有关部门去办。涉及几个部门的决定事项，如想一切顺利和增加领导决策的可行性，就要先与有关部门协商一致后再写进纪要里去。

5. 决定事项落实的协调

会议议题讨论决定后，协调人员就要将议决事项传达给有关部门，并将有关部门的落实情况再反馈给决策机关。这种协调也是一种督办性质的工作。

## 二、计划制订工作中的协调

办公室进行制订工作计划中的协调，是指制订各项行政工作计划时的协调，它和国民经济计划部门的计划协调工作有着不同的对象和内容。

行政管理机关的行政工作计划是整个行政工作的总体部署，具有全局性和指导意义。各专业行政管理部门的工作计划，必须与总体计划一致起来。因此，在制订

部门计划的时候，必须经过综合部门办公室的统筹协调，对已列入总体计划，但部门拟报的计划中未列入或轻重关系处理不当的内容，办公室要及时进行必要的补充和调整；对部门计划中与总体计划有冲突的部分，办公室要及时向有关部门提出，使其进行必要的修改；对总体计划中确定的需几个部门协同完成的任务，办公室要出面与各方通气，做好必要的协调组织工作，使其相互衔接起来。通过正确地制订部门计划，使总体计划层层分解，各项任务都有具体的承担者，做到各项部门计划能够为总体计划提供组织措施上的可靠保证。

计划协调工作贯穿于计划的制订和执行的全过程。在实际工作中，计划的变更是常有的事。行政管理工作是一项复杂的系统工作，社会经济生活每时每刻都在发生着变化，每一局部的具体变化，都会对相关因素和全局带来一定的影响。要适应这种变化，必须随时对计划进行修改，并对相关因素进行协调。

在计划执行过程中，由于各部门之间工作上的协调不够而发生矛盾，也是常有的事。有些矛盾，可以由部门自己经过协调解决，而有些矛盾比较复杂，部门之间自行协调有一定困难或不能达成一致意见时，应需要办公室出面协调。在这种情况下，办公室要听取各方面的意见，作出符合实际的、各方面都能够接受的裁决。其中，有的裁决意见，要请领导批示，然后再交由各有关部门执行。

## 三、制度协调与公务协调

各综合部门的办事效率，往往是由其所制定的各项制度作为保障和基础的，这些制度是否规范、科学，其联系性和统一性怎样以及其执行情况等等，对该部门效率有着直接的影响。这些制度从制定到执行直至完善都需要办公室进行协调。

办公室对本部门制定制度的原则要明确，既要符合现代化管理的要求，体现新的水平，又要考虑部门现状，在实践中能够行得通。有些制度需要办公室亲自拟定，大量的还需要由各相关处室制定后，由办公室去协调衔接。各级部门大体需要制定的制度，包括：议事制度，主要是解决领导决策方面的制度，包括领导集团的议事规则、表决程序等；办事制度，主要解决好决策之后的各项决议、决定的执行、落实问题，包括办文、办会、函电处理、信访接待等方面的工作程序、工作规范问题；约束制度，是对集体和个人行为的一种规范，像职业道德规范、文明办公规范等；保证制度，包括思想工作制度、后勤管理制度、监督检查制度等。为了协调衔接好这些制度，使之成为提高该部门效率的科学规范，办公室要制定专门的协调制度，协调制度包括各种联系制度，如联席会议制度，情况通报制度等，要求各相关处室和部门严格遵守协调制度，把整个机关联为一体，充分发挥整体功能。这项任务主要靠办公室来做，办公室要经常地进行制度方面的协调，并在实践中对各项制度不断完善，使之更加趋于科学化、规范化。

公务协调主要是指根据领导的意图，平衡各机关、各单位、各部门之间的会议安排、资料提供、工作和生活保障以及行政管理事宜等。此外，还有领导同志临时交办的协调工作任务。这一般是因为有些工作涉及许多部门，一个部门不好办理；或者事情比较复杂，需要共同研究，或者因为认识不一致，有必要统一认识；或者因为办理重要的议案，需要缜密地研究解决办法。在这些情况下，往往需要办公部门牵头，加以协调。

做好这项工作，大致要注意以下几点。

1. 建立制度

以一个省的政府机构为例，有如下一些制度。

（1）各部门召开解决本部门职权范围内问题的会议，不要申报用省政府名义召开，如确需以省政府名义召开，须报经省政府批准。

（2）要加强会议审批管理工作，凡可利用文件、电话、传真、电视、报刊等手段解决的问题，就不集中召开会议。可开可不开的会一律不开。

（3）省政府召开的会议或以省政府名义召开的会议，由省政府办公厅提出省政府领导出席会议的建议，报省政府秘书长安排。各部门召开的会议，不要邀请与工作内容无直接关系的省政府领导同志参加。确需邀请时，一律报省政府办公厅，由办公厅承办。

（4）省直各专业部门的业务会议一般不通知各地、市、县的专员、副专员、市长、副市长和县长、副县长出席。如确需地、市、县政府负责人参加时，须报经省政府常务会议或省长批准。

（5）严格控制剪彩和庆典活动。安排有特殊意义的大型庆典活动，须经省政府批准。各地区、各部门、各单位也要严格控制这类活动。举办此类活动时，一般不要邀请省政府领导参加。如确需邀请，应按程序报批。

2. 灵活掌握

有以下几种情况要商请有关领导人出席：

（1）上级部门派相当于本级领导级别以上的领导同志前来出席的；

（2）全国或全省统一部署的某项活动；

（3）对中心工作有重大推动作用的专业会议；

（4）在全国、全省工作突出、影响大的业务活动。

3. 勤于沟通

协调工作的随机性与广泛性决定难以避免经常遇到特殊情况。办公室要仔细听取有关部门和单位提出的要求和意见，拿不准的，要与主管领导沟通，取得一致意见后再做决定。参加某项活动的领导确定后，仍难免有许多特殊情况，如某领导临时不在或有重要任务不能出席，要再次沟通和再次协调。

## 四、情况协调与面商协调

情况协调就是常说的“通气”工作。通气要恰当，既不能不通气，也不能无原则地乱通气。如，文秘部门和文秘人员要及时、连续地把新学科知识，社会主义建设中出现的新事物，上级的指示、设想，有关的规章制度、重要历史资料、当前国内外有关信息，本单位的工作进程、有关单位的重大活动、工作部署后的情况反馈以及工作、生产表报等文化材料，向领导同志、向有关部门和所属单位进行通报。

不涉及多方，或虽涉及多方但不宜于以会议方式协商的问题，可以面商协调。向领导同志口头汇报各部门工作动态，会议情况，也属于这种方式。

文秘工作人员应具有强烈的协调工作意识，除首长授权进行的协调工作外，还应在日常的文电处理、值班、内外接待、信访、调研、信息等工作中，注意按照党和国家的方针政策、法律，帮助领导协调内外工作。

## 五、公文处理工作中的协调

公文协调是办公室文秘部门常见的一项工作，从公文的起草到发出，每个步骤都需要进行协调。

1. 公文的会签

凡联合发文都必须履行会签手续，各主办单位负责同志都要签字方可生效。有时虽不属联合发文，但文件涉及面广，虽然有些问题可以在会稿时解决，但因会稿各职能部门责任较小，比较重要的公文还要履行会签手续。例如，涉及计划、财政、基建、物价、外汇、机构设置、人员编制等问题时，个别职能部门往往强调本部门的特殊性，提出一些利于本部门而不利于全局的问题，有的甚至违背国家有关规定的要求。如不事先协调，文件发出后有可能行不通。对这种情况，办公室要特别注意协调有关职能部门的意见，必要时还可约请有关职能部门的负责同志带上有关文件协商，待意见统一后再报请主管领导审定。

2. 草拟文稿的协调

起草文稿，要按领导意图办事，准确地把领导意图传达给起草人，并组织他们认真地学习、研究和协商。对于那些涉及人财物问题的文件，起草时需把有关方面召集起来共同商量，把问题解决在动笔之前，经过协商，草拟文稿也就有了基础。

3. 发文的协调

办公部门在拿到要求发文的稿件之后应当做认真地分析研究。通常会遇到的问题是：

（1）这份文件是否有发出的必要性，要发的话，应该以何种形式发。

（2）文稿的内容是否有与有关方针、政策和规定相悖之处，是否有与其他部门的规则不一致的地方，是否存在与本单位过去的规定前后矛盾的地方，是否有与本地区、本部门、本单位的实际不相符的地方。

（3）文件内容涉及用钱、用物、调人或成立机构的，或涉及其他部门职权的，是否与有关部门协商、会签。

（4）是否确需联合发文，是否需要重新发文。

（5）文稿在技术方面还存在什么问题，对于这些问题，核稿人员都要与拟稿人、主管人和有关方面进行协调，应当不发文的坚决不发，应当修改的坚决要修改，不管作出什么处理，除非纯技术性问题的处理，都必须将协调以后的意见，报告主管领导人定夺，主要事务不可自行做主。

4. 文字和文书规范的协调

下级机关呈送上级机关的文件是否符合文书处理的规定，上级文秘部门具有检查把关的责任。如发现有文字错误或不符合有关文书规范的地方，文秘部门要与有关呈文部门协商，进行修改，重新报送。在本系统之内，主要通过拟订计划、制定制度，集体审修文件统一各部门认识，协调各部门的行动。专函征求意见也是可行的方法。与友邻部门的协调，可以征求文稿意见的方式进行。会签文电既是各业务主管部门行使职权的程序，也是一种工作协调方式。在领导同志之间，可以通过送阅会议决议、工作日志、传阅各自签批的文电和通报各自处理工作的概况进行协调。

5. 对程序逆行的文稿处理

公文逆运转即未经审核先行签发，这是当前公文处理中时有发生的问题，需要加以妥善协调解决。首先要主动地宣传，使领导和各部门都了解公文处理的有关规定，请领导同志把未经核稿的文件退给办公室核稿后，按程序签发。其次要主动协调，除坚持该发的文件经过核稿报领导签发，不该发的文件建议领导坚决不发外，还可采用其他的变通办法。如有的文件不宜行文，但有一定的参考价值，可建议以部门名义行文或发内刊等等。其次，对已经程序逆行的文件，必须按照核稿要求认真核稿，并对文件内明显的问题提出修改意见，重新报领导审查签发。如果是可改可不改的问题，就不再改，文字技术方面的问题，如改动较多也应上报重签，或报部门领导签发。

## 六、协调工作的六字要诀

有人曾把协调工作概括为六字口诀，下面我们一一说明。

1. “硬”协调

就是指运用行政法规组织协调，规范和约束各方的行为，使之步调一致，行动统一。其显著特点是具有强制性和约束力。任何协调都要有一定的依据，并在一定的幅度之内，离开党和国家的方针、政策、法规、制度和法令条例进行协调，就失去了依据和尺度，处理矛盾时就容易发生偏差。

办公人员在进行“硬”协调时，首先，必须“吃透两头”，对上级的方针政策、法令条例和规章制度做到“烂熟于心”；对下面的不协调因素和症结做到“了如指掌”。其次，必须坚持原则，一碗水端平，严格按照有关政策法规办事，不能感情用事，有亲有疏，以维护政策法规的严肃性。再次，要“拾遗补阙”，善于从重复出现的不协调问题中发现机构设置、职责分工、政策法规方面的弊端，适时向领导提出建议，改革不合理的机构，建立岗位责任制，修订和完善政策法规，堵塞各种漏洞，防止有人“钻空子”。

此外，办公人员在运用“硬”协调时要特别注意：“硬”是指政策法规本身所具有的强制性和权威性，绝不意味着办公人员在协调时可以态度生硬、以势压人。

2. “软”协调

指运用道德舆论的力量、思想工作的威力和协调处理的方法，说服各方顾全大局，发扬风格，团结互助，步调一致。“软”协调的特点是思想领先，启发自觉。

办公人员在运用“软”协调时，必须采用协调的办法，以“参谋”的姿态出现，不要摆出法官的架子，有些办公人员对协调对象指手画脚，总想把自己的意见强加于对方，其结果是协调对象不买你的账，并以“这不是我们的职责范围”为由，使你束手无策。相反，如果我们尊重对方，商量办事，往往可取得事半功倍的效果。

3. “冷”协调

指运用“冷”处理的办法解决矛盾。这种方法适用于人际关系的协调。“冷”协调的特点是避其锋芒，以柔克刚，“后发制人”，达到协调目的。在这种情况下，要等对方情绪稳定，头脑冷静，恢复心理平衡之后，再出面协调，这时往往能打破僵局，协调成功。办公人员在运用“冷”协调时，要学会控制自己的情绪，保持自己的心理协调，否则硬碰硬，谁也说服不了。

4. “热”协调

指的是用“热加工”的方法解决矛盾，达到协调目的。这种方法适用于人际关系协调。“热”协调的特点是掌握“火候”、趁热打铁，一举成功。

5. “明”协调

指利用各种会议形式和其他公开场合进行协商对话，把问题摆到桌面上来，当面协商解决。任何矛盾都不是孤立存在的，它总是同周围事物发生着千丝万缕的联系，要解决矛盾，就必须做好各方面的协调工作，打通所有环节，并召开联席会议，建立协商对话制度，当面协商解决，是十分有效的协调办法。“明”协调的特点是“当面锣，对面鼓”，有利于沟通信息，消除误会，密切关系；有利于集思广益，求谋问策，齐心协力。

办公人员在进行“明”协调时，要掌握协调程序，抓好三个环节：

（1）做好协调前的准备。做好协调计划，是否成立协调小组，需要哪些单位、哪些人参加，协调的内容和目标是什么，在协调方案中均应写明。对协调问题要进行分析研究，弄清矛盾的焦点，先个别征求意见，如各方面意见分歧较大，不要匆忙开会。

（2）搞好协调中的组织。在正式开会拍板定案时，建议领导要让各方面充分发表意见，畅所欲言，在大家意见基本统一时，再作出决定，并写成会议纪要，以便共同遵守。

（3）抓好协调后的落实。要进行跟踪检查，看各方是否按纪要处理。对在执行过程中发生的新问题，要及时协调解决，直到完全落实。

6. “暗”协调

在协调工作中，“明”协调和“暗”协调两种办法，是互相联系，配合使用的。“暗”协调是“明”协调的准备，“明”协调是“暗”协调的结果。有时当“明”协调遇到障碍时，可暂时转入“暗”协调，待条件成熟时再转入“明”协调。

## 七、机构内部人际关系协调的技巧

1. 协调与领导关系的技巧

（1）勇担重任

每个人都会碰到领导交代自己任务的情况。这时，你自然而然应会想到这样两个问题：第一，这是一件非常艰巨的任务，需要花费你很大的精力和时间，我能不能办？或者应该怎样去办？第二，向你布置任务的领导正在等待你表态，等待你给他一个明确的答复，你是尽自己最大努力去做呢，还是对领导说“不”？

你如果是个经验丰富的下级的话，此时你就应该知道如何做才能令领导满意。你的领导不是初次与你接触，他对你的能力和水平是了解的，对你能否完成任务，也是心中有数的。因此，你可以直接避开第一个问题，然后尽量用最短的时间来考虑第二个问题，用明朗的态度回答：“好的，我一定完成任务！”或“我会尽最大努力去做！”等等。这时，你的领导心里就会有一种满意感、解脱感，进而为你能分担他的重任对你产生感激之情和更深的信任。

（2）切勿越位

作为下属，你的任务主要是协助领导，在单位最高层人物的眼中，你部门做出的成绩，自然也是主管领导下的成果。下属尽力完成领导指派的工作是分内之事，如果你锋芒过露，表现出争功的态势，领导会从心理上感到压抑、烦躁，在感情上会很反感。

（3）巧言进谏

好的下属，不仅表现为对领导言听计从，努力完成领导者交办的工作，而且表现为善当助手和参谋，会给领导出主意、想办法。尤其是当领导者的决策、指示不符合客观实际甚至出现错误时，能够通过部属的努力，使领导者改变初衷，重新做出符合实际的正确决策。这里，巧言进谏就是改变领导初衷的方法之一。

（4）贵在勤奋

作为部属，尤其是在领导身边工作的机关工作人员，几个同志同时选调机关，当时的水平能力差不多，可几年下来，相互间的差距就拉开了，有的成了机关的主力，处于举足轻重的地位；有的却长进不大，老是“出不了师”，挑不了大梁，实际上成了无足轻重的人。这其中就有是否勤奋的因素在起作用。下面两点供你参考。

①手要勤

在领导身边工作，应建立一个《备忘录》，把每天要干的事纲目式地记下来，下午下班前再仔细“过”一遍，力争把当天要办的事办完。同时，要根据工作性质，注意收集整理领导者所需的信息资料，以备一时之需。

②脑要勤

要按照领导者的意图和中心工作，主动用脑思考问题。平时，脑子里要多装几个“为什么”，多思考几个问题。

（5）与不讨人喜欢的上级融洽相处

现实生活是复杂的，我们所遇到的上级不可能都尽如人意。有三种情况需要正确看待和处理。

①上级领导者才能不如自己。一般来说，领导者的德才水平要胜过被领导者。但也有特殊情况，就是领导者的才能不如被领导者。在这种情况下，不要以自己才能的优势为资本，沾沾自喜，扬扬得意。应该多看上级的优点和长处，并且尽量运用自己的优势和长处去弥补上级领导的某些不足。应该克服委屈心理，全力协助上级搞好工作。谁站在上级领导这个位置上，是由多种因素促成的，并不是单纯地由

才能的高低来决定的。即使你的才能高一些，也不应把它作为个人争名争利的资本；对于才能不如自己的上级，要以诚相待，不论是在工作上，还是在帮助他克服不足上。

②上级领导偏听偏信。遇到这种情况，一要注意经常请示汇报，使领导者对你的工作有一个全面的了解；二要严格要求自己，什么事情都要尽量考虑得周全一些，争取把容易使上级产生想法的问题和事情消灭在萌芽状态；三是不管上级对你产生了什么想法和看法，都不要急于去说明和纠正，也不要胡乱猜疑，尽量用工作的实绩去纠正他的偏见，或在适当的时机做必要的解释和说明。

③上级领导心胸狭窄，嫉贤妒能。在这种情况下，下级应该保持冷静的头脑，千万不能感情用事，以牙还牙。要尽力帮助上级克服这一弱点。

2. 协调与下级关系的技巧

（1）以身作则

凡是要求下属做到的，自己首先做到，也就是正人先正己。如果你不改正，不作出好样子，下属会轻视甚至鄙视你。

①带头搞好人际关系。下属与人吵架，闹不团结，会影响工作，影响事业，这是每位领导都知道而且讨厌的事情。而要求下属与人和睦相处，领导者就必须带头搞好各种人际关系。一是要尊重自己的领导者，自觉地服从领导的各项安排，圆满地完成领导交给的各项任务，使领导感到你是他的好部下，从而取得领导对自己工作的支持和帮助。二是要尊重同事。当同事困难的时候，要主动热情地伸出友谊之手。一旦自己遇到困难的时候，同事也会伸出热情的手，帮助你渡过难关。三是要尊重下属。就是要尊重下属的人格尊严，不把下属当用人，不把下属当蠢人，不把下属当出气筒。同时，要关心下属的需要，关心下属的痛痒，让下属觉得你是一个可爱、可敬、可信、可靠的领导者。

②要带头树立良好的职业道德。所谓职业道德，就是职业责任感，它是事业兴旺发达的一种精神力量。要搞好一个单位，要发展一项事业，无疑人人都要树立良好的职业道德，借助这种力量来推动。在这方面，领导者也必须“自己首先做到”。第一是要带头热爱自己的专业，带头忠于职守。第二是要带头以服务对象为“上帝”。

③要带头廉洁奉公。俗话说“人不要钱鬼都怕”，是说清正廉洁的领导者，能享有极高的威望。

要做到“凡是要求下属做到的，自己首先做到”，领导者必须严于律己，做到对下属严对自己更严。

（2）协调下级关系中的平衡艺术

现实生活中，领导者几乎每日每时都生活在矛盾和冲突之中，都需要运用平衡艺术建立和谐的人际关系。然而这里存在着两种平衡艺术：一种是建立在公正、平等基础上的平衡艺术；另一种是建立在强欺弱、大压小基础上的平衡艺术。我们需要的是前者。因为只有前者才是真正的平衡艺术。

掌握和运用建立在公正、平等基础上的平衡艺术处理下级关系，关键在于寻找下级之间的平衡点。一般说来，下级之间的平衡点必须满足以下条件。

①平衡利益的可容性

下级之间的矛盾常常集中反映在相互利益上。因此在平衡下级之间的利益冲突时，必须尽力寻求他们的共同点，使平衡后的利益具有最大可容性。

②平衡心理的可接受性

下级之间矛盾和冲突不仅集中反映在利益上，而且还反映在心理上。因此在平衡下级关系时所寻找的平衡点，必须使各方面在心理上都能接受。

③平衡空间的等距性

平衡空间是指平衡点与若干个平衡对象（即发生冲突关系的下属）所构成的关系结构。实现平衡空间等距性的条件是：必须以平衡点为“圆心”，以同一规则或标准为“半径”。这样形成的平衡空间才具等距性。

（3）协调下级关系中的引力艺术

引力是存在于领导关系中的无形力量。它的大小既决定所吸引人数的多少，也决定人们关系的远近。对于上级领导来说，其自身的引力越大，所吸引的下属就越多，与下属之间的关系越密切。这是存在于领导关系中的普遍规律。根据这个规律，领导者要缩小自己与下属的距离，使之紧紧地围绕在自己的周围一道工作，必须首先提高自己对下属的吸引力。主要与下面因素有关：

①作风的吸引性

拥有同等地位和权力的领导者，单是领导作风不同，就会造成不同的吸引力。一般说来，作风越端正越民主，对下属产生的吸引力就越大。相反，如果作风不正，官僚主义严重，不但不会产生吸引力，反而会产生“排斥力”，使下属避而远之。

②态度的相近性

态度是影响人们行为及相互关系的心理状态，也是影响人们之间引力大小的重要因素。在领导关系中，上级与下级的态度越相近，上级对下级的吸引力越大，反之则小。这是因为，上下级之间态度越相近，共同语言应越多，矛盾和冲突应越小，内部凝聚力就越大，离心力就越小。同时，上下级之间态度越接近，就越愿意相互交往，以及越容易相互理解和信任，从而增强相互之间的吸引力。

③需求的互补性

需求的互补性是上下级在交往过程中获得互相满足的心理状态。心理学家研究表明，人们相处，都有从对方那里获得某种满足或补偿的意愿，如果这种意愿越是能够得以实现，相互之间就越能产生较大的吸引力。反之，如果一方增加了另一方的不安或使一方感到失望，则相互之间的吸引力就会减弱。

## 八、协调工作中的语言技巧

1. 激励的语言艺术

（1）情愫真切

一位学者在论及谈话的技巧时指出：充分发挥谈话的效力，需要肺腑之言，从诚挚的心灵中涌出的语言，才能发挥语言的最大力量。

有的领导缺乏宽容之心，独断刚愎，“道不同不相为谋”，对与自己见解相左的下属，必欲鸣鼓而攻之。

有的领导以职务、地位品度人的才能，低估下属的创造能力，一旦他们卓然有成便莫名惊诧，难以接受。上述诸种都会造成领导在肯定和赞扬下级时不能情真意切，而是言不由衷。这样的肯定和赞扬不是“情动于中而形于言”，因而必然味同嚼蜡，起不到沟通心灵的作用。矫情是领导语言的大忌。当下属从上级肯定和赞扬的语句中感察出上级原来并不因自己的努力和成功而真心愉悦，而是怀有嫉妒、猜疑甚至愠怒时，那无疑是对其心灵的严重创伤。当领导把下属的成绩片面地看作已然之事时，对得到的东西，就不如未得到之时那样珍视，所以，领导常常不能为下级的成绩倾吐真挚而炽烈的情愫。领导要克服这一点，一是要在理性上认识到已然与未然的不可分割；二是要在情感上推己及人，把自己的喜怒哀乐与下属的喜怒哀乐熔铸在一起。

（2）扬长也须论短

倘若领导只会在下属的长处和成功面前来一声喝彩，那么这样的肯定和赞扬就会显得过于单调，既不能起到上面所说的增进认知的作用，也更有损于领导在下属心目中的能力形象，造成了领导的角色模糊。

领导对下属的绝对肯定同对下属的绝对否定一样是有害的。绝对的否定会使下属沮丧困顿，而绝对的肯定会使下属的进取意志逐渐消磨。五彩缤纷的统一与交相辉映才是美。领导在充分肯定下属长处的同时又伴以论短的言辞，这样比起单受批评，既会使下属在心理上产生更优的接受机制，又会使赞美的语言变得刚柔并济。

（3）多用通俗语言

通俗性，也可以叫大众性。语言贵在自然、朴实、生动、亲切、简练，能包含深刻的思想，表达真切的感情。也就是说，激励者要用自己的话来讲，讲自己的肺腑之言，讲自己的切身感受，切忌用现成的“公式化”的语言，即通常人们所说的“套话”，东拼西凑。如果不是真切实际的真实感情，话说得再漂亮也不会有什么力量。特别是要注意根据激励对象的行为、岗位特点，在激励时可适当地运用一些群众所熟悉的技术语言、职业用语，使大家一听就懂，一点就明，能迅速接受激励信息。

2. 说服的语言技巧

说服别人，有一定的技巧，这种技巧关系到你的说服是否成功。

（1）以情动人

如果有人在陈述某种意见时，有诚挚而令人感动的语气对你说出来，你的心很容易被征服，而且不容易产生相反的意见。因此，说服别人的时候，有时激起对方的感情比激起对方理性思考更为有效。

（2）巧妙利用数字

数字本身是冷冰冰的，但是用它来为你列举的事实作出精确的统计时，它就会变得有强烈的说服力。

当然，干巴巴的数字，不容易提起听者兴趣，应设法让它生动起来。“意大利的梵蒂冈宫，共有房间一万五千间”，倒不如说“梵蒂冈的屋子，若一个人每天换住一间，可住四十年”给人以更深的印象。

（3）重复申述

把一件事重复申述，是加深对方认识的常用方法。特别是那些新鲜的观点，只讲一次两次是不会留下印象的。在家庭中，母亲教育孩子弄懂刻苦才能成功的道理，决不能谈一两次话就可以奏效，而是要五年、十年甚至更长的时间不断地重复申述。一位丈夫问妻子，为什么老把一件事对儿子讲二十次以上，她说：“因为我说了十九次，他还没有学会。”当然，重复地申述可能是危险的方式，因为用得不当，会使人厌烦。

（4）采用比喻

当两种意见对立的时候，往往需要一种作缓冲的说法来调和，比喻就是一种很好的方式。它使用一些小故事，或生活中一目了然的道理，先与对方取得相同的立场。这既为下一步提出自己的意见打下基础，又显得比较含蓄，维护了对方的自尊心，比较容易奏效。

所以，你劝说时，不要急于说出不同的意见，宁愿先动动脑子想一些人家已经相信的事理，去比喻你要让人相信的事理。

（5）用名人的话来支持你的言论

名人的话往往有一种号召力，特别对于那些名人的崇敬者来说。因此，借助名人的话，有时会省去双方许多不必要的对话。

3. 批评的语言艺术

（1）使用幽默的语言

幽默的语言能缓和矛盾。

幽默式批评就是在批评过程中，使用富有哲理的故事、双关语、形象的比喻等，缓解批评时的紧张情绪，启发被批评者的思考，增进相互间的感情交流，使批评不但达到教育对方的目的，同时也能创造一个轻松愉快的气氛。

幽默式批评，在于启发、调动被批评对象的积极思考，它以不太刺激的方式点到批评对象的要害之处，含而不露，令人玩味无穷。

（2）多用委婉语言

委婉式批评又叫间接式批评，它一般都采用借彼批此的方法，声东击西，让被批评者有一个思考余地。其特点是含蓄蕴藉，不伤被批评者的自尊心。

（3）批评应注意场合

个别私下的批评和他人在场的批评是有区别的。一是影响范围不一样；二是对批评者的刺激量不一样；三是批评效果不一样。据统计，他人在场的批评导致的消极行为达33%，而个别私下的批评导致的消极行为只有11%。一般看来，如果宜用私下批评，就不要采取他人在场的方式，但这只是问题的一个方面。问题的另一方面是，在一定的条件下，他人在场的批评方式具有个别私下批评所不能达到的功能，故有时需要采取他人在场的方式进行批评。

（4）批评语适度技巧

批评时，要将态度严厉与和风细雨相结合。现实生活中，有些人对“一针见血”式的批评往往接受不了，容易产生抵触情绪。而有的人喜欢直来直去，“不见血的针”解决不了问题。即使是同一个批评对象，有时需要态度严厉，有时则需要“和风细雨”。只有择人而发，择机而发，才能收到好效果。这两种都是有效的批评方法，但不是说它们可以等量使用。“和风细雨”的批评方法，可以反复使用。在使用严厉批评教育方式时，事前事后要伴它以“和风细雨”。

剖析危害与指明方向相结合。对对方的缺点错误深入剖析，提出批评，固然十分重要。但是仅仅满足于“是什么”“为什么”的剖析，而不指出“怎么办”，往往会使其无所适从，感到问题严重，压力很大，背上思想包袱。与此相反，不指出存在问题的原因和危害而只要求今后“怎么办”，他就有可能认为自己的问题没有什么了不起，对今后怎么办也不会高度重视。在分析问题危害的同时，将严厉态度与和风细雨结合起来。

# 第七章　办公室外事接待与统计工作规范

## 第一节　外事工作概述

### 一、外事工作的含义

外事工作，是指我国各级党政机关、企事业单位和群众团体在和外国来宾相互交往中所处理的日常事务工作。

### 二、外事工作的地位和性质

1. 外事工作的地位

外事工作是办公室工作的一个重要组成部分。第一，外事工作一般由机关主要领导人出面接待、洽谈或签约等，文秘部门要做好辅助工作。即使机关设有专门的外事部门，文秘部门也要负责联系，准备文件和资料，当好领导的助手。第二，相当一些单位没有设外事部门。由文秘部门负责外事工作，外事工作理所当然的是文秘部门的业务工作之一，责无旁贷，必须做好。第三，外事工作具有很强的政治性、政策性，事关重大。

2. 外事工作的性质

外事工作的性质，可以从以下几方面来认识。

（1）外事管理属于上层建筑的范畴，为经济基础服务

一般而言，一项外事活动需具备以下五个要素：

①有两国或两国以上人员作为宾主参加，并代表各自的国家；

②有实质性的活动内容，明确的目的；

③活动采取一定的方式或形式；

④遵循一定的国际礼仪、礼节；

⑤产生一定的影响和效果。

（2）外事管理是国家行政管理的一部分

外事工作是政府的重要职能之一，它代表国家行使对外事务和对外国人的管辖权，是国家行政管理的组成部分。国家行政机关为贯彻执行宪法和法律，组织经济文化建设，必须进行广泛的行政管理。它包括诸如军事、外事、司法、公安、民政以及经济、文化教育等。

（3）外事工作是一项涉外的工作

外事工作的对象主要是外国人，其次是本国公民。其具体事务的处理，实质上是协调我国政府机关与外国人或其所属国家之间的关系。因此，它是我国对外关系的一个窗口。这项工作搞好了，可以促进我国与各国人民之间的友好往来，促进各项事业的交流和发展。

因此，外事工作者必须坚决贯彻国家的对外政策，遵守外事工作纪律，在工作中加强与各部门的联系，审慎处理好各项事务。

## 三、外事活动仪式

1. 签字仪式

国家间通过谈判，就政治、军事、经济、科技文化等某一领域内的相互关系达成协议、缔结条约、协定或公约时，一般都举行签字仪式。

安排签字仪式。首先应做好文本的准备工作，有关单位、人员应及早做好文本的定稿、翻译、印刷、装订、盖火漆印等项工作。同时准备好签字用的文具、国旗等物品。与对方商定助签人员，并安排双方助签人员洽谈有关细节。

参加签字仪式的，基本上由双方参加会谈的全体人员组成。如果一方要求让某些未参加会谈的人员出席，则需要另一方同意，但双方人数最好大体相等。有时为了对签订的协议表示重视，可以由更高或更多的领导人出席签字仪式。

签字仪式，一般在签字厅内设置长方桌一张，作为签字桌。桌面覆盖深绿色台呢或台布，桌后放两把椅子，为双方签字人员的座位，主左客右。座前摆放各自保存的文本，上端分别放置签字文具，中间摆一旗架，悬挂签字双方的国旗。

双方参加人员进入签字厅。签字人员入座时，其他人员分主客各一方按身份顺序排列在各自的签字人员座位以后。双方的助签人员分别站在各自的签字人员的外侧，协助翻揭文本，指明签字处。在本国保存的文本上签毕后，由助签人员互相传递文本，再在对方保存的文本上签字，然后由双方签字人交换文本，互相握手。有时签字后可备上香槟酒等，共同举杯祝贺。

签字仪式安排还可以是其他形式。如设置两张方桌为签字桌，双方签字桌上，双方的小国旗分别悬挂在各自的签字桌上，参加仪式的人员坐在签字桌的对面。又如安排一张长方桌为签字桌，但参加仪式的双方人员坐在签字桌前面两旁，双方国旗挂在签字桌的后面。

如果三四个方面签字，其签字仪式大体如上述，只是相应增加签字人员座位、签字用具和国旗等物。签订多边公约，一般仅设一个座位，通常由公约保存国代表先签字，然后由各国代表依一定次序轮流在公约上签字。

2. 开幕式

开幕式包括各种展览会如经济建设成就展览会、商业性的博览会、文化艺术展览会等的开幕式。工程项目的动工、竣工典礼和交接仪式的情况与开幕式类同。

开幕式通常由经办一方的负责人员主持。如果是东道国主办，则由东道国方面主持，邀请有关国家的代表团、使节参加；或者由展览团主持，邀请东道国有关官员出席。重大的展览会开幕式或重要工程的落成典礼等，东道国国家领导人往往前去出席，仪式较为隆重，一般小型展览的开幕式，则比较简单。

开幕式除双方有关方面人员参加外，可酌情邀请外国驻当地的使节、外国记者等参加。

隆重的开幕式，会场悬挂两国国旗，有的还奏国歌、致辞，主办展览一方先讲，另一方后讲，然后剪彩，一般是邀请东道国或展览团参加开幕式人员中身份最高者剪彩，也可以是宾主双方各一位或各两位人士剪彩。接着参观展览，有时参观完后举行酒会招待。

## 第二节　外事邀请与接待

### 一、邀请前的准备

外事邀请不同于一般的国内宾客的邀请，要根据工作的需要，依必要性和可行性原则，量力而行。不论是初次邀请，还是礼节性回请，都要本着实事求是、讲求效益的宗旨，不可为邀请而邀请，也不可无视自己的财力、物力随意邀请，更不可超越权限越级邀请。否则，轻则达不到邀请目的，重则造成极不好的影响。因此必须严肃对待，充分认识这项工作的复杂性、烦琐性，并有思想准备。

邀请外宾往往同某项具体工作联系在一起，无论是礼节性回请，还是有目的的科技文化交流，开学术讨论会，参观、考察、游览等，往往先由本单位领导人员或具体业务部门、专门部门的负责人以书面形式向上级领导提出请求。邀请外宾可以是计划性的，也可以是临时性的。前者往往是按照本地区、本单位的工作计划进行具体落实；后者则可能是因为某项合作发生了问题，需请对方前来协商或作技术指导；或对方有投资意向，邀请对方前来考察投资环境等等。但不论何种性质，首先都需请示，将邀请的目的、意图、必要性、可行性等作出详细说明，以取得上级领导的同意。其次，待领导同意作出批复后，方可向对方发出具体邀请。邀请外宾不可只凭自己的主观意志，而无视对方的意愿，可通过各种途径或在合适的场合向对方表达邀请愿望。一般而言，国际间的交往邀请不是随意行为，亦非仅仅是出于礼貌客套。因此，发邀请者必须慎重，受邀请者也会认真考虑。邀请不论是口头或是书面，都应郑重其事，才有可能发展今后的交往。正式的邀请必须是书面的，以邮寄、电传、电子信件的方式均可。邀请发出后须耐心等待，不可催促。当然，可在邀请信中表达较明确的邀请时间、邀请人数、交流内容、大致安排，有必要的话可强调来访的意义，以促使对方接受邀请。然而也有可能对方有要事缠身，或因其他原因不能应邀前来，如果不能等待则可作罢；如果必须邀请，双方要经过反复磋商后，定出来访时间。总之，邀请必须抱诚恳态度，以礼貌的口吻，最好使用对方的文字语言，以表达邀请者的诚挚之意。

邀请之前还要注意两个问题：一是邀请时间不可过于仓促，即使是临时性的邀请，也要给对方一段考虑和办理来访手续的时间，时间太紧往往使事情功亏一篑，二是对邀请来访必需的经费开支作全盘计划。改革开放后我国在外宾接待方式上也吸取了国际上的通行做法，作出了许多改革。比如宴请来访外宾次数不宜过多，邀请范围尽量缩小，自 1980 年起，对来访重要外宾在我国境内由我免费招待的随行人数作了限制。以部长或副部长级为例，访华随行人员在 10 人以内，凡超过限额者，其费用自理。因此，各级单位也无妨在发出邀请时明确邀请人数、邀请对象，对其余人员概不负责费用。这样做既符合国际惯例，又可控制接待费用，花钱办实事。最后，当对方明确表达了来访之意后，便可具体安排准备工作。

## 二、接待准备

接待准备工作的具体实施，应以接待部门为主，外事部门给予必要的协助，接待准备工作包括以下几方面。

1. 拟订接待计划

根据被接待外宾的身份和要求以及国家对该外宾的接待方针制订具体的接待计划。其中包括迎送，宴请，陪同人员的礼宾安排；确定出面主人、迎送人数和名单；主持和参加宴会的人数和名单以及陪同活动人员名单；宴请形式，规格标准，时间和地点；出入境手续，新闻报道；贵宾下榻、用车的具体要求和生活标准等。

制订计划时要特别注意尊重外宾的风俗习惯，如忌食等。重要的外事活动的接待计划要履行报批手续。

2. 具体准备工作

（1）提前预订住房、用车、行李车，机票、船票、车票、戏票、宴会、拜会地点等。对一般代表团，除身份较高的团长外，均可用面包车或大客车；重要代表团，可请公安部门配备开道车；有高级官员来访，则应由公安部门派员随团活动。外宾房内，除有特殊要求外，一般仅备茶水即可。当然，有时可根据来访者的爱好而安排些特殊的物品，如水果、花篮或有特殊标记的毛巾等。有重要领导出面会见的，需事先与外办联络；预订宴会应向承办饭店讲清团名、中外宾客人数、菜数、宴请主持人、宴会费用标准以及饮食习惯等。重要外宾和人数较多代表团的宴会要发请柬，东道主要讲话，因此外事文秘应事先准备请柬并拟好相应的祝酒词。

（2）准备专业活动。要了解外宾的意向、要求并及早向有关单位介绍，事先准备好资料，安排好场所。

（3）落实参观单位。除向参观单位介绍外宾的意向、要求外，要交代接待方针和注意事项，事先安排好介绍人员。

（4）通知迎接、陪同人员。接待计划得到批准后，应用书面形式，将接待计划、外宾情况、各项活动时间和地点一一通知清楚。

（5）准备礼品。应按接待计划准备好有纪念意义或有特色的礼品，这对接待初次来访尤为重要。

此外，高级别的外宾往往享有行李免检和安全免检的权利，为此应事先向市一级外办办好免检证明。迎送重要外宾，最好事先与机场、车站联系妥休息室。

## 三、礼宾礼仪

礼宾礼仪有一定的国际惯例，各国根据本国的特点和风俗习惯往往又有自己独特的做法，但简化灵活，注重实效，这是基本趋势。我国素有“礼仪之邦”的称誉，在礼宾礼仪上既吸收了国际上的习惯做法，又形成了自己的独特风格，表现为：根据自己的社会、经济特点和外事工作需要作礼宾安排，适应对外政策和策略的要求；体现我国在国际交往中大小国家一律平等的原则，尊重各国风俗习惯，不强加于人；礼宾安排要有针对性，重礼仪、讲实效、有排场、不铺张，注意在生活上关心照料，尽量热情周到。

礼宾礼仪中尤为重要的是接待规格问题，即根据来访者的身份、地位、思想状况而分别采用以下 5 种规格：隆重、热情、友好和高规格；热情、友好和高规格；热情、友好和较高礼遇的接待；热情、友好的接待；友好接待。礼宾礼仪工作主要在迎送、会见、宴请三项事务中体现。

1. 组织迎送

在外事活动中，对外国人的迎送，应视其身份、访问性质以及两国关系等因素，精心予以安排。

(1) 准确掌握来宾乘坐的交通工具的抵离时间，及早通知有关迎送人员及有关单位做好准备。

(2) 安排好迎送、陪同人员及译员。外宾抵离，都要安排相应身份人员前往机场（车站、码头）迎送，特别是主要迎送者的身份应与客人身份相当、对口、对等。

(3) 迎送身份高的客人，应事先在机场（车站、码头）安排贵宾休息室，准备饮料。

(4) 安排汽车，预订客房。

2. 会见

会见或会谈，既有礼节性的，也有政治性、事务性的，不仅涉及对外礼遇，而且涉及双方交流、合作的实际内容，应予重视。从会见方式上说，我方主动安排会见客人的叫会见，客人要求会见我方的称拜会。会谈的内容则可以是广泛的，涉及实际的问题，其仪式和程序比会见正规，政治性、专业性较强。因而会谈前往往要做充分准备，按预备方案进行。

举行会见或会谈时要注意以下几点。

(1) 除更改接待计划外，外宾提出要求拜会上级领导或有关部门时，应按审批程序报批，经批准后，再正式答复外宾并通知会见时间和地点。而接待单位在报批前应尽量弄清外宾拜会的意图、可能提出的问题，并将已提出的问题及时向主见人汇报。

(2) 会见前车辆要落实，充分估计交通状况。会见前一般不安排分散活动，以确保外宾准时到达。陪同人员在会见前半小时抵达，以便向主见人汇报外宾情况。

(3) 外宾抵达时，主见人在贵宾室门口迎接，接待人员则在大厅或大楼门口迎候，并引导外宾进入贵宾室。对重要外宾在进门后即由代表团团长向主见人一一介绍来团成员；对一般外宾可以在入座后分别介绍宾主双方。

(4) 会见时，座位安排通常为圆形。按国际惯例，主宾坐于主见人的右侧，其他外宾依级别、身份均坐于右侧，我方陪同人员依次坐于左侧。译员和记录员一般坐于主见人和主宾的后排左右两侧。会谈时一般用长方桌子，宾主相对而坐，以进门为准，右为客，左为主，或对门为客，背门为主。

(5) 会见或会谈时，均要做好专门记录，填写情况汇报表，会后对客人提出领导许诺的问题，应负责落实，做好后续工作。

（6）会见结束，主见人及陪同人员与宾客合影留念，然后在贵宾室门口与外宾握手告别，重要外宾可送至大厅或大楼门口握手告别。接待单位的陪同人员视情况送至大厅或大楼门口握手告别。

3. 宴请

宴会是一种重要礼仪。通常有国宴、正式宴会、便宴、工作进餐、冷餐招待会、酒会、茶会等形式。正式宴会上宾主要发表讲话，时间可视情况而定，以即席讲话的形式为最好。

招待会是指各种不备正餐、较为灵活的宴请形式，备有食品、酒水饮料，通常不排座位，可自由活动。常见的有冷餐会和酒会。近年来，在国际交往活动中采用酒会形式较为普遍。茶会是一种简便的招待形式。举行的时间一般在下午 4 时左右。茶会通常设在客厅，不用餐厅。以喝茶为主，略备点心和地方风味小吃。工作进餐是国际交往中经常采用的一种非正式宴请形式。它利用进餐时间，边吃边谈工作。工作进餐按用餐时间又可分为工作早餐、工作午餐、工作晚餐。双边工作进餐往往排席位，多用长桌，便于谈话。

一般宴会不作正式讲话，只在席间表示几句，或随话频频举杯，气氛活跃，亲切自然，举行宴请时应从以下几方面考虑。

（1）宴会的程序

①确定宴请目的、名义、对象、范围及形式。

宴请的目的是多种多样的，可以为某件事，也可以为某些人。如招待来访者、贵宾，为展览会开幕、闭幕，为某项工程奠基、竣工，为某个工厂开工、周年庆典等。

确定邀请名义和对象的主要依据是主、客双方的身份，即主客身份要对等。

邀请范围应根据工作需要、宴请性质、主宾的身份、国际惯例、对方对我的态度和做法等多种因素而定。

②外宾到达宴会所在地时，出面宴请的东道主和参加宴会的主要人员可在宴会厅门口欢迎，我方如参加宴会人员较多，可由宴会主持人和少数人员在门口欢迎，其他人员可在席位上站立迎接。重要宾客宴会前可先在休息室稍坐。

③宴会时间一般可掌握在一个半小时左右，宴会结束后如宾主还继续交谈，可以在休息室进行。

④宴会结束后，让外宾先退席，我方人员则在门口送别或送至电梯口告别。

（2）宴会的席位

①外宾的席位要安排在正副主人席位的两旁，先右后左。外宾中有夫妇者，应安排在同一桌并注意座位靠近。

②两桌以上的宴会，对我方人员的席位安排要通盘考虑，每一桌的我方主人的选择和安排，既要注意与宾客的身份相当，业务接近，又要善于做接待工作。

③每桌至少安排1名译员，主桌若超过12人时，可根据需要安排2名译员参加，分别担任正、副主人翻译，以利工作，如有祝酒讲话，事先可交译员准备。

④桌次的安排，要根据宴会的实际情况。只有一桌，可安排在房间中央突出的位置，注意宾主双方身位地位较高者安排在离门较远的位置，然后按先右后左次序依次排位。两桌以上的，主桌应排在较显著位置，其他桌的正主人席位的方向与主桌相同。

（3）出席的人员

①安排参加宴会、招待会的人员，应从工作出发，切勿为照顾关系而派无关人员。陪同出席宴会的主方人员不宜过多，人数应大致与外宾相同或稍多。

②邀请外宾参加的宴会、招待会，应将我方出席的主要人员以及时间、地点和其他有关事项告诉外宾和我方参加宴会的人员。重要的或大型宴请活动可发请柬。请柬上写桌次，并在宴会桌上放席卡。

③接待单位有关人员要提前到达宴会地点做准备，检查工作并具体安排照料赴宴人员，同时对不参加宴会的陪同人员给予必要的关照。

（4）宴请的规格

安排宴会和招待会要按批准的计划执行，凡公费招待的对外宴请，通常为四菜一汤，冷盘和点心除外，参加宴会的我方人员应严格遵守饮酒不得超过个人酒量的1/3的规定。可以向外宾敬酒，但不向外宾劝酒。若即席点菜，不以主人的爱好为准，要考虑外宾的喜好与禁忌。招待宜用有地方特色的食品。无论哪种宴请，事先应开列菜单，并征求领导同意。

## 四、参观游览与观看文艺演出

1. 参观游览

通过参观游览，以增进友谊和加深相互间的了解。主持参观游览应做的工作主要是：

（1）根据外宾来访的目的、性质及客人的意愿和兴趣，结合当地实际情况，有针对性地选择参观游览的项目。

（2）拟订参观游览的详细计划，准备车辆、食品、饮料等，并告知全体接待人员和各接待单位及早做好接待准备工作。

（3）根据外宾的身份，安排身份相当的主人陪同，并根据情况安排好解说员或导游人员。

2. 观看文艺演出

邀请外宾观看文艺演出，既可以宣传本国文化艺术事业的成就，也可使客人得到一种艺术上、精神上的享受。

### 五、生活保卫

生活保卫要求热情周到，万无一失。工作安排包括：

1. 住所

根据来访者身份安排，高级、重要来访者宜安排在高级宾馆或知名饭店，一般来访者宜安排中等宾馆；身份地位较高者可安排套间，一般者安排单间。房中应准备好有关材料，如访问日程安排，迎送人员名单，住房、车辆安排，参观单位介绍，以及相关的请柬、宣传材料、图片等。

2. 坐车

根据来访者身份、礼宾次序安排，高级成员安排坐小轿车，其他成员人数较多时安排面包车。

3. 其他

如外宾有特殊饮食要求、禁忌食物，应及早告知宾馆饮食部门或相关接待单位；如来访者有身体不适应及时就医；对人数较多的来访者，应配备随团医护人员；协助外宾订购或确认机票，仔细核对启程时间；协助办理出境手续；协助兑换外币；及时了解天气状况，遇雨天应准备必要的雨具或临时变更活动内容等。

## 第三节　外事洽谈与出访

### 一、意向性洽谈

1. 洽谈目的

意向性洽谈是外事洽谈的第一阶段。首先是因为洽谈的一方有与对方合作的意愿，而通过谈判的形式商洽合作的可能性。如果经过谈判，双方能够合作，则进入签约洽谈阶段；如果谈判破裂，则洽谈终结。当然大多数情况下，洽谈双方都会在一定的基础上尽量使事情成功，虽然谈判可能是一个极为艰难的过程，但只要抱有诚意，且符合实际情况和条件，绝大多数合约、协议在双方各自权衡利弊之后都能成功。有时，洽谈也并非“从一而终”。如果先前的谈判对手不愿作更多的让步，或是双方合作的可能性过于渺茫，那么，一方也可能放弃这一对手，转而另外寻找合作伙伴。可见意向性洽谈是合作开始的前奏，有了意向，也就有了合作的前提。洽谈的目的就是为了实现这一目标。

2. 洽谈准备

（1）拟订计划。洽谈前要拟订一个计划，使得谈判人员在谈判中不偏离方向，循序渐进，最终达到目的。洽谈计划包括谈判主题、谈判日期、人员、地点、过程安排等内容。谈判主题是关键，主题应简明、具体，如为引进外资，可以明确这样的主题：以优惠条件取得外方的贷款。谈判时就要围绕这一主题来进行，谈判的目的与主题相符；其次，要将谈判日期、谈判人员、洽谈地点等一一纳入计划之中，以便洽谈开始，相关人员就可按部就班实施计划。

（2）洽谈调查。正式谈判前，往往有必要了解谈判对方的法人身份、资本、信用、经营能力、经营方式等基本情况。

（3）预备方案。正式谈判前，往往备有两个方案，一个是对我方最为有利的方案；另一个是能够接受和利益最低的方案，参加洽谈的人员都应熟悉两套方案，在谈判中，争取最佳方案。

（4）物质准备。谈判是一项艰苦的工作。物质上准备充分，往往促使谈判朝成功的方向发展。比如谈判所需的文件资料，包括技术资料、法律文件、财务账目等都可能为谈判提供必要的信息；又如，为对方提供有特色的食宿、旅游购物，尽量使对方满意，表达出东道主的诚意。

以上准备工作就绪，即可按预定计划实施。

3. 洽谈组织

（1）地点选择。如洽谈地点安排在国内，邀请对方前来。可以选择本单位一处合适的洽谈之处，也可以在对方下榻的宾馆会议室进行。

（2）人员安排。谈判人员的组成包括：领导或项目负责人，专业人员，翻译或记录人员。人数最多不超过 4 人，其中一人为主谈，其他人辅佐。谈判人员以懂行、有专业知识、富有谈判经验并能言善辩者为佳。若能直接用外语与对方交谈则更好。谈判小组还应有所分工，领导、负责人协调指挥组内成员发挥各自的最佳作用，以避免自相矛盾。较大项目的谈判还要配备法律、会计等专业人员，谈判小组成员有时还可以随着谈判进程的深入和谈判对象的变化而有相应的不同。

（3）谈判进度。谈判进度要掌握松紧有度、紧中有松的原则。谈判时有横向谈判和纵向谈判两种方式。横向谈判是双方先确定谈哪些条款，然后再回头来谈；纵向谈判是逐个把条款谈定。谈判进度就要根据谈判的方式来明确。

4. 洽谈策略

谈判是智力与体力的较量。谈判人员能灵活运用策略，就可取得谈判优势，以下几种策略是谈判中经常运用的。

（1）休会策略。谈判中遇到障碍，双方相持，出现僵局时，可以先休会，设法消除紧张气氛，及时研究问题，调整对策。

（2）最后期限策略。提出结束谈判的时间，促使对方不作无休止的讨价还价，集中精力投入谈判，提高效率，但期限要适度。

（3）开放策略。向对方开诚布公，坦诚相见，使双方在诚恳坦率的气氛中完成各自的使命。但需掌握开放程度，特别是对有诚意者方可实施。

（4）润滑策略。即馈赠礼品，表示友好，联络感情，但要注意场合、分寸，视不同对象赠送相应的礼品。

（5）先苦后甜策略。谈判之初将条件提得较苛刻，但不能说死，留有余地，然后逐渐降低条件。但放的幅度、速度不能太快，否则会引起对方疑心。

（6）不开先例策略。即向对方表明某种做法是破例的，不能破此例，否则今后难以应付同样情况，以求得对方的谅解。

（7）以外促内策略。谈判进入僵局，先休会，休会期间请更高级别的领导出来宴请、接见谈判对手，给予其较高礼遇，以促使谈判顺利进行。

5. 结束工作

谈判结束，着手准备合同签约事宜。此外，应总结谈判中的经验教训，包括检查我方谈判目标的实现情况，作出评分；检查我方谈判方案中有哪些不妥之处；总结谈判小组的工作情况，如职权使用，气氛维持、后勤合作等；归纳谈判对手的情况，如谈判风格、工作效率、关心的问题等。

## 二、签约性洽谈

签约性洽谈是外事洽谈的第二阶段，它指经过前期的谈判过程，双方最终达成一致意向，并将此化为书面文件，以各自的法人代表签署姓名和盖印的方式确立双方的权利与义务关系。由于签约时通常举行签字仪式，以此昭示天下，立字为据，因此也是一种特殊而常见的洽谈方式。

1. 洽谈目的

签约性洽谈最主要的是认可双方的合同文本。文本的拟制往往不同于谈判的过程。当然它是在双方谈判记录的基础上成文。但这一文本必须分别以双方国家的语言文字表述，而且要做到准确、无误、没有歧义，用两国的语言文字解释，含义相同，这项工作也是重要的，须审慎、严谨、一丝不苟，以防后患。因此，这对谈判双方来说既是素质的显示，又是耐性考验。

洽谈成功后，所有资料文本都需做中文译成外文、外文译成中文的笔译工作。笔译人员首先应忠实于原文、原意，不要随便转义、用字要严谨。

当中外文字的文本拟制工作全部结束后，便可以进入签约过程。

2. 签约准备

正式签约前，要做好以下几方面的准备。

（1）确定日期。由洽谈双方商定，一般选择有意义的日期，如对方国家领导人来访，或本国领导人出访，这通常针对国家间的合作项目。一般情况下则挑选一个对参加签字仪式的双方领导人都合适的日子。

（2）确定地点。地点的选择往往根据合作项目本身决定，如系大型工程项目，往往在现场举行签约仪式。而大多数情况下则在室内，如礼堂、宴会厅、会议室等。

（3）必备物品。需准备好签字文本，中外文字的文本至少一式两份。签字用的文具；代表双方国家的小国旗和插旗的旗架；签字桌、椅、桌布；签字后祝酒用的酒和酒具；摄影器材等。

（4）确定人员。参加签字仪式的基本上为双方参加谈判的全体人员，双方人数大致相等。出席签字仪式的，往往还有双方更高或更多的领导人，以彰示签字仪式的隆重、正规。

（5）会场布置。签字会场设置一长方桌，覆上桌布为签字桌。长桌上摆放各自将签字的文本，上端放置文具，中间旗架上悬挂双方小国旗，届时，签字人员分别有一位助签人，出席签字仪式的领导人和有关人员将站立在签字桌的后排。中外宾客的排位和国旗的悬挂均以国际惯例为原则，即右为上，左为下。以旗面为准，右为客方，左为主方。

3. 签约程序

（1）双方按规定时间进入签字会场，签字人员入座，助签人员侍立两旁，其他人员按主客位置并依身份顺序由中向两边站列。

（2）助签人员协助翻揭签字文本并加以指点，第一文本签完后，由助签人将文本互相交换，签字人再在对方的文本上签字，然后由双方签字人交换文本，相互握手。众人鼓掌表示祝贺。

（3）由服务人员送上香槟，宾主举杯共贺，摄影留念。

## 三、外事洽谈的特点

外事谈判与其他类型的谈判，如国内谈判、国际工商谈判、人与人之间的交谈相比，有着自己的特点。

1. 与国内谈判的差别

外事谈判与国内谈判相比，有以下三方面的不同。

（1）在外事谈判中，谈判各方分属不同国家；而在国内谈判中，谈判各方同为一国之人。

（2）在外事谈判中，谈判双方语言不同，在文化习俗上也有较大差别；而在国内谈判中，谈判双方语言相同，文化习惯相同或相似，有共同的“语言基础”，双方易于沟通。

（3）大多数西方国家是以私有制为基础的，而我国是以公有制为基础的，所以谈判双方的根本利益是对立的。而在国内谈判中，谈判各方在同一国家制度下，谈判双方的根本利益是一致的，虽然也有个体和私营企业参加或参与谈判，但不能损害国家利益，所以，谈判的主导思想是一致的，至少在表面上是一致的。

2. 与国际商务谈判的差别

国际工商谈判是指不同国家、地区工业和商业领域的公司、企业之间为各自的经济利益而进行洽谈。

外事谈判与国际商务谈判相比，更具有以下特性。

与商务谈判相比，外事谈判的范围更宽，它不仅包括政治、军事，而且还有经济、文化等谈判，而经济谈判中也可以包括商务的内容。

与国际商务谈判相比，外事谈判更具有官方性，更代表国家、民族、政党的政治经济利益。

由于外事谈判的内容更多地涉及国家、政府、政党的利益，有时也会影响到其他国家、政府、政党的利益，因此要求谈判人严守机密。

## 四、提出派遣计划与确定出国人选

即各级党政机关、企事业单位根据本地区、本单位的经济、科技、文化发展与对外交流的需要，或按与外国签订的合同协议，各种国际会议的日程安排，国外有关部门的邀请，以及商贸业务往来的需要，拟派遣有关人员出国时，事先制订出国计划，写明出国目的、前往国家、出国人数、旅行路线、往返时间及所需经费等，按照出国事项和派遣人员的级别，分别经各级政府部门审查批准，经批准的，发给出国任务批准证明。

派遣计划经批准后，除某些人员已随派遣计划获批准外，派遣部门要根据派遣计划的需要，确定出国人选。通常，公派出国人员应符合以下基本条件。

1. 政治条件。政治可靠，热爱祖国，作风正派，遵守纪律。

2. 业务条件。熟悉本职业务，能够完成出国任务，具有本行业的专业知识，了解国内外同类专业发展的一般概况，具有一定的实际工作经验和分析解决问题的能力。出国的领导人员有一定的政策水平和组织能力。

3. 身体条件。身体健康，能坚持正常的工作和管理。

选定符合上述条件人员后，再由派遣单位报送规定的主管部门审查批准。5 年内曾经出国的，如无特殊情况，可不再办理报批手续。

## 五、申领出国护照与办理出入境手续

护照是一个主权国家发给本国公民、供其出入国境和在国外旅居、居留时证明其国籍和身份的一种证件。

按出入境管理办法规定，中国公民因公务出境，由派遣部门向外交部或外交部授权的地方外事部门申请办理出境证件。派遣部门在取得主管部门批准后，即可凭出国任务批准证明和出国人员政治审查批准证明向外交部或地方外事部门申领护照、发照机关依照《中华人民共和国护照签证条例》的规定，发给相应的护照。然后，由外交部或国务院专管部门或外交部授权的地方外事部门负责向前往国驻华使领馆办理签证。应注意的是，公务人员出国返回后，要及时将护照交还派遣单位，个人不得保存。

大多数情况下，许多出国人员是通过一般途径办理出国手续，大致须经以下过程。

1. 体检

凡出国前都要在国内进行体格检查，因为许多国家对患有某种疾病的外国人，明文规定不得入境。体检合格后方可办理出国手续。

2. 领取护照

护照的内容主要包括：姓名、出生年月、出生地、性别、职业、发照日期、有效期等，护照上均应贴有持照人的照片。

（1）领取因私事出国护照

①公民因私事出国领取护照，必须向户口所在地的市、县公安局出入境管理部门提出申请。为了方便群众，减少层次，一些有条件的城市公安局决定，公民可以直接向市公安局的出入境管理机关申请出国，无须向所在地的县公安局或区公安分局提出申请。

②公民因私出国申领护照，除了回答外事警察的询问以外，还必须递交个人的身份证明和有关证明材料，主要是：交验户口簿或者其他户籍证明；填写申请表；提交所在工作单位或者所在地的街道办事处或者公安派出所出具的证明；提交与本人出国事由相应的证明。

（2）领取因公事出国护照

地方因公出国出境护照手续在省、市、自治区人民政府外事办公室和外交部授权的一些市外事办公室办理。经常有出国任务的部门或单位应指定专人办理护照。

因公出国团、组、人员向当地外办申办护照的具体手续是：

①持派遣部门的介绍信；

②提供申办护照必须提供的文件和材料。

由国务院及其有关主管部门或省、市、自治区人民政府或其授权机关下达的同意出国出境的任务批件；由有关部门下达的同意出国出境的人员批件；前往国家邀请单位的邀请函电的原件及邀请人名片；出国者近期照片3张。照片应是正面、免冠、素背景、服装整齐的小2寸半身照片，但不得使用人头像过大或过小，歪头侧面的艺术照，及人像模糊、怪发型、年轻人蓄胡子、围围巾或多年前的旧照及翻拍的照片。照片背面应注明申请人姓名。

③每个团组须填写“申请出国护照签证事项表”和护照卡一张。

拿到护照后，应检查上述内容填写是否正确，照片上有无钢印，核对无误后在签字栏内签上自己的名字。护照的有效期一般为5年，期满后需再次出国的，要办理延长手续。出国前凭护照办理所去国和途经国的签证，凭护照购买国际航班、船、车票等，在国外凭护照旅行，办理居留手续等。护照务必妥善保管，不得污损、涂改，严防遗失。如出国前不慎丢失，要即刻向有关部门重新申领并登报申明原护照作废；若在国外时遗失护照，则可向中国驻外使领馆重新申领。

颁照部门在发给普通护照的同时，发给出境登记卡，出境卡的作用是证明持照人此次出国得到批准。持照人从口岸出境时，边防检查站要查对所持护照上前往国签证与出境登记卡上注明的前往国名称是否一致，两者相符才能放行。

3. 办理签证手续

取得护照后，还须取得前往国的入境许可，即签证。签证是一个主权国家官方机构对本国和外国公民出入国境或在本国停留居住的许可证明。签证一般直接签在护照上，也有的签在其他身份证件上。如前往未建交国，往往另纸签证，与护照同时使用。

申办签证的一般手续如下。

（1）出国人员在所属部门办妥有关手续后，在申办签证时必须提供下列材料：有效护照；邀请信原件；全团名单；签证表；其他要求提供的表格或证明材料。如工作许可证、日程表、健康证明、黄皮书、在留资格证明、入国理由书等。

（2）在申办临时因公出国签证时应特别注意以下几个问题。

各国使、领馆对申办签证都有各自的时限要求，出访者应按各国规定的时限提前申办签证，否则很难保证如期启程。

按规定，临时出国团组和个人的签证申办工作一律由外交部和有权自办签证的单位统一办理。任何个人和非自办签证单位均不得自行前往使、领馆申办和领取签证。亦不得自行前往或通过电话向各国驻华使、领馆查询和催办签证。

跨地区、跨部门组团出国时，如果当地没有被访国家的领事馆，应由组团单位统一申办签证。同一地区或部门多单位组团出国时，应由组团单位统一申办签证。

如果被访国家在出国人员所在地设有领事馆，应就近在当地申办签证，即使同一团组的人员分别在两个或多个使、领馆辖区，也应照此办理。如遇特殊情况需要在一地办理时，应征得使、领馆的同意。邀请函最好请邀请人分别发给各地出国人员。若时间紧迫来不及办理时，也可商出国人员所在使、领馆使用复印件。

签证表格一般由出国团组或个人自行填写，不会填写者可由他人代填，但最后必须由本人签名。签证表格应逐项填写，不得漏项；书写要工整，不得涂改，英文签证表必须用黑色钢笔或圆珠笔填写；所填内容必须与事实相符，不得弄虚作假；凡要求贴相片者，应在贴相片处贴上小二寸与护照同版照片。目前文化部外联局、北京市外办等单位已采用电脑填写签证表，所填表格准确、规范，各单位和个人可委托上述单位填写签证表。

申办签证前，持照人必须在护照上签名。

4. 置装

公派出国人员出国前，国家按规定发给一定数量的服装补助费，以便在国外穿着大方、整洁、得体，不失国家尊严。应按规定置装，不要用置装费在国外购买衣物。置装前要多了解前往国家的气候，适宜穿何种服装，尊重东道主的要求和当地习惯，置办舒适、美观、适宜的服装。

5. 购买机票

这是出国前的最后一道手续。购票时须交验护照并在中国民航所属售票处办理。飞机票买妥后，首先应检查班次、日期、途经城市、到达城市是否正确，然后检查班机座位是否得到确认，只有得到确认，才能搭乘飞机。

任何国家对入出境旅客均实行严格的检查手续。办理这些手续的部门一般设在入出境地点，如机场、车站、码头。入出境手续包括以下几项。

1. 边防检查

很多国家由移民局负责边防检查，主要是要求填写入出境登记卡片、交验护照、检查签证等。有些国家免办过境签证，并允许旅客出机场到市内游览，但要将护照留在边防检查站领取过境卡片，返回时再换回。出入境卡须填写的项目有：航班号、来自何处、姓名、出生日期和地点、性别、职业、国籍、逗留国家的地址、家庭地址、护照号码、谁提供生活费用、签字。

2. 海关检查

一般仅询问一下是否有需申报的物品，或填写旅客携带物品入境申报单。必要时海关有权开箱检查所带物品。各国对入出境物品，管理规定不一。烟、酒、香水等限额放行，文物、当地货币、动植物等违禁物品，非经特许不能携带出入国境。

3. 卫生检疫

旅客出入境时，国境卫生检疫部门要检查预防接种证书。有些国家有时免验，但对某些流行病检查特别严格，如发现未进行必要接种，则采取隔离、强制接种等措施。

4. 安全检查

为防止劫机事件的发生，对登机的旅客必须进行一定的安全检查，主要检查有无武器、易燃易爆物品、剧毒物等。检查方法有：过安全门、用磁性探测器近身检查、物品检查、红外线透视仪检查等。

## 第四节 办公室统计工作基本环节与分析

办公室统计工作分为办公室统计设计、办公室统计调查、办公室统计整理和办公室统计分析四个基本环节。其中，办公室统计设计主要是定性工作，一般由专业统计人员承担。而办公室统计调查、办公室统计整理主要是定量工作，办公室统计分析既有定量工作，也有定性工作。四个环节相互渗透，构成了从定性到定量再到定性的认识过程，形成办公室统计工作的整体。

### 一、办公室统计设计

办公室统计设计是指根据工作对象的性质和工作目的，对办公室统计工作各个方面和各个环节的通盘考虑和安排。

办公室统计设计。按办公室统计工作对象的范围，可分为整体设计和专项设计。整体设计，是把工作对象作为一个整体，作全面的统计设计；专项设计，是对工作对象的某个部分作统计设计。按办公室统计工作的阶段，可分为全阶段设计和单阶段设计。全阶段设计，是对办公室统计工作的全过程作通盘安排；单阶段设计，是对办公室统计工作过程中某一个阶段的设计。

办公室统计设计的内容大致如下：

1. 明确办公室统计工作的具体目的；
2. 确定办公室统计工作对象的范围；
3. 规定办公室统计工作的空间和时间标准；
4. 根据目的，制定调查登记的项目、分类和分组的方法；
5. 根据管理工作的要求设计统计指标和指标体系。

## 二、办公室统计调查

办公室统计调查就是按照办公室统计工作的目的和要求，有组织、有计划、系统地采用科学的调查方法，向客观实际搜集各种统计资料的工作过程，要求所搜集到的资料具有真实性、准确性、全面性和及时性。

办公室统计调查按对工作对象的调查范围大小，可分为全面调查和非全面调查。全面调查，是对构成工作对象总体的每一个总体单位调查登记；非全面调查是对构成工作对象总体的部分总体单位调查登记。按调查登记的时间是否具有连续性，可分为经常性调查和一次性调查。经常性调查，是指随着工作对象情况的变化，随时将变化的情况连续不断地登记；一次性调查，是间隔一定的时间所作的调查。按搜集资料的方法不同，可分为直接观察法、报告法、采访法和通信法。直接观察法，是调查人员亲临现场，对工作对象直接观察和计量，以取得第一手资料的方法。报告法，是以各种凭证材料为基础，填写调查表，按时上报的方法。采访法又分为口头询问法和被调查者自填法。由调查人员按照调查项目，口头向被调查者询问，以搜集资料的方法，称为口头询问法。当场发调查表，由被调查者当场填表，当场收回表格的方法，称为被调查者自填法。通信法，指把表格寄给被调查者，对方填写后再寄回表格的方法。

## 三、办公室统计整理

办公室统计整理，指根据办公室统计工作的目的，对调查资料用科学的方法加工整理，使之条理化、系统化，为办公室统计分析做好准备。

统计整理包括审核调查资料、统计分组、统计汇总和编制统计表四个步骤。

1. 审核调查资料

（1）审核调查单位有否遗漏，调查项目的资料是否齐全。

（2）调查资料是否按规定的时间上报。

（3）对资料进行逻辑检查和计算检查。

2. 统计分组

统计分组，是指根据统计工作的目的、分析对象的特点，按所选标志，将总体分为若干个组，使同一组的总体单位具有相对的同质性，组与组之间具有明显的差异。

通过统计分组，可以划分对象的类型，说明对象的内部结构，分析对象与对象之间的数量依存关系。

统计分组的关键在于选择分组标志和划分各组的界限。

选择分组标志，要根据办公室统计工作的具体目的，根据对事物内部矛盾的分析，结合具体的时间、地点等条件，选择合适的分组标志。分组标志可以是质量标志，也可以是数量标志。

对总体只按一个标志分组，称为简单分组。对同一个总体作若干个简单分组，形成平行分组体系。对同一个总体选择两个或两个以上的标志层叠起来分组，称为复合分组，复合分组可以形成复合分组体系。只有当总体单位很多时，才适于采用复合分组，复合分组的标志不宜太多。

3. 统计汇总

统计汇总的组织形式有逐级汇总和集中汇总两种。逐级汇总是将基层的调查材料自下而上一级一级地汇总。集中汇总是把全部调查材料集中到组织统计调查的最高一级机构一次性汇总。有时，也可以把这两种汇总形式综合，实施综合汇总。手工汇总有划记法、过录法、折叠法、卡片法四种。电脑汇总是指利用机构内部的电脑网络，取得各种调查资料并加以汇总。

4. 编制统计表

统计表的结构按统计的组成要素，可分为标题、横标目、纵标目、表中的统计数字。按统计表的内容，可分为主词和宾词。

按主词是否分组及分组程度，统计表可分为简单表、分组表和复合表。

简单表是指总体未经任何分组，仅罗列各总体单位的名称，或按时间顺序排列的统计表。

分组表是指总体仅按一个标志分组的统计表。

复合表是指总体按两个或两个以上的标志层叠分组的统计表。

统计表的编制规则为：

（1）标题应力求简明，确切和概括地反映出资料的主要内容及所属的空间和时间。

（2）统计表中的内容应简明扼要，不宜庞杂。

（3）统计表中宾词栏数较多时，各栏常用（1）、（2）、（3）等数字编号。

（4）统计表中数字应填写整齐，位数对准。不能写“同上”或“同左”等字样。没有数字处用“—”表示，缺数字处用“……”标明。

（5）表中数字如用统一的计量单位，可在表的右上端表明。如计量单位不统一，横栏或纵栏均可设计量单位。

（6）统计表的左右两端是开口的，不能画纵线封闭。打印统计表时，尤其应注意。

（7）统计表的下部可附注解或说明，但内容不宜过多。

## 四、相对分析

相对分析的主要表现形式是相对指标，又称相对数。相对数是两个绝对指标对比的结果。

1. 绝对指标

绝对指标又称总量指标，是反映所研究的社会经济现象在一定的时间、空间和其他条件下的规模、水平、总量的统计数字。

绝对指标一般有三种计量单位：实物单位，包括自然单位、度量单位、双重单位、复合单位等；劳动单位；价值单位等。

常用的相对指标有结构相对指标、比例相对指标、比较相对指标、强度相对指标、计划完成程度相对指标等。

2. 结构相对指标

结构相对指标是反映总体内部组成状况的相对指标，又称比重指标，其计算公式为：

结构相对指标＝总体中的部分数值÷总体全部数值×100%

总体中各组结构相对指标之和为100%。

3. 比例相对指标

比例相对指标是反映同一总体内的不同部分之间数量比例关系的指标。其计算公式为：

比例相对指标＝同一总体中某一部分的数值÷同一总体中另一部分的数值

可见，其分子、分母可以互换，互换后从不同角度说明比例关系。

4. 比较相对指标

比较相对指标是反映同一时间不同总体之间同类现象数值大小对比关系的指标。其计算公式为：

比较相对指标＝甲机构某一现象的水平÷乙机构某一现象的水平×100%

其分子、分母也可以互换。

5. 强度相对指标

强度相对指标是两个有相互联系的不同总体的总量之比，它表明现象发展的程度、密度或强度。其计算公式为：

强度相对指标 = 某一总体的总量 ÷ 另一个有联系的总体的总量

6. 计划完成程度相对指标

计划完成程度相对指标是表明计划完成程度的综合指标。其计算公式为：

计划完成程度相对指标 = 实际完成的数值 ÷ 计划指标数值 × 100%

分子与分母的指标含义、计算方法、计量单位、时间长度和范围等方面完全一致。分子与分母不得互换，分子必须是实际完成数，分母必须是计划指标数值。分子减去分母，则表明计划完成程度的绝对效果。如果计划任务是用相对指标规定的，检查计划时应将原有基数包括在内。如果是在计划期内做预计检查，分子与分母的时间长度可以不一致，其计算公式为：

累计完成计划程度相对指标 = 迄今实际累计完成数 ÷ 计划期全期的计划指标数值 × 100%

7. 动态相对指标

动态相对指标是表明现象在不同时间变动程度的相对指标。其计算公式为：

动态相对指标 = 报告期某一指标数值 ÷ 基期该指标数值 × 100%

相对指标的计量形式有复名数、系数、倍数、成数、百分数、千分数等。

计算相对指标，要选择合适的基数，应注意对比指标在总体范围、指标口径、计算方法等方面具备可比性。

应用相对指标，要与绝对指标、分组法相结合，各相对指标之间也应结合应用。

## 五、动态分析

动态分析指从时间角度研究现象的发展水平和发展速度，并预计其发展趋势所作的统计分析。进行动态分析，应积累和掌握各个时期的统计资料，如果将这些统计资料按时间顺序排列，便构成动态数列，又称时间数列，动态数列可以分为绝对数动态数列、相对数动态数列和平均数动态数列三种。其中绝对数动态数列是最基本的动态数列，它又可以分为时期数列和时点数列，而相对数动态数列和平均数动态数列是在绝对数动态数列基础上派生的数列。编制动态数列必须注意数列中各个指标的可比性，例如在时间、总体范围、计算方法和指标内容等方面应该一致。

计算动态分析指标是动态分析的重要手段，动态分析指标分为水平分析指标和速度分析指标。

1. 动态数列水平分析指标

动态数列水平分析指标有发展水平、平均发展水平、增长量和平均增长量几项内容。

（1）发展水平

发展水平是动态数列中各项具体的指标数值。在动态数列中，第一项指标数值称为最初水平，最后一项指标数值称为最末水平。在对两个时期的发展水平作动态对比时，作为对比基础时期的指标水平，称为基期水平，作为研究时期的指标水平，称为报告期水平。

（2）平均发展水平

将不同时期的发展水平加以平均得到的平均数，称为平均发展水平，也称序时平均数或动态平均数。

2. 动态数列速度分析指标

动态数列速度分析指标有发展速度、增长速度、平均发展速度和平均增长速度几项内容。

（1）发展速度

$$发展速度 = 报告期水平 \div 基期水平 \times 100\%$$

（2）增长速度

$$增长速度 = 增长量 \div 基期水平 = 发展速度 - 100\%$$

# 第八章　办公室会议与提案工作规范

## 第一节　会议工作概述

### 一、会议的含义

“会议”是有组织有领导有目的地商议事情的集会。这里有三个要素：

1. 两个以上的人构成的正式或非正式的社会集合；
2. 有需要大家进行共同商议的事情；
3. 有会议组织者。

### 二、会议的分类

会议的类型是指某种会议在会议形式、内容或性质上跟其他会议的特性有所区别，构成不同的会议种类。一种会议类型大都是许多同类特征的会议的集合。科学地划分各种会议类型，对于具体认识会议的特征和规则，并从根本上了解开好会议的基本要求，提高会议效率，显然有着十分重要的作用。

1. 按会议时间分

按会议时间一般可分为定期性会议、不定期性会议和临时会议。各级各类代表大会，各级党政机关的办公会，各学会、协会的年会都属于定期性会议。其他如检查汇报会、表彰会、奖励会、报告会、座谈会、动员会等都属于不定期性会议。临时会议，是为处理偶然出现的事件和问题而临时召开的会议。

2. 按会议规模分

（1）小型会议

办公会、座谈会、检查汇报会、协调会等都属于小型会议。这种会议一般在本机关、本单位的会议室召开。

（2）中型会议

专业会议、经验交流会、表彰会等都可以称为中型会议。这种会议参加人员一般在百人以上，以至一两千人，一般安排在礼堂、剧场举行。

（3）大型、特大型会议

一般地讲，成千上万人参加的会议即可称为大型或特大型会议。

3. 按会议功能分

（1）决策性会议

指各机关、各单位领导集团贯彻民主集中制原则，对工作中的重大问题讨论作出决策的会议。这种会议有制度规定，一般也是定期召开的。这类会议的主要任务是：讨论上级指示；研究制定本地区、本机关、本单位的具体工作方针、政策、计划、措施；对一些重大问题进行决策。这类会议的参加人员一般是本机关、本单位的领导成员，有时根据会议内容也适当吸收有关部门的负责人列席。这类会议会后多数要形成纪要。这类会议规模较小，时间也比较短。

（2）总结、布置工作性会议

是指各部门、各单位为动员群众、布置任务或总结工作而召开的会议。这种会议视其实际情况而定与会者，可以是按不同层次级别分别召开的，也可以是各级代表或群众都参加的。这是一种动员群众、明确目标、鼓舞士气的会议。一般人数多、时间短、就地召开。

（3）宣讲、报告性会议

这种会议是为了宣传教育干部群众，提高认识，统一思想而召开的。这种会议规模较大，但时间较短，参加人员可根据内容确定。

（4）规定性会议

指各级党政机关、人民团体和企事业单位按国家法律和有关规定召开的会议，如各级党的代表大会、人民代表大会、妇女代表大会，共青团代表大会以及职工代表大会等等。这种会议具有两个特征：

①参加会议的人员必须是该会议的法定组成人员，会议的决策对象必须是会议职权范围之内的事；

②会议应在与会人员充分发表意见和看法的基础上，最后作出相应决议。各级党委政府办公会、董事会、经理会等就属于这种决策性会议。

（5）联席性会议

是指需要几个直接隶属关系不同的部门或单位共同协商而召开的会议。目的是为了开展某种较大规模的活动，或讨论研究涉及几个部门或单位的事情，如一个部门或单位的党政工团部门负责人的联席会、群团联席会等等。这种会议的与会者为有关部门负责人或代表参加，而且一般由一个部门或单位主办或牵头，其他部门分工密切配合，共同做好某项工作。

（6）预备性会议

在正式会议之前，为正式会议做相关准备的会议，分程序性和非程序性两种。

①程序性预备会议，是指预备会议是整个会议程序中的一个组成部分，如我国各级人民代表大会在召开之前举行的预备会议。它的主要任务是：

A. 通过大会主席团和大会文秘长名单；

B. 通过代表资格审查委员会名单；

C. 通过代表大会议程；

D. 通过有关需确认的事项。

②非程序性预备会议，是指为某些会议特意安排，目的在于为正式会议做思想准备的预备会议。

（7）表彰、奖励性会议

这类会议是为表彰、奖励先进集体和英雄模范人物而召开的。这类会议有时也可利用广播、电视的形式进行。

4. 按会议形式分

（1）座谈会

形式比较灵活，气氛比较活跃。有属于纪念某项活动的；有属于征求意见的；有属于讨论某一项专门问题的。此类会议一般不作什么决议。

（2）普通会议

即通常召开的工作会、专业会等一般形式的会议。

（3）现场会

现场会议在场所上选择重大事件或重大事故的现场，或生产、工作、试验活动进行的现场作为会场而举行的会议。通常由领导在下属单位或部门召开，目的是以点带面地总结推广工作经验或者试点，或者当场解决某一问题，进行当面的领导或指导。

（4）电话会

电话会具有迅速、及时的特点，适合于一些比较紧急的专项工作，如防汛、森林防火等。

（5）广播电视大会

电视会议是利用特定的设备和通信传输网络传送图像、声音和信号举行的会议。电视会议可使各会场出席人都能看到、听到其他会场的情况，可节省与会人员的旅途时间和费用，与电话会议相比直观性较强，召集会议、传达和布置任务方便迅速，适用于远距离召开的会议。

（6）展览、展销会

这类会议是为交流商品信息，洽谈贸易，推销商品以及展示工作成绩而举行的。会议形式灵活多样，除组织有关人员参加外，还要选送商品和展品参加展销。

5. 按会议内容分

（1）庆祝会、纪念会

这是为庆祝、纪念某一重大事件或重要人物而召开的会议，如庆祝中华人民共和国成立××周年大会、纪念××诞辰大会等，时间较短，规模有大有小，视情况而定。

（2）专业会议

即为研究某一个专门问题或就某一方面的工作而召开的会议，多以部门名义召开，如教育工作会议、劳动工资会议、招生会议等。

（3）工作会议

即指为讨论研究一个时期或一个方面的工作而召开的会议。如党中央工作会议，省委、市委、县委工作会议，各级政府及直属部门的常务会、办公会，等等。这类会议的参加人员大都是各级党政机关、社会团体和企事业单位的领导人员。

（4）动员会、誓师会

这是为完成某项工作或开展某项重要活动而召开的会议。这种会议时间较短，但规模较大，少则几百人、几千人，多则几万人、几十万人。

（5）追悼会

这是为悼念死者而举行的会议。会场布置要庄严、肃穆，出席会议的人员除死者的家属和亲朋好友外，还有本机关、本单位的领导人员和群众代表。

以上只是简单列举几类，还有其他一些临时性的小会，如体育运动会、文艺演出会、表彰会、奖励会、报告会等。

## 三、会议的特点

1. 会议活动具有目的性

会议活动是有目的的聚集议事的一种活动。会议的目的应服从有关方面、层次工作的需要，并须与领导工作或有关社会工作整体功能、奋斗目标相一致。

2. 会议活动具有从属性

会议活动是实现某种工作目的的一种工作方式、方法。会议活动中的各种信息、思想、材料来源于社会工作特别是领导工作的实际，会议形成意见指导、推动实际工作或生产活动，其正确与否最终要接受实际工作或生产活动的结果的检验。可见，从本质而言，会议活动是社会工作特别是领导工作整体的一部分，从属于这一整体的需要而产生和发展。

3. 会议活动具有纵向整体性

会议活动是由准备阶段、进行阶段、会议形成意见的传达与催办等三阶段，并由若干个程序组成的会议工作系统整体，这一系统的功能在于保证会议顺利进行，提高会议效率，充分利用会议议事决策，实现会议目的。

4. 会议活动人员具有集体性和选择性

会议活动不是单独个人的活动，群体的聚会议事活动才能称作会议。某一会议的出席者都有一定的数量、一定的范围，这就决定了会议活动的整体性与选择性是合在一块的。会议活动的整体性，旨在求得与会人员素质与智力结合的合理性，求得与会人员能力与解决问题需要的协调性。

5. 会议活动具有思想性

会议活动过程中的信息具有社会性，它的发出、传递、收集、利用等，都将受到与会人员认识事物的能力等因素的影响。会议就是与会者对交流的各种信息资料所包含的思想意义进行提炼的过程，对信息资料的真伪、价值、性质进行鉴别的过程，把对某种事物的认识由感性认识向理性认识升华的过程。

## 第二节 会前准备工作

召开会议之前要做许多准备工作。认真负责地做好会议的准备工作，是开好会议的基本保证。会议的前期准备工作，大致包括以下一些内容。

### 一、确定会议名称

任何会议都有名称。名称一定要与内容相符，妥帖恰当。确定会议名称，通常有这么几种情况：

1. 以与会者的身份或职务作为会议名称的主体

看到这样会议的通知，便知请谁去开会。如党员、团员、支部委员、妇女主任、民兵、经理、职工代表、人民代表、局长……都可以作为会议的主体写到会议名称中去。例如“××公司全体职工大会”“×××区×××积极分子大会”“×××区老干部座谈会”“××协会×××届理事会”等。

2. 以会议的内容作为会议名称的主体

从这种会议通知可以得知该会议要研究什么问题，如计划、财务、治安保卫、经营管理、计划生育、环境保护、教材编审、经验交流等都可以作为会议名称的主体写到会议名称中去，例如：“×××部外贸计划会议”“×××公司海外企业经营管理会议”“×××出口工作会议”“×××市计划生育工作会议”“×××公司×××庆功大会”等。

3. 还有一些会议其主体不太规范，更不严格

如校庆、厂庆，在这种情况下，会议名称定得简单明了即可。

有的会议是有届、次序列的，届次的序数词往往加在主办单位和会议主体之间。例如，“×××总公司第×次海外企业工作会议”“×××协会第×届理事会议”。

## 二、确定会议时间

会议召开的时间是由机关、单位的领导人员确定的，也有的是办公室提出建议意见，由领导来决定的。会议时间长短应根据会议内容来考虑，安排会期应按照宜短不宜长的原则，能一天开完的会，就不要勉强拉长到两天、三天。

## 三、确定会议地点

会议地点和开会场所，要结合参加会议的人数和会议效果来综合考虑。一般安排会场要掌握参加会议的人数与会场的可容量大体相当。会期较长和有外埠人员参加的大型会议，除考虑会场情况外，还要考虑与会人员的食宿问题，如宾馆、饭店的可容量以及与会场的距离等。一般人数较少的小型会议，如座谈会、汇报会、协调会等可安排在本机关、本单位的会议室召开。至于本机关、本单位定期召开的例会，如办公会、常务会、常委会等一般都有固定的会议室，就不需要专门安排了。

## 四、确定与会人员

什么人应当参加会议，在大多数情况下是固定的。比如中央全会，中央委员是当然与会人；政治局会议，政治局委员是当然与会人；省的常委会议，常务委员是当然参加的；如此等等。此外，有些会议，其名称就确定了大部分的参加人，比如：“省、市委农业书记会议”自然是要管农业的书记参加。就是说，当领导机关在决定召开某种会议时，就已经明确了大部分的与会人员，会议组织部门照发通知就是了。

但是，在不少情况下仍需要会议工作人员提出与会名单，送请主管领导同志审定。这时，文秘工作部门在接到会议组织要求后，就需要根据会议的议题等相关线索，提供与会人员名单，邀请有关人员列席会议。

此外，提名与会人员时还要注意：

1. 要周到全面。对于按规定应该参加会议的人员以及与会议议题密切相关、应该列席的部分负责人，在提名时做到不漏提不错提。

2. 要从有利于工作和有利于保密的原则出发，提名人员必须是与本次会议的内容直接相关者，以做到提名合情合理、不宽不严。

3. 会议文秘人员提出的与会人员名单，应提前报请领导同志审核，并作出必要的说明，不能临到会议开始时才提出，更不能“先斩后奏”。提名人员的名单只有通过领导同志审核后才能最后确定并通知。

## 五、会议议题的确定

选定和安排例会议题，是开好例会的重要前提。办公室对领导成员的例会，有责任就议题的安排和选定提出建议。一般有四种做法：

1. 领导确定议题，办公室和有关部门准备材料

一般是领导人——厂长、党委书记等确定开会的议题，由办公室人员和有关部门收集情况，准备材料。

2. 办公室主动收集议题

是在一定时期内，由办公室对例会要讨论的问题事前深入到车间、科室收集材料，然后整理成系统意见，报告主管领导同意后，再安排时间予以讨论。

3. 下级部门提出的议题

主要是下级部门向上级汇报或是请上级审议的问题。由办公室汇总，经主管领导同意后，提交例会讨论。

4. 上级机关提出的议题

主要是上级领导机关布置本单位讨论研究的问题，或上级领导机关下达指示和需要汇报的问题。由办公室汇总，经主管领导同意安排讨论。

例会议题的收集和安排，是单位办公室一项经常的工作。议题的收集，要在一周前，有的甚至在一个月之前就要把要讨论的问题摆出来排队，经领导同意后，列成议题表，发给有关同志参阅。

## 六、制发会议通知

与会人员确定之后，即可制发会议通知。会议通知一般采用文件或电报形式。不论是文件还是电报，都要求简明扼要，概念准确，要写清楚什么单位什么时间在

什么地点召开什么会议；要求什么人参加；会议的目的和主要内容；会议的期限和日程；报到的时间、地点；与会人员需做些什么准备；以及联系单位等等。如需与会人员携带文件材料，或对随员、车辆有什么要求，也可写入通知。

为了让与会人员充分做好准备，有的会议在正式通知之前，先发一个预备通知。预备通知一般只写会议的大概时间、会议的目的、内容和要求，会议的具体时间、地点待发正式通知时再确定。

大中型会议一般采用书面通知的形式，小型会议有的采用书面形式，有的则采用电话形式。不过电话通知也应事先拟出文字，以免出现遗漏。规定性的例会，可事先印制会议通知表，表中有应出席会议人员名单，依表逐个通知，可以避免疏漏。

重要会议在通知发出以后，还应跟踪落实，有时还需与会单位提前报送与会人员名单，以保证会议顺利进行。

## 七、会议议程、日程与程序的确定

会议议程是指会议所要通过文件、解决问题的概略安排。它的主要作用是使人们特别是与会人员对会议主要内容心中有数，预先做好准备。它由会议主持者确定，经大会通过，与会人员只能提出建议。议程一般采用简短文字方式写出。列入“会议议程”的内容一般是会议多项任务中最主要、最能体现会议的职能和成果的部分。

日程则是指会议各项活动在会期以内的每一天中的具体安排，可分为上午、下午、晚上三个时间段，它是与会人参加会议活动和人们了解会议情况的重要依据。日程表由会议文秘处根据会议的议程拟出，并印发给主席团成员、与会人员和其他有关人员。

相对而言，议程比较概略，日程比较具体。各项议程在会议期间何时进行，要在日程中显示出来，因此一般会议拟定一个日程表即可。

会议程序是为完成会议议程而按照工作顺序和时间先后依次安排的会议工作体系，是对会议议程的具体化，是为会议各项活动依次排列的顺序。

例如：

××会议程序

1. 宣布会议开始；
2. 全体起立；
3. 奏国歌；
4. 请坐下；

5. 请×××同志讲话；
6. 请×××同志宣读××××决定；
7. 会议结束。

## 八、组织会议报到

会议报到是针对需要集中住宿的大中型会议而言，与会人员从自己的工作单位或住地到达指定的开会地点并通知会议文秘部门。报到是会议文秘部门掌握与会人员准确到会情况并实施组织的重要一环。

有些会议还要求与会人员接到开会通知后，告知会议文秘部门自己是否可以参加会议，也叫报名。与会人员接到会议通知后向会议文秘部门报名，说明将参加会议，会议文秘部门就为其做必要的准备工作，如制发证件、准备文件、排列座次、安排食宿和交通工具等。如说明其不参加会议，会议文秘部门就不必为其做准备工作，省却不必要的劳动。一般说来，重要的大中型会议既要求报名，也需要报到，普通的会议只需履行报到手续即可。由下级机关自定与会人员的会议，则必须报名。

1. 会议报到的方式

报到的方式有四种：

（1）与会者本人持会议通知或单位介绍信亲自报到；

（2）本单位与会人员代为报到，一个单位参加同一会议人员较多时，可以采用这种方式，由一人代劳；

（3）文秘人员代劳；

（4）电话报到。

在现实生活中，大多数会议主要应当采用第一种方式。

2. 会议报到注意事项

会议工作人员负责报到工作，其任务是证实与会人员身份，进行登记，分发证件、文件、餐券和其他会议用品。会议工作人员在接受报到时，要注意以下几点。

（1）分发文件、证件、餐券等的会议文秘、总务、警卫机构应联合行动，在住地显著或适当位置集体办公，将所有手续一次办完，将所需分发物品一次发给与会人员，以方便报到人员。

（2）认真核实报到人员的身份并进行登记。一般情况下，与会人员应持会议通知或本单位介绍信亲自前来报到。会议文秘工作人员要根据手中掌握的材料证实报到人员确是与会人员，特别是对委托他人代为报到的与会人员，更要核实无误。在确认报到人身份后，对其姓名、性别、职务、住房号以及是否带有随员等情况进行登记，发给其预先准备好的文件、证件、文件袋等会议用品。对于应报到而未及时报到的与会人员，应给予及时催促。会议报到情况应当及时汇总统计，报告会议领导同志。

## 九、拟制编组名单

需要分组讨论的会议，会前要做好会议编组工作。不同内容的会议，编组的方法也不完全相同。各级党代会、人代会和职工代表大会以代表团为单位编组。工作会议一般按地区编组，有的也可以按行业编组。

会议编组名单一般是由会议工作人员提出建议方案报会议领导人决定。在确定会议编组名单的同时，还应确定各组的召集人和工作人员，以保证小组活动有领导地进行。

## 十、准备会议文件

准备会议文件是会前一项重要的准备工作，会议能否如期召开，会议的质量如何，取决于会议文件的准备程度。会议文件的准备分三个步骤：

1. 草拟文件

代表大会、代表会议通常组织专门班子起草文件，日常工作会议的文件主要由各职能部门起草准备。起草会议文件要经过充分调查，明确会议主旨和领导意图，重点突出，言简意赅。

2. 审阅文件

由会议文秘人员审阅文件是否成熟、规范，由会议主持者最终确定会议文件是否提交会议讨论。

3. 文件送印

会议文件经领导同志确定后，一般应在会前打印好、印好密级，做好分发准备。

# 第三节 会议管理工作

## 一、会议管理方法

会议管理方法是管理主体行使管理职能，实现管理目标所采用的各种管理方法、措施、手段的总和。管理方法是非常重要的，能否正确运用适当的管理方法，直接关系着会议管理目标和任务的实现。会议管理主要有以下三种基本方法。

1. 行政方法

行政方法是依靠行政权力，运用各种行政手段，按照行政方式管理会议活动的方法。行政方法的形式：

（1）建立必要的会议制度

通过行政管理努力使会议活动规范化，形成比较完善的会议制度。其中包括大型会议的申报制度，会议效益的评价、总结制度、会议总结和反馈制度等。

（2）颁布会议政策

会议政策是指导会议活动进行的基本原则和界限规定。国家通过颁布各项政策要求社会组织在政策规定范围内进行各种会议活动，如有违反予以各种行政惩处。会议政策一般包括会议内容、会议人员及会议经费等方面的内容。

（3）制订会议计划

管理主体依靠行政权威在一定区域内制订大型或中型会议计划，以利于对会议进行跟踪分析和会议间的协调。

（4）会议审计活动

领导者依靠行政权威，直接对会议活动检查审计。

2. 法律方法

指依照国家统一制定的法律规范，并运用法律的强制手段进行会议活动管理的方法。法律规范是国家为社会成员规定的有约束力的行为准则，法律手段是通过国家强制力实施法律的工具。法律方法实质是以法的权威性为作用机制。

法律方法的作用形式包括立法和司法两个方面。会议立法包括法律文件的起草、审议、颁布和修改工作。司法则是司法机关运用会议法律审理违法的会议活动。

3. 经济方法

指运用经济手段来管理会议活动的方式方法。经济方法的形式：

（1）经济杠杆

会议管理工作中使用经济杠杆主要是借助经济杠杆提高会议的效益。经济杠杆中主要包括：财政、税收、信贷等杠杆。在杠杆的使用中，将会议效益的指标纳入单位考核的指标之中，根据效益指标情况，对会议经费的收支、税率和利率，促使社会组织在提高会议效益上多下功夫，从而可以使会议效率得到极好地提高。

（2）经济处罚

会议管理主体视管理对象的会议效益情况而直接给予物质利益奖罚的行为。经济处罚是会议管理经济方法的重要形式，便于操作，往往容易被管理对象所接受。

## 二、会间组织服务工作

办公室或会议文秘处应协助领导做好会间的各项组织服务工作，以保证会议的顺利进行。会议进行中间的具体工作主要有以下几个方面。

1. 组织签到

组织与会人员签到是会议进行中的第一件事。其目的是为了及时了解应该到会的人员是否到会，并准确地统计到会人数。签到对于各类有选举、表决内容的法定性会议尤为重要，它关系到是否达到法定人数，选举、表决结果是否有效的问题，所以必须坚持签到制度，认真负责地做好签到工作。有的重要会议采用签到卡签到的办法，与会人员要在卡片上签上自己的名字才能进入会场。

小型会议一般采用签到簿签到的办法。与会人员入场时在会议工作人员预先准备好的签到簿上签名。例会或人数较少的小型会议，也可由会议工作人员按照预先确定的应到会人员名单逐一进行签到，来一人划一人。这样可以随时掌握到会人员情况，且不必打扰与会人员。这是一般例会工作人员常用的办法。但是要采用这种办法，会议工作人员必须认识全部或绝大多数与会人员，这就向会议工作人员提出一个熟悉到会人员的课题。

签到工作结束之后，会议工作人员应及时将与会人员到会情况报告会议主持人，发现未到会的要及时催请。

有的会议议题较多，会议工作人员可根据预计的议题讨论时间通知有关单位分别提前到达，并另外安排地方候会。这样既可以保证会场秩序，又可以尽可能地使某些议题的内容不致扩散。不过，会议工作人员对候会时间的掌握要大体适当，既要让与会人员提前到达，又要避免候会时间过久。

2. 做好会议记录

会议记录是会议情况的真实记载，是会议内容和进程的客观反映，是日后分析研究整理的重要依据。特别是领导集团召开的重要会议属于核心机密，是重要的文书档案。凡属重要会议一般都应做好会议记录。当然，是否要做会议记录须由领导人员决定。

做好会议记录是办公室或会议文秘处的责任。负责会议记录的工作人员事先应熟悉会议议题和与会人员名单，会间要集中精力做好记录。会议记录要求真实、准确、完整，尤其是对议定意见一定要忠实原话。有的重要会议，在记录的同时，还可采用录音的办法，会后根据录音对记录进行核对。

3. 编发会议简报

会议简报是反映会议情况，指导会议正确进行的一种形式。一些重要的大型会议常常需要编发简报，迅速反映会议中间值得注意的动态和问题。编发会议简报应坚持少而精的原则，力求简短、迅速。简报发放范围可视内容确定，有的发到全体与会人员，有的发到各组负责人，有的则只是送会议领导人。只送领导人员的简报也可采用发增刊的形式。一般会议，尤其是小型会议则不宜编发简报。

4. 会议特殊情况的处理

会议进行过程中，随时可能出现临时变动的情况，如变更日程，改变会场，调整议题，增加与会人员，查阅文件材料，以及其他临时动议。因此，要求会议工作人员要始终在场服务，并根据变化情况，采用应急措施，做好临时调度工作。

5. 特殊会议的组织工作

召开特殊会议时，除做好上述工作外，还要做好特殊会议自身必需的一切组织工作。比如代表大会选举工作的组织，包括组织表决、组织投票、计票工作等；比如表彰、奖励会颁奖仪式的组织，包括奖品的摆放、领奖人员顺序的排列组织等；比如大型集会的现场组织工作，包括队伍的排列、调动，以及保持通信联络畅通和突发事件的处理等。有的会议需要安排集体合影，还应做好座椅摆放、座次排列、队伍组织等工作。

## 第四节　会后事项处理工作

### 一、整理会议记录

大型会议在进行期间，一般都要印发会议简报或快报。

会议简报内容的来源之一是会议记录，因此，会后及时整理好会议记录很重要。

会议记录是会议情况的原始记录和客观反映，是会议之外或之后的人了解和认识会议的重要依据，因此必须做到文字工整，内容完整、准确。但是，由于现场记录速度快，会议记录人员不可能一笔一画，书写工整。为提高记录速度，记录人员还可能采用一些速记符号，简化一些常用术语。有些即席发言记录还会有很多口头语。这些都需要对会议记录进行及时整理，改正错字、别字，补写漏字、字迹不清的地方和其他有遗漏的地方，把速记符号转换为通用文字，把简化的语句加以完善，把发言人的口头语改为书面语言，在不改变原意的条件下，使语言文字尽可能规范化。对会上没有弄清楚和发言者表达不清的地方，要及时找有关人员进行核对订正。

## 二、印发会议纪要

会议纪要是对会议的进行情况、会议的一致性意见和会议决定事项择要整理而形成，要求与会单位共同遵守、执行的公文。它不同于会议记录、会议简报等会议记录性文书，它是根据会议的宗旨，用准确而精练的语言综合记叙议事要点和决定事项，在记录的基础上进一步分析、综合、提炼而成的文件，并且对于特定的工作或在特定的范围之内具有规范作用，是一种正式公文。

党政机关召开的日常工作性例会和一些协调会议，会后一般都要印发会议纪要。会议纪要不同于会议记录。记录是如实记载，纪要则是在记录的基础上进一步分析、综合、提炼而形成的文件。它的目的在于将会议的议事要点和议定事项用精练的文字归纳出来，一方面留存备查，一方面分发有关单位贯彻执行。

印发会议纪要一般见于日常工作性会议，见于那些协调解决某项问题的会议，至于大型会议都有正式文件和决议，一般不需要印发会议纪要。

## 三、安排与会人员离会

会议结束后，应做好与会人员离会工作，如退餐券、回收需要收回的会议文件等。对于有外埠人员参加的会议，还应事先登记，并代为购买返程车票。对于个别需要暂留的与会人员，还应安排好他们的食宿。

## 四、会议文件和立卷归档

会议结束时，要及时做好会议文件的立卷归档工作。

日常工作性会议的文件大部分于会前已经收集起来，会后只需将会议纪要归入卷内，并按会议讨论议题顺序进行整理即可。卷内文件的排列顺序一般为：会议通知、会议纪要、会议议题及有关文件，有的文件可能多次修改，几易其稿，立卷时应将原稿放在前面，然后将一稿、二稿依次排列其后。

大型会议完整的会议案卷，应包括以下一些内容：

1. 会议正式文件，如决定、决议、计划、报告等；
2. 会议参阅文件；
3. 会议安排的发言稿；
4. 会议上的讲话记录；
5. 其他有关材料。

## 五、会议决定事项的传达与催办

1. 会议决定事项的传达

对于会议决定事项传达的基本要求是：准确、及时、到位。

传达会议决定事项内容，必须准确，不能歪曲、变形。如果传达人员感到会议决定的某些细节比较含糊，或会议决定本身可作多种理解，应请示会议主持人或会议举行单位予以明确后再行传达，切忌想当然，凭自己的猜测、推论去传达。如果会议决定本身是明确的，在传达时，承办人员指出了会议讨论时没有掌握的新情况和执行中将碰到的深一层的问题，传达人可根据会议决定的精神回答承办人的提问，倘若提问已超出会议决定范畴，应立即向领导反映。

传达会议决定事项，必须及时，不能拖延，当会议决定本身有传达时间特定要求时，如要求上级某文件下达某层之后再传达，则应执行这些时间要求。在实际工作中，对传达会议决定拖延的情况是不难见到的。究其原因，一是会议决定传达催办的制度不健全，责任不明确。二是对会议决定的认识有分歧，或觉得没有必要作出这种决定；或是有不同认识，觉得不符合实际；或是有抵触情绪，不愿意传达。除在制度方面规定传达催办会议决定的责任以外，认识上的分歧不能成为不及时传达会议决定的理由，否则，就会打乱领导工作步骤，阻碍整体目标的实现。

传达会议决定事项，必须到位。会议决定一般都规定了传达的范围，应该直达其人。有些会议决定属于保密事项，则应严守保密规定。重要的会议内容传达，还有传达次序的规定，它有关政局的稳定，有关社会的安定，一般地说，上一层先传达是为了保证在下层传达时有强有力的领导，应该严格按照规定依次传达。

2. 会议决定事项的催办

催办是对会议决定事项办理情况的检查和催促。目的是使会议精神落到实处防止有关单位不重视会议交办事项，长期推诿、拖延，工作效率低下，或从自身局部利益出发，对会议交办事项采取消极抵抗态度，故意不办。另外，催办也是一条信息反馈渠道，可使领导同志及时掌握会议决定事项的办理情况，了解办理过程中出现的新问题、新情况，并有针对性地采取措施加以解决，保证会议决定事项办理工作的顺利进行。因此，检查催办是会后工作中不可缺少的重要内容。

（1）催办工作的要求

做好检查催办工作要做到：

①明确催办人员。催办工作一般由专职人员或文秘人员兼任，要健全各项责任制，明确分工。催办人员要定期向领导人汇报催办情况，领导人也要确定专人负责催办工作，及时了解催办情况，及时解决出现的问题。

②健全登记制度，建立催办登记簿，逐项列出检查催办的事项，并由催办人员根据实际情况，定期记载催办事项的进展状况。

③建立汇报制度，催办有多种方式：口头汇报、书面汇报、专题报告等。主要内容是向领导汇报催办事项的落实情况，对一些重大问题不能自作主张，要听从领导的指示。

（2）催办的方法

检查催办的常用办法有发催办通知、打电话催办、直接派人检查催办。催办通知单上包括催办内容、催办人、催办日期、受催单位、办理情况、联系人、联系电话等，并按顺序编号。

## 六、会议新闻报道

有的重要会议需要发布新闻报道，召开这类会议时，应邀请新闻单位派记者到会。办公室或会议文秘处应及时向新闻记者提出宣传会议精神的要求和建议。根据各种会议的不同情况，会议或发布新闻消息，或进行典型报道。特别重要的大型会议，还可考虑在发布综合消息时，配发评论和社论。新闻报道稿件可由记者单独编写，也可由会议工作人员或新闻记者配合共同编写。因会议工作人员熟悉会议情况，所以一般多采用后一种形式。

会议新闻报道的内容，既可以是关于会议的综合消息，也可以是关于会议的专题新闻和典型报道。综合报道一般要写明会议召开的时间、地点、会议的性质、中心议题、通过的重要决定、解决的问题、会议的意义、出席会议的人员、到会的领导人等。专题新闻和典型报道是选择最能反映会议精神的内容进行报道。会议的报道程度取决于会议的重要性及开放程度。有时为进一步阐发会议精神，强调会议的意义，在发布会议新闻报道时，还可以配上“评论”“社论”等。

撰写新闻稿件应注意：一是要迅速及时，强调报道的时效性；二是要准确地反映会议精神，有利于推动会议精神的贯彻落实；三是无论由谁撰写，发布前都应送领导人员审核，以免出现偏差或错误。

## 七、会议财务决算

会议召开之前应拟定会议开支预算，并经领导人员审核批准。会议结束后，会议财务工作人员应按照经领导人员审定的预算进行决算。一切会议都应遵循勤俭节约的原则，在保证会议正常进行的前提下，精打细算，尽量减少不必要的开支，超过预算指标，又无正当理由的不予报销。会议经费的决算，经领导人员审核后报财务部门结算。

## 八、总结会议工作

总结会议工作就是为了积累经验、明确成绩和缺点，以作为以后开好同类型会议的借鉴。会议工作总结可以由负责会议工作的领导同志召集全体会议工作人员，以召开总结会的形式，对整个会议的组织和服务工作进行全面的分析和总结，作出客观评价，肯定成绩，找出缺点和不足。有的会议还应就会务工作写出小结材料，连同会议议案、会议记录、会议简报和其他会议文件，一并作为完整的卷宗归入档案。因为与会代表对会议组织服务工作的质量有切身感受，因此，为更好地总结经验，找出不足，在召开会务工作总结会之前，可以让与会代表就会议的组织服务工作提出意见和建议，以便集思广益。除此之外会议工作总结的内容还包括表彰和奖励会务有功人员和有关部门，对连日操劳的会议工作人员进行慰问，代表大会文秘处向这些同志的原单位联系补假。对在会务工作中未能尽职尽责的同志应提出适当的批评，对出现严重失误和玩忽职守的情况，要追究有关人员的责任，使全体会议工作人员吸取教训。

搞好会务工作总结，将有助于提高会务工作水平，收到“打一仗，进一步”的效果。尤其是对那些刚刚接触会务工作的新同志，搞好会务工作总结就更为必要。

# 第五节　议案、建议和提案

## 一、议案、建议和提案的概念

1. 议案

议案是提案的一种，是用来表达人民代表大会及其常委会行使职权、反映民意这一法律行为的法律文件。按照《全国人民代表大会组织法》的规定，全国人民代表大会主席团，全国人民代表大会常务委员会，全国人民代表大会各专门委员会，国务院，中央军事委员会，最高人民法院，最高人民检察院，一个代表团或者三十名以上代表，可以向全国人民代表大会提出议案。在大会期间，一个代表团或三十名以上代表提出的议案，由主席团决定是否列入大会议程，或者先交有关专门委员会审议，提出是否列入大会议程的意见再作决定。

《全国人民代表大会组织法》明确指出：全国人大议案应是提请全国人民代表大会或全国人大常委会审议，属于全国人民代表大会或全国人大常委会职权范围内的问题，《地方各级人民代表大会和地方各级人民政府组织法》也对各级人大的议案作了相应的规定。

2. 建议

建议同议案一样，也是提案的一种，它是人民代表对国家生活进行民主管理和有效监督而行使职权的一种重要文件。在人民代表大会召开期间，代表可以按照规定的程序和方式，向人民代表大会或它的常委会提出对各个方面工作的建议、批评和意见。

3. 提案

提案是指提请各级政治协商会议或企业职工代表大会讨论处理的建议、批评和意见，具体是：

政协委员提案。这是政协委员个人或联合以书面方式对各级国家机关和党政组织各方面的工作或政协的工作提出的意见、建议和批评。政协委员提案实行“三不限”原则，即委员提提案“人数不限，时间不限，内容不限”，以利于政协充分发挥民主协商和监督作用。

职工代表大会提案。这是职工代表根据会议确定的议题，按规定原则和程序提出并经职代会主席团通过立案的对于单位工作的意见和建议。

## 二、议案、建议、提案的区别

议案与建议虽然都跟人民代表大会及其常委会有关，而且建议和不少议案都是由代表们提交的，但它们是两种不同的文件，其区别在于：

1. 法定对象和人数的要求不同

议案须由法律规定的单位以及一个代表团或者达到法定人数的代表提出，而建议没有这种限定条件，一般由代表个人或联名提出均可。如，全国和地方各级人民代表大会组织法规定，全国人民代表大会的议案，须有三十名以上代表联名提出；县级以上地方各级人民代表大会的议案须有十名以上代表联名提出；民族乡、镇的人民代表大会的议案须有五人以上代表联名提出。

2. 内容所属的职权范围不同

根据人大“组织法”规定，议案涉及的内容都必须是属于人民代表大会或人大常委会职权范围内的问题，而建议不受这个条件的限制，一般不属于这个范围。

3. 审理机构不同

议案须经人民代表大会或人大常委会审议，而建议都由人大常委会的办事机构交有关机关或组织研究办理。

4. 期限不同

在人民代表大会召开期间，规定人大代表提交议案有截止日期。超过规定时间的，代表所提议案无效，只能作为建议处理，而在大会期间，建议不受这种截止日期的限制，甚至只要在大会闭幕之前提交大会，交有关单位办理即可。

5. 法律效力不同

议案经代表大会主席团审议并提交大会通过后，即具有法律效力，承办机关必须执行。而建议没有约束力，由各承办单位根据实际情况，认真加以办理和答复。

## 三、议案、建议、提案的意义

1. 办理建议和提案，是加强政府同人民群众联系的重要渠道

认真办理人大代表建议和政协委员提案，是在新的历史时期同人民群众保持紧密联系的一个重要途径。人大代表的建议和政协委员的提案有着广泛的代表性，反映了人民群众的要求和意愿。从整体上讲，倾听代表和委员的建议、意见，就是倾听人民的呼声，重视、加强对建议和提案的研究办理，既可以使政府的各项工作更充分地反映人民群众的要求，又可以通过代表和委员向人民群众宣传党和政府的方

针、政策和各项工作任务，更好地同人民群众保持密切的联系。

2. 办理建议和提案，是政府机关工作人员为人民服务、对人民负责的具体体现

我国宪法规定，一切国家机关和国家机关工作人员必须努力为人民服务。政府机关工作人员是人民的公仆，认真研究和办理人大代表建议及政协委员提案，是政府机关和工作人员不可推卸的责任和义务，也是“为人民服务”“对人民负责”的具体体现。对建议、提案是否重视，办理是否认真，是衡量政府机关和工作人员为人民服务的思想树立得是否牢固的一个尺度。

3. 办理建议和提案，是加强社会主义民主和社会主义法制建设的一项政治任务

首先，加强民主与法制建设，使社会主义民主政治一步步走向制度化、法律化，是实现现代化宏伟目标和国家长治久安的根本保证。社会主义民主政治的本质和核心是人民当家做主，真正享有各项公民权利，享有管理国家的权力。人民代表大会制度是我国的根本政治制度，我国人民行使国家权力的机关是全国人民代表大会和地方各级人民代表大会。人民通过自己选举产生的人民代表大会及其常务委员会来讨论和决定国家大事，制定、颁布法律，以维护安定团结的政治局面，保障国家建设和改革的正常秩序，形成我国政治、经济和社会生活的新规范。

其次，人民政协是我国具有广泛代表性的统一战线组织，在国家政治生活中具有极为重要的地位和作用。我国现有各级政协委员三十五万人，是各方面的代表人物。其主要职能是政治协商和民主监督。政协委员的提案是人民政协发挥其职能的一个重要内容。事实上，政治协商是政协委员作为人民的一员参政、议政，管理国家事务的一种具有我国特色的政治形式。因此，认真办理政协委员提案，有利于发扬人民民主，有利于调动一切积极因素为社会主义现代化建设和统一祖国的大业服务，有利于实现决策的民主化和科学化，是发展我国社会主义民主，健全社会主义法制，推进改革和建设事业的一项重要的政治任务。

4. 办理建议和提案，是认真接受人民群众监督，推动政府工作的有力手段

各级人民政府及其工作部门担负的改革和建设的大业，是千百万人民群众的事业，一刻也离不开人民群众的支持、信任、帮助和监督。代表的建议和委员的提案，集中了群众的智慧，其中许多是经过调查研究、深思熟虑提出来的，涉及面广，内容丰富。有不少是围绕着我国政治、经济和社会生活的各项重大任务提出来的，反映了人民群众对政府工作的关心和支持。

# 第六节　办理建议、提案的原则和要求

## 一、加强对建议和提案办理工作的领导

加强对建议和提案办理工作的领导，这是做好这项工作的关键。要加强领导，首先必须提高对办理建议、提案重要性的认识。其次，各级政府和各级政府部门，都要指定一位领导同志分管这项工作，抓好办理建议和提案督促检查、协调配合、审查把关和总结、负责登记、交办、催办、报批、答复等具体工作。

## 二、办理建议、提案要认真负责

各种内容的建议和提案千差万别，但在办理时，都必须有一个认真负责的态度。要把它看作一项不可推卸的责任和义务，严格按照办理要求在规定的期限内认真办完，不能随意转送，互相推托、丢失或不办，要做到件件有着落。对建议和提案提出的问题，要区别情况，分别作出如下处理。

（1）凡是应该解决并且有条件解决的，要集中力量尽快予以解决。

（2）应该解决但因条件限制一时不能解决的，要订出规划，积极创造条件，逐步加以解决。

（3）确实不能或不应解决的，要实事求是地讲明情况，向代表或委员解释清楚，切不可生硬对付，敷衍塞责。诚然，代表和委员所提的建议、提案，有的难免带有不符合现行政策或规定的情况，有的与客观实际状况不完全相符。尽管这类建议或提案有的地方不尽准确，但我们仍必须认真负责地加以办理。首先要认识这是代表、委员在行使参政、议政，管理国家事务的权利，是在关心、支持政府工作。其次，要认识到这类建议或提案尽管不完全准确，但都代表了一部分群众的想法和意见。因此，在办理建议和提案时，要将党和政府的方针、政策和规定以及实际情况如实向代表或委员讲清楚，并诚恳地做好解释工作，以得到代表、委员的理解、支持和赞同。当然，办理建议和提案不能乱许愿。能够解决的要尽快解决，有可能解决的要积极创造条件逐步解决，不能解决的要向代表或委员如实讲清楚，这也是认真负责。

## 三、各承办单位要主动配合

建议或提案所提问题需两个以上部门或单位合办时，要确定一个主办单位。主办单位在办理时要起主导作用，会办单位要积极配合，共同协商，不得推诿敷衍。各方要主动联系，互相协作，然后由主办单位根据协商的意见，向代表或委员报告办理结果。主办单位要将办理结果抄送会办单位，不要不经会商就单独答复代表和委员。有时，也会遇到这样一种情况，即一件建议或提案中所提的几个问题都是独立的，并且分属于几个部门或单位的职责范围，这时，有关的部门或单位可以分别办理，分别答复，分别上报。

## 四、加强同建议人、提案人的联系

对一些重要的或不太明白的建议、提案，承办单位要主动与人大代表和政协委员取得联系，深入了解建议或提案的内容，主动与代表和委员交流思想，共同协商解决办法，虚心听取他们的意见，如实、正确地答复问题，并耐心细致地作出必要的解释，以便使代表和委员全面了解情况，取得他们的谅解和支持。

## 五、重视和加强调查研究

许多建议和提案所提问题比较复杂，办理的难度较大，问题的解决有的也涉及好几个部门，有的则同现行体制、政策和人、财、物直接有关，而且在认识上可能还有一定的差异。办理这样的建议或提案，一定要重视和加强调查研究，组织必要的力量深入实际，了解情况，听取意见，与各有关方面反复协商，研究妥善解决的办法，在此基础上实事求是地办理答复。

## 六、认真写好答复意见

为确保质量，国务院多次强调，对人大代表建议和政协委员提案的答复，要有办公室主任统一把关。办公室主任在把关时，应着重掌握以下几点。

1. 内容要符合党中央和国务院的有关政策，符合实际情况。

2. 对所提的问题和要求，要逐项答复，切忌简单敷衍或答非所问，杜绝大话、空话、套话、假话。

3. 答复要规范化，按规定的格式和要求书写，并加盖公章。

4. 答复的口气要诚恳、谦逊，文字要通顺、简明、工整，对建议和提案的答复办理完毕后，要按规定程序上报。

## 第七节 办理建议、提案的程序和方法

办理人大代表建议和政协委员的提案，一般要经分发、承办、审核、答复和上报等五道程序。

人大代表建议和政协委员提案提交以后，经人大和政协的专门机构按大的工作系统分类和确定承办部门及地区后，即交付办理。一般说，交由政府系统承办的建议和提案，往往要占全部建议和提案的百分之八九十。政府及其工作部门接到人大或政协交办的建议和提案后，即按照上述基本程序予以办理。

### 一、分发

政府收到人大和政协交办的建议和提案后，要由办公室进行登记和分类，经有关领导阅后，分发给具体承办单位。各承办部门和单位收到政府交办的建议和提案，也按此办法分发给确定承办的有关处、室或科。

### 二、承办

具体承办时，要针对建议和提案中提出的问题，认真加以研究，对比较复杂的问题，尤其要慎重处理，必要时可听取群众和专家的意见，并进行科学的论证，然后，根据现行政策和客观条件，草拟出具体的办理意见或答复稿。涉及两个以上单位会同承办时，主办单位要认真牵头，会办单位积极配合，共同协商，提出切实可行的办理意见。

## 三、审核

承办部门或单位拟出办理意见和答复稿后，要由办公室主任在内容和格式上进行统一把关，再报请本部门、本单位领导加以审核。

## 四、答复

办理意见和答复稿经领导审定后，须加盖单位公章，按建议或提案表上所列代表或委员的通信地址，直接答复人大代表或政协委员。对人大代表的建议，承办单位一般要在九月三十日前答复代表；对政协提案，应在交办之日起三个月内办理完毕并答复委员。如问题比较复杂，不能按期办理完毕，应先给代表、委员作一简要答复，说明在处理之中，待办理完毕后再将结果正式予以答复。

## 五、上报

承办单位对建议、提案的答复，应向原交办的人大常委会办公厅或政协办公厅报送三份，向交办的上级政府办公室抄报一份。同时，应注意建议、提案答复稿的存档备案。

# 第九章　办公室文书与档案工作规范

## 第一节　文书管理概述

### 一、文书的概念和特点

文书，指的是一种记录信息、表达意图的文字材料。它是人们用来记录信息、交流信息和发布信息的一种工具。文书包括私人文书和公务文书两种。所谓私人文书，就是指个人或家庭、家族在自己的活动中或私人相互之间的交往中形成和使用的私人书信、日记、自传、遗嘱、家谱、著作手稿以及房契、地契等；公务文书，即公文，就是指传达贯彻党和国家的方针、政策，发布行政法规和规章，施行行政措施，请示和答复问题，指示、布置和商洽工作，报告情况，交流经验的重要工具。其特点如下。

1. 公文是由法定的作者制成和发布的

公文不是谁都可以随便写的，它是由法定的作者制成和发布的。所谓“法定的作者”，主要是指依法成立并能以自己的名义行使权力和担当义务的组织。行政机关、群众团体、企事业单位，都是依据法律、条例、章程、决定、决议等建立和合法存在的，他们都是法定的作者。

公文的作者主要指的是发文的名义。在现行公文中，有的是以机关名义发的；有的是以机关某一部门的名义发的；有的是以国家领导人或机关首长负责人的名义发的。这里需要注意，用国家领导人或机关首长的名义发布的，是领导人行使职权的一种表现，该领导人的职务，是经过委任或经过选举程序后，由上级批准的。因此，他们也是法定的作者，并不是以个人的身份出现的。至于按照机关内部的分工从事公文撰拟的人员，不能视为公文的法定作者。

另外，非法定作者无权制发公文。假托名义伪造公文，要受到法律的追究和惩罚。

2. 公文具有法定的权威和效力

公文作为机关的喉舌，可以代表机关发言，代表制发机关的法定权威，可以作为工作的依据。如中共中央文件，是代表党中央的意见的。通过中央文件制定和传达的党的路线、方针和政策，是各条战线工作的依据和准绳。又如，国家行政领导机关发布的文件，代表了人民政府的职权和意图，具有行政领导和行政指挥的权威，它是通过一定的立法程序产生的，违反了就要受到法律制裁，这就是法定的权威性，也叫作法规的强制力。

公文具有特定的效用。即它总是为了现实的特定工作或为了完成特定的现实任务而作的。这种特定效用又叫现实执行效用，简称现行效用或时效。可见，公文的效用具有一定的时间性，可以说没有一份公文是永远有效的。虽然有的公文具有历史文献的价值，但从总体上来说，它还是着眼于现实效用，它是在现行工作中形成，在现行工作中使用，为推动现行工作服务的。一旦某项现行工作完成了，该项工作中所形成并使用的公文材料其作用也就随之结束，并将它们立卷归档。

文件的现行效用，从每份文件来说，时效的长短不等，没有统一固定的期限。有的时效长达几十年，如法律性文件、长远规划等；有的时效很短，如具体事项的通知等；有的时效期限不明显或并无确定性，如某些政策性指示、法规性文件等等。

3. 公文具有特定的体式

为了维护公文的严肃性和处理公文的便利，党和国家规定了统一的文种格式。任何机关不得违背这一规定原则，标新立异，自行其是。

## 二、文书工作的概念和特点

文书工作，有广义和狭义之分。广义的文书工作，就是指运用科学的原则、程序和方法，完成对机关文件的制发、处理与管理的一系列工作。狭义的文书工作，就是指机关单位内部文书工作人员所承担的文件的收发、登记、催办、整理与保管等方面的工作。

文书工作的特点主要是：

1. 政治性

文书工作的政治性是和公文本身鲜明的政治性相一致的。公务文书和文书工作都是国家进行管理行使统治权的重要手段。党和国家机关的文书工作的政治性，集中表现在它直接地忠实地为坚持四项基本原则服务；为贯彻落实党的各项方针、政策服务；为维护广大劳动人民的根本利益服务；为推动社会主义现代化建设服务。

2. 时间性

文书工作的时间性主要表现在迅速和适时两个方面。迅速，即机关之间，无论是对纵向的上下级，还是横向的不相隶属的平行单位，对往来文书的处理必须迅速及时，任何迟缓、贻误，都会影响工作的正常运转。适时，即文书工作必须严格按照规定的时间进行。有的公文，根据其内容与性质，根据工作部署，需要按级及时地逐级下达，范围逐渐扩大，不能一竿子插到底，必须按规定的时间下达到有关机关，并不是越快越好。可见，迅速和适时在文书工作中显得至关重要。否则，将会导致失密和泄密，造成工作上的被动。

3. 机密性

公文是国家进行公务活动的一种特殊工具。古今中外，任何国家的公务活动中，都有相当的一部分属于国家机密。那么，机密文件就充当了传达国家机密意图，领导和指导机密性公务活动的载体。尤其是高级首脑机关所制发的重要文件，其中有许多内容涉及党和国家的许多重大决策，涉及政治、经济、军事、外交等重要机密，另外，党政机关内部，其中相当一部分也具有不同程度的机密性，如果泄密、失密，势必会造成严重损失。因此，这就要求文书工作人员在撰制、办理和管理文件时要严格执行保密制度，文书工作中的任何一个环节都不能忽略，要树立高度的警惕性和责任感，真正做到保守机密“慎之又慎”。

4. 规范性

文书的形成、办理和管理有前后衔接的一套完整的文书工作程序。公文撰制，在公文格式、公文结构、公文语体等方面都有规范性的具体要求；文书处理，在传递、签收、登记、分发、拟办、批办、承办、催办、查办等环节上也都有规范性的具体要求；立卷归档更是有严格的要求。

## 三、文书管理工作的任务

办公室文书处理工作的任务是具体的、大量的，有时甚至还是无形的。概括起来主要有以下几项。

1. 收文处理

它包括对所收公文的登记、拟办、承办和催办等环节。

2. 发文处理

它包括对所发公文的拟稿、核稿、签发和发放等环节。

3. 文书存档

它包括对应立卷文书材料的收集、归卷和立卷等环节。

4. 文书的管理

它包括对登记、运转和暂存等诸环节上文书的管理，以及构成公文要素之一的机关印章的管理。在文书的管理中，关键抓分类，而办公室领导则要重点抓制度。完善的制度是使文书工作井然有序的保证。

5. 文书的利用

它是指机关、领导和各有关人员在公文运转和暂存等诸环节中对公文的利用。其中，关于利用，既有文书处理人员对公文内容的熟悉程度，又有制度上对利用者的方便程度。方便中既有文书处理人员的事业心问题，又有对业务的熟练问题。

## 四、公文行文制度

公文行文制度包括两方面基本内容，即行文关系与行文规则。

1. 行文关系

行文关系，指的是行文过程中要正确处理发文单位与受文单位之间的关系。目前这种关系主要有三种情形：一是上下级之间领导与被领导的关系；二是上下级之间业务指导与被指导的关系；三是平行或不相隶属的关系。公文的行文必须依据上述不同的关系分别采取不同的方式与文种，以此保证行文的畅通，这有助于提高机关工作效率。行文关系具体来说，主要有下行文、上行文、平行文三种公文。

2. 行文规则

（1）一般不要越级行文

向上级行文时，一般要注意按照直接的隶属关系，而不要越级。如县人民政府一般应直接向市人民政府，而不应越过市人民政府直接向省人民政府行文。若遇特殊情况需越级行文时，也应抄报直接的上级机关，以便直接的上级机关掌握情况，协助办理。

上级机关或业务主管部门向下级行文时也是一样，一般应按照直接隶属关系而不应越级。若遇特殊情况需越级行文时，应同时抄送直接的下级机关或业务主管部门，以便直接下级机关了解情况，协助办理。

（2）注意克服“越位行文”

机关行文要明确主送与抄送的适当范围和对象，掌握一定的适合位度，但在实际工作中，有的单位向上级请示问题，为了争取各方面的支持，往往搞多头主送。尤其是一些有双重领导关系或党的关系在地方，而行政关系在省、市、中央部委的单位，这种情况更为多见，可以称之为“越位行文”。越位行文一般以请求类居多，作者的本意是想使这份请示的现行效用尽快得以实现，尽早得到批复，但实际结果往往适得其反，由于多头主送，受文者要么互相都批，而意见相左，要么都不批，这都会使发文的目的难以达到。

有些领导机关下发文件，也会出现“越位”现象，具体表现为发文上的“一刀切”。目前在下行文中有种文件，叫某一级别的“普发文件”，如“本件发至县、团级单位”“本件发至公司、工厂”“本件发直属单位”等。

防止和解决发文“越位”的方法是：谁负有办理职责与权限，就主送给谁；谁需要知道或办理，就下发给谁。

（3）严格控制发文数量

要发挥公文的现行效用，制发文过少当然不行，但过多也不行。当前党政机关的发文情况，不是偏少，而是过多，使“文山”越堆越高。因此，应严格控制发文数量，做到发文量适中。

公文是完成公务的一个重要工具。但假若不能正确对待公文的作用，对它产生迷信，认为指挥工作只能靠制发文件，发了文件就是对某项工作的重视，甚至把发了多少文件，编了多少简报，上级的通报、简报、批转文件中使用了自己多少材料作为衡量工作好坏的尺度，就会陷入“文牍主义”，甚至走向反面，妨害文件的现实效用。因为文件过多，发者疲于奔命，收者忙于应付，这样既不利于决策，也不利于执行。

（4）行文要选准文种

无论上行、下行，还是平行公文，都应当注意发挥“函”这一文种的作用。上行请示公文中，对一些微小事宜或已有明确规定的问题，可使用“函”代行“请示”。下行文中，对于一些事务性的问题或日常工作中的一般事宜，也可使用函代行事务性通知，另外，平行文中，主要使用函，也可使用事务性的“通知”，但不能用指令性、决策性、指导性的文种。

## 第二节　公文的撰写技巧

### 一、公文主旨的确立和表现

对一篇公文来说，主旨是极为重要的。首先，从内容上分析，看它观点是否正确，对工作的指导是否明确，揭示问题是否深刻。其次，从主旨与材料、结构、语言的关系而言，主旨又是统帅。材料的详略取舍须按主旨的需要来确定；结构的安排，须从表现主旨出发；语言的运用，也得为表现主旨服务。再次，从文章构思、写作的过程来看，主旨又起着纲领的作用。如果事先主旨不明确，心中无数，纲目零乱，想到哪写到哪，杂乱无章，文章就不会写好、写成功。

1. 公文主旨的确立

确立公文的主旨，应从以下几方面去考虑。

（1）党和国家以及上级文件是公文主旨确立的直接依据

机关工作要根据上级文件精神进行，因此，主旨的确立往往要直接依据中央和上级的精神，按照党的政策和国家的规定考虑。有时甚至要在文稿中直接地、具体地写上根据中央或上级的哪个文件，本着什么精神，按照什么规定，要解决的是什么问题。所以，认真地学习、深刻地领会和全面地掌握中央和上级文件精神，对于公文主旨的确立是十分重要的。

（2）领导意图是公文主旨的具体要求

党政机关和企事业单位所撰定的公文，其作者是法定的某一机关、团体或某一企事业单位，或者是法定的某一级组织的领导人。所以，一篇公文是一个领导集体在工作活动中的产物。拟稿者在接受公文起草任务后，必须准确领会领导意图，这是确立公文主旨必不可少的重要条件。

（3）工作实践是确立公文主旨的直接因由

办公室工作人员在具体工作过程中，必然随时提出一些实际问题，要立即回答、处理、解决；或者要求制定政策、布置执行；或者要求反映情况、提供参考；或者要求进行商洽、研究方法，等等。这就是说，一篇公文主旨的确立，是有一个实际工作中的直接因由的。

2. 公文主旨的表现

明白显露，直陈其言，是公文表现主旨的特殊方式。主旨的表现，大体说来有以下几种。

（1）题目明旨

在题目中概括点明主旨。

（2）开门见山

在正文开头一段中标出主旨句，使读者一目了然。

（3）卒章显志

在文章结尾一语道破，或前提后点，开头揭示文章内容重点及方向，结尾亮底，点明主旨。

（4）片言居要

在文章中间内容重大转折之处揭示主旨，同时起到承上启下的过渡联系作用。

（5）一线贯通

主旨分散于一篇文章各个部分的小标题、小观点中，起到一个穿针引线的作用。

## 二、公文材料的选取和使用

公文写作的材料，就是撰写者在表现主旨时选用的具体事实、基本情况以及数字、引语等。选材，就是对占有的材料进行鉴别、筛选，把最有价值的材料选进文稿。

材料是构成文章的主要因素之一。如果说主旨是公文的灵魂，那么，材料就是公文的血肉。没有材料，主旨就不能确立。材料是公文写作的基础，没有材料，就无从谈写作。公文主旨一旦形成之后，材料又是表现主旨的重要支柱。因此，必须从严选材，做好材料查实、鉴别、筛选工作。

1. 材料的占有

材料的占有应多多益善。材料多了，选择起来就有余地，表达才能得心应手，分析和认识问题才可能达到相应的深度和广度。

（1）直接材料和间接材料

直接材料，是指凭借五官接触的事物，通过耳闻目睹，获得的第一手材料。它是通过自己的观察得到的切身感受，因而最新鲜，最实在，最有活力。但是，个人经历毕竟有限，事必躬亲，既不可能，也没必要，还得借助第二手材料，这就是间接材料。

（2）现实材料和历史材料

公文写作的任务，在于解决现实生活中提出的各种问题，因此，搜集和掌握现实生活中实际情况的材料是非常重要的。但是，对任何一个事物，仅仅看到它的现在还不够，还要看到它的发生、发展以及它的过去和将来，也就是不能忽略其历史材料。可见，公文写作，既要首先着眼于现实材料，又要尽可能多地了解有关的历史材料。

（3）具体材料和概括材料

具体材料就是典型材料；概括材料就是面上材料。具体材料和概括材料的有机结合，对于加强公文写作的针对性和指导性有着重要的积极意义。点面结合在汇报性、论说性的文件中，尤为重要。没有“点”上的材料，就往往导致文件的一般化，缺乏足够的说服力；没有“面”上的材料，就往往说不清问题，不能给人以宏观、全局的概念，同样会影响文件的社会效果。掌握这两方面的材料，也是公文写作的一个必备条件。

（4）正确材料和反面材料

这两种材料就是指那些能从正面或反面反映事物本质的材料。有比较才能鉴别，有鉴别才能决定取舍。掌握正面材料和反面材料，也是写好公文一个重要的环节。

2. 选材的要求

公文材料的选择要求主要表现为：准确、新颖、真实、典型。

（1）准确

就是指选用的材料要能够准确地说明主旨。其一，就整篇公文来说，选用的材料，必须从不同的侧面，紧扣主旨，针对性极强地说明主旨。就一个观点来说，选用的材料必须针对观点，加以准确地说明，决不能材料和观点相互脱节。其二，要选用能突出、明确、具体地说明主旨和观点的材料，给人以深刻的印象和清晰的认识。

（2）新颖

就是指材料能反映客观事物的发展变化趋势，说明客观事物的最新面貌，回答现实生活中人们最关心的、最迫切需要了解的新问题、新人、新事、新成果、新数据、新经验、新思想等。

（3）真实

就是指公文的观点和材料都必须实事求是，经得起实践和历史的检验。也就是指材料不能虚假，必须是实有的事物；材料本身必须能够反映事物的本质。

（4）典型

就是指材料能深刻地揭示事物的本质，具有代表性和说服力。这样的材料，由于能起到“以一当十”的作用，因而在文件的撰写中常常引人注目。因此，应当根据主旨和观点的需要，在同类材料中选取那些最生动、最有特点、最富有说服力的材料来。

3. 公文材料的使用方法

公文材料的使用方法大致有以下几种。

（1）先亮观点，后列材料

这样安排先声夺人，头绪清楚。常在段首概括亮出观点，然后列举事例陈述、说明，解释观点。

（2）先列材料，后摆观点

先介绍事实，或列举数字、依据，然后水到渠成地归纳概括观点。这样安排从事到理，说服力强。

（3）边列材料，边摆观点

夹叙夹议，既摆事实，又说道理，由浅入深，便于理解。

无论采用哪种方法，都要注意材料和观点之间的必然逻辑关系，即通过归纳、演绎、因果逻辑推导，从材料中得出必然的结论，不要使材料和观点相互脱节或者相互矛盾。

## 三、公文结构和安排

结构就是指文章内部的组织构造，指对内容恰当的组织和安排。具体地说，就是要使主旨清晰地、有条有理地贯穿全文，连缀成篇，做到首尾呼应，取舍得当，考虑好各部分的分合接榫，使全篇文章完整严密，内容充实丰满而不零乱。

1. 公文结构的组成部分

（1）标题

标题是文章的“眼睛”，必须重视标题的设计。

标题有两种基本形式：一种是公文式标题，程式性较强，表达平直；另一种是新闻式标题，采用单行标题和双行标题两类。单行标题有说明式、提问式、警句式，表示祈使、禁止、祝愿等意思。双行标题正标题突出主旨，副标题说明内容范围及文种。

（2）开头

公文的开头常常是开门见山，下笔入题，起句发意。或者开篇就点题，或者揭示全文内容的走向领起下文。常见的开头方法有以下几种。

①概括情况：介绍情况要切题，材料要准确、典型，表达要简明、概括。

②说明根据：常用“根据”“遵照”“按照”等词语领起下文，行文有据，增强了文章的权威性。

③介绍目的：开宗明义，表明行文目的，常用“为了”“为”“为此”领出下文。

④交代原因：有的用“由于”“鉴于”“因为”等领起下文，有的直接陈述原因。

⑤阐明观点：开头先提出结论性意见，下文再具体解释、说明、阐述。

⑥表明态度：开头先对转发、颁发的文件提出看法和评价。

⑦提出问题：设问句开头，提示文章主旨或主要内容，引起读者思考和共鸣。

⑧慰问祝贺：常用于礼仪性的文章、讲话稿。

⑨引述公文：常用于针对来文而撰写的公文。

⑩不另写开头，直接列写序号开始。

（3）结尾

结尾必须做到言尽意明。常见的结尾方法有以下几种。

①收篇点题：用简练的语言，画龙点睛，水到渠成地提出主旨；或对全文主旨简要概括，总结全文，形成完整印象；或针对文章开头交代的论题和初步揭示的主旨，前提后点，结尾点明主旨；或者进一步说明，深化中心，形成深刻印象。

②提出希望、号召：或由作者发出，或在文中说明谁发出，以指明努力方向，激励读者。

③提出意见、建议：或者针对文中主体部分对情况、问题的分析，提出解决的意见、措施，或者简略地提出贯彻、处理的要求。

④说明有关问题：根据行文的特殊要求，交代、说明一些与内容有关的事项。

⑤表示祝贺、慰问。

⑥自然结尾：在主体部分已言尽意明者，就不必另加多余的一段文字来结尾了。

（4）层次和段落

公文的层次，就是指公文要体现出客观事件的发展和阶段性、客观事物组合的系统性、客观事物内部的条理性和作者认识、表现客观事物内部的条理性以及作者认识、表现客观事物的程序性；事物发展的一个阶段、事物特征的一个方面、诸多问题中的一个问题、分析推论的一个分论点，等等，都可以组成一个层次。层次常常有外部标志，如部分的序号、层首句、小标题等。

段落是指一个个自然段。一般说来，它在文中是一个最小的可以独立的意义单位，具有低两格另起一行的换段标志，从形式上很容易辨认。

（5）过渡和照应

文章要做到脉络清楚，连缀成篇，文气贯通，浑然一体，就离不开过渡和照应。

过渡，是指层次、段落之间的衔接与转换。它是上下连贯的纽带，能够起到一种承上启下、穿针引线的作用，使全篇内容组织严密，浑然一体。常见的过渡方式有：

①段落过渡：在较大转折的情况下，安排一个简短的自然段承上启下。

②句子过渡：或在前一段的末尾，或在后一段的开头，多用富于提示性的句子或者设问句加以过渡。

③关联词或词组过渡：在层次段落间加上承上启下或表示关联、转折的词语。

照应，是指文章中不相邻的层次、段落的关照和呼应。即前面提到的，后面有着落；后面说到的，前面有交代。这样有助于加强前后内容的内在联系，增强文章的整体感。常见的照应方式有：

①首尾照应：一般开头提出问题，结尾作出结论，或者结尾深化结论，形式上使首尾圆合，内容上通过照应概括全文，突出主旨。

②前后照应：内容上反复强调重点，随时自然合理地加以照应，结构紧凑。

③题文呼应：在开门见山、收篇点题、片言居要等处照应标题。

2. 公文的结构安排

公文的结构安排一般都比较稳定，常见的安排结构的方式有以下几种。

（1）纵向组合结构

①直叙式：或按时间先后为序，或以事情的发生、发展或变化过程为序。这种结构比较单一，事情的来龙去脉十分清楚。常用于内容单纯、叙事性强的文种。采用这种方式时，要按照发展顺序，把事件恰当地纵剖成几个阶段，使层次正确、清晰；但要注意突出重点，兼顾一般，切忌平均使用气力，平铺直叙。

②递进式：就是作者在安排层次时，往往按事物事理的逐层深入关系来组织材料。这种关系，可以是由表及里，由点到面的层层剖析，也可以是由浅入深，由感性到理性的步步升华。但不管采用哪种形式，材料和材料之间的关系必须是步步深入的。采用这种结构形式，摆情况要翔实、简明；作分析要有理有据，观点鲜明；下结论要明确、具体；解决问题的办法、措施要切实可行。

（2）横向组织结构

这种结构的思路是横向铺排的。或按事物的组成部分展开；或按空间分布展开；或按事物的性质归属关系展开。

①并列式：就是作者在安排层次时，往往将性质相同的材料归纳在一起。

②总分式：作者在安排层次时，往往按事物的种属关系来组织材料。有的采用“总—分—总”的形式：就是先有一段“总说”即公文的前言，通常包括情况、存在的问题和写作目的等。再就是“分”，它是公文的主体部分，包括解决问题的意见、方法、措施等。最后一个“总”，是指内容和归纳、总结，或提出希望、要求等。另外，也有的采用“总—分”的形式，或采用“分—总”的形式。但无论采用哪种形式，材料与材料间的关系，必须是整体与部分的关系。

（3）纵横交叉结构

有些内容丰富、容量较大、篇幅较长的公文，常采用这种结构形式。采用这种结构，常常有主有从，要注意交叉，又不杂乱无章。

3. 公文结构安排的要求

（1）必须围绕主旨安排结构

在写作时不仅选择和确定材料应根据主题的需要，而且组织和安排材料，也必须根据主旨的需求，努力为表达主旨服务。

（2）必须要有明确、清晰的层次

层次是安排公文内容的逻辑次序，是公文的意义段、逻辑段、结构段、部分。层次的划分与安排，具体地展示了公文的结构，体现了作者思路，直接关系到结构安排的优劣成败。因此，要做到层次清晰，必须要正确反映客观事物内部联系的规律。

（3）必须做到完整、严谨、匀称

完整，是指公文的中心线索要连贯，有过渡有照应，有头有尾，不能顾此失彼，残缺不全；严谨，是指划分层次段落精当，组织严密，联系，紧凑，无懈可击；匀称，是指层次和段落的大小不能过分悬殊，主次详略得体，各个部分应搭配得当。只有精心组织，恰当安排结构，才能更好地表达公文内容，体现主旨，突出重点。

## 四、公文的表述方式

公文的主要表述方式是叙述、议论、说明。

1. 叙述

叙述是一种陈述事物状况和变化过程的方法。在公文撰写中，主要用来介绍情况，交代问题，说明原委。

叙述主要包括“写人”和“叙事”。在公文中一般不专门写人，但叙事是常用到的。具体说来表现如下。

（1）请示性、陈述性公文中的情况反映

请示性、陈述性公文的情况反映，是作为汇报的根据出现的，叙述在此起了很大的作用。

（2）商洽性公文中的事由

商洽性公文是平行机关或不相隶属机关之间经常用的一种公文，目的在于商洽工作。而商洽的事由和根据，必须通过叙述表达。

（3）指示性公文中提出的存在的问题

指示性公文中提出的存在的问题，是作为发指示的根据出现的。因而，指示才显得有的放矢，提出解决问题的办法，才具有坚实的基础。有的指示或决定就是这样的。

公文的叙事有以下要求：

①叙事清楚

即指公文叙事时，必须交代清楚有关的关系。

②叙事简括

即指公文叙事时，要求文字简洁、概括。公文中常常采用“概括叙述”而不用“具体叙述”。采用概括叙述，既可以交代清楚情况事件，使人有个总的清晰印象，又可以保证篇幅短小，使之便于批阅和处理。

2. 议论

议论即议事论理，也就是作者对所述情况或事件进行分析阐述，或者加以评论，以阐明自己的观点，表明态度。

公文中的议论主要作用是用来揭示层次的意义，证明文章的观点，揭示人们阅读时理解的方向。

（1）在上行文中提出需要解决问题的理由或者是存在问题的原因。上行文既然是被领导机关向所属的上级领导机关发送的公文，必然向上级领导机关汇报有关工作情况，请示问题，或者请求予以指导，这就要陈述理由，分析原因等。

（2）在平行文中提出的意见和要求。平行文既然是同级机关或不相隶属的机关之间发出的公文，就必须相互协商问题，联系工作。

（3）在下行文中提出的解决问题的原因和意见，以及应注意的事项和应采取的措施。

3. 说明

说明是对客观事物的介绍和解释，目的是使人们了解事物的情况、性质、特征以及内在的规律。说明这种表述方式在公文中占有很大比重，起着十分重要的作用。

公文的说明有以下要求：

（1）简而得要

就是指说明的语言要求，要简练而道出本质，有明确的规定性。不论是定义说明，还是法规性、条例性说明，都要在分寸上、界限上体现出解释的单一性和规定的确定性。对原则性公文，更要体现出这一点。

（2）言之有序

就是指说明要有条理性。事物本身是呈条理而存在的，我们说明事物也应该按一定的条理去反映。这样，才会给人明晰的印象。

## 五、公文的语言运用

公文的语言运用，除了应具备朴实、简洁、准确、严密的一般特点外，还应有自己独特的语言习惯。

1. 规范性词语的运用

公文的规范性词汇，反映了公文的行文关系和工作程序。我们使用时，可根据文种需要，酌情选取。主要有以下情况。

（1）开端用语

表示行文目的、依据、原因、伴随情况等。如：根据、为了、遵照，等等。

（2）引叙用语

即引叙来文时的用语。例如：前接、现接、现经、收悉、已悉，等等。

（3）称谓用语

例如：我（局）、本（公司）、该同志、该单位、贵（局），等等。

（4）表态用语

即根据表态程度不同，讲究用语分寸。如：照办、可行、不同意、原则同意，等等。

（5）征询用语

即表示征求、询问对有关事项的意见和态度的用语。如：当否、妥否、如无不妥、是否可行，等等。

（6）期请用语

即表示发文者某种期望和要求的用语。如：恳请、希望、切盼、请，等等。

（7）结尾用语

如：希望认真贯彻执行、现予以公布、为荷、为盼、此布、此告，等等。

2. 大量使用介宾结构

公文语言中介宾词组运用的频率很高。例如表示目的、手段的介词："为了""为""按照"；表示对象、范围的介词："对""对于""关于"；表示依据、方式的介词："在""根据""遵照"，等等。介宾词组在公文语言运用中，一般都充当状语或定语，并且连续运用，起限制、修饰作用，从目的、范围、对象、依据等各个方面对表述对象和内容进行限定，从而使其明确、严密。

3. 简缩和模糊语言

简缩是公文习惯用语的一个特点。它是一种高度简化紧缩的句式，是在原来句式基础上的重新概括与组合。使用简缩用语必须注意：一要约定俗成，不可随心所欲；二是避免歧义，注意地方性和区域性。

模糊语言，是指自然语言中带有模糊性的语言。使用模糊语言有积极的作用：一是对某些带有模糊性的概念，或不便使用准确的语言进行具体表述的对象，利用模糊语言可以达到表述的准确性；二是运用模糊语言能够使一些问题的表述留有回旋余地，具有一定的灵活性，便于因地制宜，变通执行，防止机械地搞一刀切；三是运用模糊语言对公文表达内容进行高度概括，可以明显减少公文的字句，避免某些表述内容的冗长。

## 第三节　收文处理

### 一、收文处理工作的内容

1. 收文的种类

机关所收到的公文，主要有以下六种。

（1）上级机关发放的指令性和指导性公文。

(2) 下级机关的请求性和平行机关、不相隶属机关的商洽和询问性公文。

(3) 上级机关的批复性和平行机关、不相隶属机关对商洽和询问事宜的答复性公文。

(4) 各部门的调查性和下级机关的陈述性公文。

(5) 内部刊物和简报。

(6) 其他文书材料，例如公开刊物和群众来信等等。

2. 收文的渠道

机关里，一般都设有外收发室和内收发室两种收发室，即外收发和内收发。外收发室，一般负责收机关所订的各种报纸和杂志，邮局送来的各种平、挂信件和电报，同时负责一些接待、咨询和值班等工作。这里的收文处理工作，是指内收发室而言，设在办公室内，主要负责接收通过以下几种渠道寄、送的公文。

(1) 机要交通局送的机要信件。

(2) 各机关和部门直接送的信件。

(3) 机要交通员从交换站接收的信件。

(4) 外收发室传来的一部分信件。

3. 收文处理的环节

收文处理工作，即是指对所收公文和信件的签收、拆封、登记、拟办、批办、分发、传阅、承办、催办等环节。

其中关键环节是拟办、承办和催办。因为承办工作一般在各有关业务部门体现，所以从文书处理部门的角度来说，主要是抓拟办和催办；尤其是催办，它是关键中的关键。

## 二、签收文件应注意的问题

1. 清点

对于文书处理人员来说，对所收信件的件数要清点认真仔细，看所收件数与投递单上所标件数是否相符，一旦不相符则应立即弄清，或在投递单上注明。

2. 检查

清点后要看所收信件的信封或信套上所注的收件机关、部门或姓名是否是应由本部门所收的。文书处理部门应收信件的范围是，在收件人处注有本机关名称、机关办公室或文书科名称，机关办公室负责人姓名，以及只注有机关或办公室“负责人”的。如有误投，应即退回，以免误时误事；如可以转递而又比退回省事的，也可以代收。

3. 签字

经清点、检查无误后，收件人要在送件人的投递回执单或送文簿上签字，并注明收到的时间。时间，一般写月、日即可，但对急件还应加注时与分。

## 三、拆封注意事项

1. 拆封时应注意保持原封的完好，尤其注意保持发信机关名称和邮政戳迹的完好，更不要破坏了封内的文书材料。

2. 拆封后要注意将封内的文书材料取净，清点清楚，放置整齐；需注意的既不要与已处理的文书材料混同，又不要让别人的在未登记之前拿走或挪乱。如发现封内文书材料有差误时，应及时向发文机关或部门询问清楚，并在登记时做相应的记载。

3. 对于应转至其他机关处理的公文，一般不登记，利用原封转出，并在收件的投递二联单上注明转往机关，同时请收件人在二联单上签字。只不过，要注意及时转出。凡转出的信件，一定要在拆封后确认无误时再转，不可在未拆封前盲目转出，以防止误时误事。对送错了的公文，则应退回，并加以说明，或在转往有关部门处理的同时回函告之。

4. 拆封后如发现是指定专人保管的绝密件，那么拆封的同志则要负责把它一直处理到底，除按公文要求和机关主要领导批示给指定的人员阅上，不得再转交他人阅读、传递和保管，以防扩散国家机密。待一定时期后，按有关规定立卷归档。

5. 当所收请求性和指导性公文或文稿，无发文机关印章或领导签字，或其他手续不齐全时，应拒收；对不符合行文关系要求的公文，除急件暂予处理外，一般均应予以退回。哪怕在处理急件时，也应回函告之今后不要如此行文。

## 四、收文登记注意事项

办公室在进行收文登记时，要考虑以下几点。

1. 确定登记与不登记的范围

公文的登记范围，对于不同机关来说是不同的；同一份文件在不同机关里起着不同的作用，所以对登记也有不同的要求。一般说来，登记的范围是根据收文的密级、重要程度和实际工作经验而定的。在一个机关里，需要登记的公文，主要有以下几种。

（1）上级机关的指令性和指导性公文。

（2）下级机关的请求性公文。

（3）平行机关和不相隶属机关的商洽和需要答复的公文。

（4）一切机密性公文。

（5）其他重要公文。

机关里每天都要收到大量的公文。如果都登记起来，不仅是不可能的，而且也是不必要的。为了节省不必要的劳动，以便把主要时间和精力放在一些重要公文的处理上，在明确登记范围的基础上进一步明确一下不登记的范围也是非常必要的。

在一个机关里，不需要登记的公文，主要有以下几种。

（1）各种公开的和内部无密的刊物和简报。

（2）一般性抄件。

（3）行政事务性的通知、介绍信和请柬等。

（4）公开信、公开发布的公文和私人信件等。

2. 采用簿记账进行登记

登记的方法，主要是根据机关的大小和公文多少而定的，公文较少的较小机关一般可采用流水式的簿记账，而公文较多的较大机关则应采取对公文按不同特征进行分类式的簿记账，严防乱登乱记和随登随记随丢失的不严肃做法；也不要要单篇，单篇账容易混乱和丢失。采用分类式的簿记账，是一种比较科学的登记方法。分类登记，一般可分为上级机关公文、下级机关公文、本级机关各部门公文和其他机关公文，其中又分为需要承办的公文和一般性公文。就一个省属的业务局来说，还可将全部收文具体区分为中共中央文件、国务院文件、主管部门文件、省委文件、省政府文件、有关局文件、下级机关文件和其他重要文件；其中主管部文件、省政府文件和下级机关文件又有主送和抄送之分，国务院文件也有主办和普发之分。有的机关还有些重要的或机密的内部刊物，也是需要单独登记的。对于不同类别的公文，可用口取纸在登记簿上加以区分，并注明。对于同一类的公文，在登记时则可采取按收文时间为序的流水方式。

3. 充分利用登记栏目

收文登记账簿栏目的设计是具有一定科学性的，科学的栏目，要求既简单又清晰，即使别人利用起来也能一目了然。利用这样的账簿进行登记，便会使收文的管理具有一定的条理性。登记栏目，主要有以下两种。

（1）普通收文登记栏目，即一般《收文登记簿》的栏目。登记的栏目，虽然不强求一律，但是一般应包括收文号、收文月日、来文机关、文件标题、发文字号、密级、份数、处理情况和备注等项，其中“处理情况”中又包括应分发领导、有关部门、领导批示、承办情况、存档和转往部门等项。较小机关的收文登记栏目，也可以酌情从简。其中，收文号，可以按所收公文类别将上级机关主送本机关的“公文”按 1001、1002、1003 的流水号排列，所属各部门主送本机关的“公文”按 2001、2002、2003 的流水号排列，其他的则可分别从 3001、4001、5001 开始排列，等等，依此类推。“收文月日”，按实际收文时间登记，如系急件，还应注明时、分；“来文机关”，按发文机关名称登记，或登记其通用简称；“文件标题”，可省略机关名称，按原标题中的文件内容和文件名称登记，也可合理地简化；“处理情况”，可按具体要求登记，如发现收文有差错时，便可在“备注”中加以注明。如所收上级机关公文系较多份数时，应登入发文账簿，按要求分发各有关机关。

（2）需承办“公文”的登记栏目，即《承（催）办登记簿》的栏目。这一登记栏目，其格式与普通收文登记账页中的栏目类似，只是将其“处理情况”栏改为承办部门、领导批示、承（催）办情况和处理结果等四项即可。

4. 登记的同时要在所收公文的首页书眉加盖机关文书处理章

凡是已登记的公文，都应加盖机关文书处理章。文书处理章，一般包括收文机关名称、分发领导或部门、收文号和收文时间等项。加盖文书处理章的作用，一是便于分发，二是便于阅后退回，三是便于退回后销账。如需阅后退回存档的其他文件，也应加盖“阅后退回存档”等相应的文书处理戳迹，以防应存档“公文”的散失。

5. 编制收文登记账页

一本比较科学的收文登记账，不仅便于收文的登记、管理和处理，而且会让人一目了然，更有助于提高机关的工作效率。收文的登记账页，可根据普通收文登记和承（催）办文件登记的要求分别编制。

## 五、拟办与批办

拟办是指文秘人员对来文应由哪位领导审批，哪一部门承办，以及承办过程中可能涉及的事项提出初步处理意见，以方便领导同志批办时参考。

这项工作一般由负责文件处理的文秘人员承担，主要有以下三种文件需要拟办：

上级机关主送本机关需要贯彻落实的文件；本机关所属部门或下级机关主送本机关的请示性文件；平行机关或不相隶属机关主送本机关需答复的文件。

另外，有些重要的保密性较强的资料、刊物以及所属部门和下级机关主送本机关的情况报告，虽然不需办理，但也要提出分发意见，在征得主管领导同意后方可分发。

1. 拟好拟办意见

拟办意见是拟办的直接后果，即拟请领导同志批示的文件，先由文秘部门进行详尽研究，提出处理意见，并附以有关参考资料和背景材料。有几种方案的还须分别说明利弊，以便领导同志抉择。

拟办意见是否准确恰当，将会对领导批办、文件运行和机关工作效率有直接影响。因此，就要努力吃透所要拟办文件的内容和需要解决的问题，根据不同问题、不同要求和不同情况，分别提出具体的、切实可行的拟办意见。

（1）处理上级机关主送本机关并需要贯彻落实的文件，要根据文件的要求和需要落实的问题，提出拟请哪位领导同志批示，由哪个部门承办以及送哪些领导和部门阅知的意见。对上级下发的阅知性文件，也需要根据文件内容提出分发意见。

（2）对本机关所属部门及下级机关主送本机关的请示性文件，依据所请示的问题和要求，提出由哪个部门承办和如何办理的拟办意见，切记不可按一个模式都写成“请×××同志阅示”“请×××同志批示”。如某单位关于派×××同志出国访问的请示，内容涉及外事、财政等部门，文秘人员就应该提出“拟先送外事、财政部门审签，然后再送主管领导批示”的拟办意见。这是由于领导对外事、财政方面的规定不一定全了解，先送给主管部门提出意见就可给领导最后审批提供依据，领导也好表态。

（3）在处理请示性文件时，常常会遇到多头主送、越级上报的问题，遇到此种情况要根据不同情况分别处理。对多头主送的请示，应关注的是请示的问题是否属于本机关职责范围，如确属本机关职责范围的事，应按来文机关的请示提出拟办意见，对不属于本机关职责范围的事，可不写拟办意见，只分送有关领导阅知。对越级上报的请示性文件，一般不予处理。但属重大紧急的，亦应提出拟办意见。对抄送本机关的请示性文件，一般不需提出拟办意见，分送有关领导和部门阅知即可。

（4）对平行机关和不相隶属的机关主送本机关并需答复的商洽性文件，则依据文件所提出的需要办理的事项、商洽的问题，提出应由哪位领导审批或由哪一部门承办和如何办理的拟办意见。

（5）对请示的问题，需要几个部门承办的来文，在提出拟办意见时要写清楚主办部门或主办人，并请主办部门牵头与其他部门商办。

（6）对一些难以提出拟办意见，或认为所提意见没有把握时，应先与来文机关或有关部门联系商洽，确实有把握时再提出拟办意见，以免由于拟办意见不准而造成错误行文。

（7）对承办部门提出处理意见后转回来的文件，在考虑承办部门所提意见和要求后再次提出拟办意见。对涉及部门多、处理意见又不一致的文件，要对各部门的意见进行认真分析研究后，再提出带有倾向性的拟办意见。

（8）提拟办意见要注意政策把关。这就要求考虑是否符合党和国家的方针政策，是否符合实际情况。要注意政策的连续性，防止有人钻政策的空子。

（9）拟办意见的表述，文字要准确，观点要鲜明，书写要工整，并且简明扼要，使人一目了然。拟办意见要写在“文件处理单”上，注意不可在文件上随意乱写。

(10) 为使领导同志准确地批办，拟办意见要随同有关资料、政策依据和背景材料一并呈送，供领导同志批办时参考。

2. 填写好批办单

(1) 选择承办部门，并明确该文件由哪几个或哪个部门负责承办。

批办意见要填写在“文件批办单”或“请示批办单”的“领导批示”栏内。凡属由两个或两个以上部门负责承办的文件，在批办意见中必须指定一个牵头部门，否则就会出现有利的文件互相抢、无利的文件互相推的现象，或各自按本部门的意见办，给工作带来矛盾或麻烦。如，前几年国家××部有一关于派人出国考察的文件，××省人民政府收到后由于在批办意见中没明确牵头部门就转送有关厅、局研究，结果有关厅、局都以本部门为主提出了出国人员名单，争论了好几天才定了下来。对无利的文件互相推脱的事例就更多了。

(2) 指明如何承办和承办到什么程度。

就是说，是调查、研究后直接行文贯彻或答复，还是提出处理意见后退办公室或呈报领导审批，以及该件由哪个单位存档。

(3) 对要件和急件，要限定承办完毕的时间，以免误时误事。

(4) 处理批办文件要及时。

为确保批办文件处理得及时，除领导重视对批办文件的处理外，很重要的一点就是要减少文书处理工作的中间环节；同时，文书处理人员要与负责批办的领导保持密切的联系，并随时掌握其去向，以便于随时呈送。有的机关的文秘长坚持每天两次定时到文书科处理文件的制度，就是个很好的办法，它既可以保证文件的及时处理，又可以减少文件呈送中的丢失。

## 六、分发文件注意事项

1. 及时

文书处理人员对领导已批办或可按常规处理的文书材料，必须及时处理，切实做到当日事当日毕，急事急处理。特别是对国务院文件和省政府文件等上级机关送来的文件，更要及时处理，而且要作为急件处理。

2. 坚持“三主”优先原则

凡对多份数的同类文件，分发时均要保证机关主要领导、主管领导和业务主管部门的需要，然后再根据文件数量和工作需要分发有关领导和部门。

如遇只一份而又亟待处理的特急件，也可先送业务主管部门阅处，由他们提出处理意见后再请示领导，或边处理边汇报，或事后汇报。在这种特殊情况下，需要的是灵活，而决不能按不变的程序处理而误时误事。

3. 除对应承办的文件要附“批办单”和加盖文书处理章外，对一些不需登记的文书材料也要注明所发领导或部门的名称。

4. 分发文件要登记

（1）分发给领导文件的登记。分发给领导需要登记的文件是比较多的，一是固定的文件，二是传阅的文件，三是需批办的文件。这些文件都是很重要的，为了不发生差错或减少差错，都需要做相应的登记。当然，这种登记，在领导没有文秘的情况下，也不一定要领导签字，登记的目的是便于回忆、查找和催办，以免误时误事。如有文秘，则应请文秘签字。

（2）分发给机关各部门文件的登记。这种登记是以部门为户头分类的，登记的账簿与登记文件的账簿相同。

（3）分发给外机关或部门文件的登记。这一登记，要特别注意签字手续。签字，可以在文书处理部门的收文簿上；但因有的文件往往需要先后转往几个机关或部门，所以为了保持收文账簿的整洁，又便于查找，则可另立《转出文件登记簿》。

## 七、组织文件传阅

1. 传阅的文件，呈送时要单独放置

通常，传阅文件都是与其他文件一并呈送的。这就要求，在呈送文件时对所送文件就应予以区分，可以分为上级指导性文件、需要批办或签发的文件、传阅文件和一般参考性文件，以便于领导阅文件时能根据时间多少和文件的轻重缓急分别处理，进而保证及时领会上级文件精神。

2. 传阅时注意保密

要注意使应阅的人员和部门都能及时阅到文件，但又要注意不要让不应或不需阅的人员都去传阅，以免泄露机密或给一些人员增加不必要的负担。

3. 设立《传阅文件登记簿》

《传阅文件登记簿》的格式，要依据文件和应阅人的多少，和工作习惯而定。一般有以下两种账簿可供选用。

（1）以人为户头，将一传阅的文书材料，仿效分发给领导的文件的登记方法都登记在一个横格里。它比较适用于给领导文件较多的机关。

（2）以文件为户头，即将中共中央文件、国务院文件、省委文件和省政府文件等分别为户头，同一类文件按流水号排列，将同一文件已阅的人员登记一个横格里。

4. 对传阅文件，除有传阅账簿外，在传阅中还应附有“文件传阅单”

“传阅单”上一般包括送阅文号、时间、应阅人姓名（部门名称）、签字和领导批示等项。

5. 传阅时间

文件的传阅时间往往较长，因此退回时应随时翻阅一下，凡已过时的文件或应阅人已以其他方式了解了的文件，均应剔除，以便减少不必要的传阅，进而节省领导的时间。

6. 文件退回后发现有领导批示时，要及时按批示意见处理

7. 文书处理人员要采取适当方式向机关领导和各部门宣传

所阅文件阅后要退回文书处理部门，为了防止传阅中积压或忘记去向一般不要“横传”，如遇急件阅后直接转出时要告诉文书处理人员，以便于转账。文书处理人员如发现领导未退应退文件而已转出时，便应主动询问文件去向，以便于做相应记载。

8. 灵活掌握文件的传阅顺序

传阅文件，一般不以机关领导的正常排列顺序为序，而是应该让机关的主要领导和文件所涉及业务的主管领导先阅，其他领导后阅；在机关的领导先阅，外出的领导后阅。

## 八、收文承办工作

负责承办的部门或人员收到领导批办的文件后，要认真研究文件的内容和批办意见，并按批办意见抓紧处理。承办部门或人员要及时地将处理意见呈送领导审定并报告处理结果；有文字材料或前案材料的，要一并附上。如所收批办文件不属本部门处理范围时，应将文件及时退回办公室文书处理部门，并说明情况。

凡批办意见中要求由某部门牵头处理的，该部门则应准备好有关文件和处理意见，邀有关部门一起会商，并负责归纳整理意见，将定稿送有关部门会签后再报领导审定；参加其他部门主持的会商或会签工作时，也应积极负责，共同做好。

凡属急办文件，一定要立即办，不得积压和拖延，一旦误时误事，则要追究责任。

承办人员提出的处理意见，应填写在“批办单”上的“处理结果”栏内，或另附文，不准在文件上乱写乱画。处理意见要经部门领导签字或加盖部门印章后再退文书处理部门，个人不得随意答复。凡在“请示批办单”中已明确由承办部门处理后直接答复并存档的，除将处理结果与答复情况填入“回执单”内并退回文

件处理部门外，文件和“批办单”均不必退回。

为防止承办文件的积压，承办人员对所收批办文件应按处理情况将其分为需要请示文件、待办文件、待答复文件和办结存档文件，分类放置，并经常翻阅登记账簿，检查处理的进度，发现漏洞及时弥补。

## 九、收文催办工作

1. 明确催办文件的范围

在文书处理工作中需要催办的文件，主要有以下几种。

（1）上级机关主送本机关并需要承办的文件。主送本机关的文件有专送和普发两种。无论是专送的还是普发的，凡是需要贯彻落实的都需要催办，以便加快承办速度。

（2）下级机关主送本机关的请求性文件。

（3）平行机关或不相隶属机关主送本机关并需答复的文件。

2. 明确催办的对象

催办对象，就是负责承办有关文件的机关、部门和人员。他们在承办后有的需要答复，有的需要报告，有的需要将文件退回。催办的对象，主要包括以下几类。

（1）下级机关

负责对上级机关工作部署的贯彻落实及有关问题的调查报告。

（2）本机关各部门

负责对上级机关文件和工作部署的贯彻落实，以及对下级机关请求性文件、其他机关商洽性文件的承办和答复。

（3）本机关领导

负责对有关文件的签发、批示和批办。

（4）上级机关

负责对本机关某些重大问题“请示”的批示和批复。不过，在催办对象中主要的是本机关的各部门和领导。

3. 注意采取多种有效的催办形式

经常运用的催办形式，主要有以下几种。

（1）电话催办。当需承办的文件发出一定时期后，文书处理人员便可用电话询问一下承办情况。催办的时间，各机关可根据情况而定。

（2）发函催办。在同一文件的承办涉及较多部门而又多未及时办结时采用。

（3）上门催办。文书处理部门派人直接到有关部门催办。

（4）请有关部门到机关汇报有关文件的承办情况。

(5) 定期公布各部门的承办情况。

每到年末或年中，机关办公部门便可将机关批转各部门承办的和已办结的文件数量，列一统计表发至各部门，同时送机关领导。

4. 加强对催办工作的领导，发挥机关的权威作用

催办，是提高机关工作效率的有效方法，各级领导都应学会运用这一工作方法，并加强对催办工作的领导。加强对催办工作的领导，主要包括以下几项内容。

(1) 配备较强的催办人员。

(2) 建立健全催办制度。

(3) 领导要经常检查文件的承办情况，听取催办工作情况的汇报，而且对大而难的问题应亲自催办或主持研究处理。

(4) 在必要时要发挥机关的权威作用，推动催办工作的有效开展，促进机关工作效率的提高。

5. 建立《承（催）办登记簿》

为了加强对应催办文件的管理和便于开展催办工作，建立《承（催）办登记簿》是非常必要的。在较大机关里，可将下级机关的“请示”等应承办并答复的文件，直接登记在《承（催）办登记簿》内，并以此代替《收文登记簿》，减少重复登记。在较小机关里，可在《收文登记簿》内单列出一类，或在《收文登记簿》中做个特殊标记。上级机关发来并需要承办的文件，多属主送件，可与上级机关主送本机关的文件登记在一起，同时做一催办的特殊标记，以收文账兼做催办账，利用起来也是很方便的。特别是对上级发来的急件和限期办结的文件，在登记账上更应做明显标记，并及时催办。

## 十、收文办复工作

1. 要按照既定的行文关系进行答复

这就是说，要根据收文所标示的行文关系，由受文机关直接向行文机关答复。如业务部门受机关委托向下级机关作答复时，应在文首注有“受机关委托”或“经机关领导同意”等字样；如业务部门对下级机关的来文已答复下级业务部门时，应同时抄送越过的下级机关。

2. 对一些一时不能答复的请示性收文要及时说明情况

对有些下级“请示”并不是一时都能答复的，如要求列计划项目的，一般只在年初的计划会议上统一列一次，年中再补充、调整一次，除特殊情况外是不便于随时批复的；下拨编制指标、社会救济款和城市房产维修费等也有类似情况。尽管如此，也应向对方打打招呼，以便于使其有一定思想准备。

3. 注意选择办复的有效形式

办复的形式，主要有文复、电复和面复等三种。文复包括行文批复、电报批复和下达指标等。凡系政治性和政策性较强的和涉及其他重要事宜的，均应文复；其他一般事宜的均可电复或面复，但是凡电复和面复的，均应在所针对的收文上加以详细记载，以备查考。

另外，需要注意的是：办复要及时，急事要急复。

## 第四节　发文处理

### 一、发文处理工作内容

1. 发文的种类

机关所发的公文和机关收文类似，主要有以下几种。

（1）向上级机关报的请求性、询问性公文和向平行机关或不相隶属机关发的商洽性公文。

（2）向上级机关报的陈述性公文。

（3）向下级机关发的批复性和向平行或不相隶属机关发的答复性公文。

（4）向下级机关发的指令性和指导性公文。

（5）向本级机关各部门发的指令性和指导性公文。

（6）向有关机关或部门发的各类简报。

（7）所发的其他各类公文，如典型材料和信件等。

2. 发文的渠道

机关公文的发放，主要通过如下几种渠道。

（1）文书处理人员直送。这主要是针对机关的领导、机关各部门和附近的有关机关。

（2）机关的文秘和各部门的文书处理人员直接到机关的文书处理部门取。

（3）通过机关的机要交通员投递。

这种方式，主要是通过机要交通局、邮局和交换站，有的还需要直接送达。

3. 发文处理的环节

发文处理工作，包括欲发公文的拟稿、审阅、会签、核稿、签发和公文的编号、印制、加印、发放和注办等十个环节，其中的关键性的环节是拟稿和核稿。

## 二、拟稿

拟稿就是起草文件的初稿或草稿。初稿或草稿的作用是供修改、讨论和审阅用，不具有任何法定效力。

1. 拟稿与文书处理工作的密切关系

(1) 标题的醒目程度直接影响着文书处理的速度。公文的标题，包括公文的作者、内容和名称等三个要素，是公文的总提要。收发文各处理环节的登记都是根据公文标题而进行的，特别是公文的处理和管理中的分类，都是依标题为根据的。这样，工作起来，既简便又迅速。如果标题不醒目，登记时就得翻阅公文内容，特别是管理中的分类更必须不止一次地翻阅内容，以免将类别分错，影响利用。这样，必将会大大增加文书处理工作人员的工作量，拖长文书处理工作的时间。

(2) 行文关系的准确程度直接影响着文书处理工作的效率。它包括以下两层意思。

①直接影响着公文印制和发放的工作量。每一份特定的文件，都是有一定的主送、抄报和抄送机关的，假若乱抄乱送，势必要增加印制份数和发文工作量；假若漏掉了应抄报或抄送机关，回头补印，那就更费时费力了。

②直接影响着承办工作的效果。

(3) 文字的精练程度直接影响着机关的工作效率。机关的工作效率是体现在诸多方面的，同一时间里所处理公文的多少，就是其表现之一。文字一短，就会在同一时间里多处理许多公文。

(4) 内容的明晰程度直接影响着其社会效益。行文与做其他工作一样，都是要讲求社会效益的。公文的社会效益主要取决于其内容的明晰程度，公文的写作水平，主要也是体现在正文部分里：主题是否明确，理由是否充分，结构是否严谨，层次是否清晰。写作水平高，会给行文机关创造巨大的社会效益；写作水平低，则会将公文变作一张废纸，误时误事。

(5) 字迹的清晰程度直接影响着印制速度和承办效果。这有以下两种情况。

①文稿的清晰程度。它包括字迹是否工整和是否洇化。不工整是书写直接造成的。洇化是用以书写的笔墨质量造成的。字迹不工整会直接影响打字或拣字的速度和日后的凭证作用，字迹洇化容易模糊，也会影响日后的凭证作用。

②正件的清晰程度。这主要是指打印件说的。不清晰的公文，说明行文机关对这项工作就不够重视，特别是有的公文印得非常模糊，使人难以辨明字迹，那就更无法处理了。

2. 拟稿组织工作

（1）由机关办公部门的文秘人员拟稿

文秘人员，在不同机关里所指的对象也不尽相同。在中小机关里，一般指机关文秘、办公室负责人，以及文书工作人员；在较大机关里，一般指负责文字综合的人员，有的设综合科，还有的设综合处。由文秘人员拟稿的公文，一般有报告、通告和函等行政事务或综合性的公文。因为文秘人员经常接触机关领导、各种会议、各种公文和有关信息，对于领导意图、上级精神和各种情况都比较了解，便于整理、归纳和综合。

（2）业务部门的有关人员拟稿

业务部门的有关人员，一般指的是业务部门的负责人、业务工作人员以及部门里负责文字综合的人员。由业务部门拟稿的公文，一般有决定、条例、布告和请示等业务性较强的公文。因为他们熟悉有关的业务工作、具体政策和业务工作中发生的一些实际问题。自然，由他们拟稿的有关业务方面的公文，就能够更切合实际，既体现了工作中的规律性，又便于实际工作中的贯彻执行。当然，也可由文秘人员与业务人员共同拟稿。

（3）机关领导亲自拟稿

领导亲自动手草拟公文，这是我党一贯提倡的作风。由领导拟稿的公文，一般有报告、命令、指示、批复和讲话等政策性较强的指令性和指导性公文。因为领导了解上级精神早，掌握下级情况多，而且吃得透，看得准，所以由他们亲自动手草拟公文，对贯彻上级精神和指导下级工作，都是非常有利的。

（4）组织文秘班子共同拟稿

文秘班子一般是由有关文秘人员和各有关部门的文字综合人员共同组成，并由办公部门的有关领导负责的。由文秘班子拟稿的公文，一般有报告、纪要、总结和讲话等大型的综合性公文。这类公文，不仅文字量大、思想性强，而且问题复杂、涉及面广，所以如果不组织一个文秘班子，而只靠一两个人，是难以完成的。

3. 拟稿中的注意事项

关于拟稿时或拟稿后应掌握和注意的问题主要有如下五方面。

（1）在文稿前边要用公文稿头纸。一般机关都备有公文稿头纸，拟稿时一定要逐项填写清楚。公文稿头纸的格式，一般包括：标题、主送单位、抄送单位、拟稿单位、拟稿人、联系电话、单位领导签署、有关部门会签及签发等等。有的基层单位或小的机关，平时行文数量很少，一般不准备现成的公文稿头纸。需要行文拟稿时，要在文稿上空出适当位置供核稿、签发用。与此同时拟稿人一定要签名，以备查询。

（2）文件发送范围要写得明确、具体。一般有如下三种情况：一种情况是单称单位，即发给一个或几个单位，允许把单位名称明确写出。另一种情况是全称单位，即发全部所属各个地区，各个部门，如国务院文件可以发送“各省、自治区和直辖市人民政府，国务院各部委”。以上两种情形，都比较容易确定，而第三种情况，则介乎上述两种情况之间，应特别指定的一些单位，可称之为特称单位。这种情况，一般不适合出现“各有关单位”之类的字样。因为“有关”是一个不确定的词，会给以后的各个工作程序带来麻烦和混乱。找不到拟稿人，就容易造成误时误事。遇到这种情况，可以采用以下四种处理办法：一是发给所谓“有关”单位数量不多，可以把有关单位的名称一一列出，即把特称单位变为单称单位。二是不发的单位数量不多，而可以在全称单位后加括号列出不发的单位，如“各地、市人民政府”。三是对所谓“有关”单位进行概括，明确范围但又不致发生异议，应该尽量避免用“有关”一词。如“华东六省一市和××省、××市人民政府”。四是发送单位数量较多，这种情况上述三种办法都无法解决，所以必须写成有关地区、有关部门时，拟稿人必须同时用稿纸列出发文清单，一一列出有关地区、有关部门的具体名称，附在文稿后，以备查用。

(3) 拟稿人要把形成文稿有关的文字资料和拟稿的依据附在文稿后面。比如，被动制文，要附上与之相应的收文及领导批示。而关于某些主动制文，有领导同志的书面意见及便笺批示等，也应附上。需要注意的是，领导同志的批件及意见要附原件。有人为了工作参考，有时自己保留原件，而把复印件附在后面，使领导批示原件与文稿分离，这样不利于文书立卷及档案的完整，正确的做法则应该是自己保留复印件，而把原件立卷、归档。

(4) 批转报告也是发文的一种形式，一般在拟好报告稿的同时，代拟批语，然后将报告稿和批语文稿一并送领导机关核发，而不必像一般工作报告那样先将报告编号、打印，经领导机关领导人指示后才另批批语，以免费时误事。

(5) 主管部门拟以领导机关名义发的文稿，要经部门领导审核签字，尤其涉及其他部门的问题，要送请其他部门会签。文稿几经审核，修改校对，以及文字潦草等，要抄清后再送审。

## 三、文稿要经部门领导审阅

部门为机关代拟的文稿，主要有以下两种。

1. 部门受机关委托为机关所拟的有关本部门业务或其他有关的文稿。

2. 部门要求以机关名义批转的本部门公文的文稿。凡要求以机关名义批转的部门公文，均系部门的重要公文，而且其内容又往往需要其他有关部门共同贯彻执行。这类公文，如果以部门名义制发，因部门之间没有隶属关系难以贯彻落实；如以机关名义批转，其他部门见机关已经批准其要求或规定，便会视为机关公文，认真贯彻执行。凡部门要求以机关名义批转自己的公文时，均需同时为机关代拟批语，与文稿一并送审。

部门领导审阅的任务，主要是审核文稿中所涉及的业务和政策等内容是否属实和准确；同时，对文稿中的语病也要进行修改。

## 四、组织文稿的会签工作

需要会签的公文文稿，主要有以下几种。

1. 要求以机关名义批转并涉及其他部门业务的公文文稿，这主要有以下几种情况：一是文稿中所涉及事宜与其他部门的业务有交叉，在日后的工作中需要互相配合，共同贯彻执行。二是文稿中的有关规定与其他部门以往的有关规定有一定的矛盾，需要协商，并做相应的调整。三是为避免与其他部门的工作发生冲突，而事先向有关部门征求意见，以便于协调一致，保证日后工作的顺利进行。

2. 部门的会议纪要，会议纪要中所涉及的问题往往是多方面的或综合性的，所以经常与其他部门的业务形成交叉。因此，“会议纪要”文稿基本上都需要与有关部门会签。

3. 联合发文的文稿，几个部门的联合发文，自然要涉及几个部门的事宜，并需要日后共同贯彻执行。

会签工作要尊重各会签部门的意见。尊重各部门的意见，就是在文稿修改中要尽量吸收其合理部分，没有吸收的不同意见也要附在文稿后面，供机关领导审批时参考，或请领导出面协调，或请领导裁决。

## 五、核稿

1. 看文稿是否符合程序

（1）有无拟稿部门领导的签字或部门印章。

（2）该会签是否已经会签。

（3）文稿是否经机关文书处理部门登记。

2. 看文稿应不应该发

（1）实际工作中是否提出了文稿中所提出的要求。

（2）文稿中所谈事宜是否已经过时。

（3）文稿中所涉及的事宜是否曾以其他形式阐述过。

3. 看文稿内容是否符合政策

（1）是否符合当前的总政策。

（2）是否符合本部门的具体政策。

（3）是否与本机关或部门以往公文中的有关政策相矛盾。

（4）是否与其他机关或部门的既定政策相抵触。

4. 看文稿的要求能否实现

（1）要求是否切实。

（2）是否有实现的措施。

（3）措施是否具体。

（4）是否具备落实措施的条件。

5. 看文字表达得是否准确

（1）文字是否通顺。

（2）推理是否合乎逻辑。

（3）主题是否明确。

（4）引文是否准确。

（5）标点符号是否妥恰。

6. 看行文关系是否正确

（1）主送机关确定得是否准确，特别是请示的主送机关确定得是否准确。

（2）该抄送或抄报的机关是否已抄送或抄报。

（3）公文名称运用得是否妥恰。

（4）是否应联合行文。

（5）平行机关或不相隶属机关之间是否有行指令性或指导性“公文”的。如有，应改正。

7. 看公文格式是否妥恰

（1）“发文用纸”的有关项目是否填写齐全。

（2）文稿用纸是否规范。

## 六、公文签发

1. 签发的程序

凡欲以机关名义发出的文稿，均应由机关领导签发，特别重要的则应由机关主要领导签发，或经集体讨论后由主要领导签字，并注明讨论通过的情况：在既定的方针、政策、计划、法令、决议等范围内的一般业务性文稿或例行文稿，则可由主管领导签发，也可由领导委托文秘长或办公室主任签发。

凡欲以部门名义发出的文稿，应仿效上述欲以机关名义发出文稿的签发原则，由相应的部门领导签发。但是，凡涉及方针、政策性的重要文稿，还应送机关主管领导审阅，并加签。

凡欲发出的一般事务性函件的文稿，为减轻机关领导不必要的负担，其签发手续可以从简。至于如何从简，应根据各机关或部门的具体情况或习惯而定。

领导对其所签发的文稿要负全部责任。

先审后签，是各级领导在签发文件时必须坚持的重要操作程序。签发人对自己核准的文件从政治内容到文字都要负完全责任，未经过目就签字同意，那将是十分危险的，也就失去了“签发”的实际意义。领导人在签发前审阅的重点是：

看是否需要行文，该按谁的名义行文。关于是否需要行文，应该掌握的原则是：可发可不发的公文坚决不发；凡在会议上已部署了的工作，或在报刊上已经发布过的公文，除印制少量供存档的文本外，一般不要再重复行文；凡是能够通过口头汇报、请示或通过当面协商即可解决的问题，不要行文。

看是否符合国家的法律、法规和方针、政策及有关规定。要仔细审查文稿内容是否与现行法律、法规及上级机关的同类文件不协调或相抵触的地方，做到准确、严谨、滴水不漏。对那些地方性行政法规或规章类的文稿，如条例、规定、办法、细则、规划等，要视与平级机关或机关以往的有关规定是否相互矛盾，是否保持连续性。如矛盾，就会使执行者无所适从，或各取所需，造成混乱，而且可能增加往返请示、答复、解释之类的事情。因此，在审阅时要做到既不能打本机关的嘴巴，又不能只顾本机关、本部门的工作方便，而置别的机关、别的部门于不顾。

看是否需要与有关部门、地区协商、会签，是否经主办部门负责人先行审核，是否经文秘部门审核、登记。如发现文稿内容涉及其他部门的职责范围或相关地区的管理权限，且又没有协商、会签时，首先暂不签发，然后责成主办单位组织协商、会签后再送审。如文稿是由某一主管部门代替领导机关起草的，在送请机关领导人审阅前，应由主办部门负责人先行审核，并签具审核意见及姓名与日期。如果主办部门负责人没有审核，或审核后没具体意见，则须责成主办部门采取补救措施后再送审。如果主办文稿的业务部门越过对文秘部门直接呈送机关领导人签发，而又非紧急的文件，也应责成其先送办公室审核、登记后再送审。如果领导人直接签发，就会打乱正常的公文处理程序，加重自身的阅文负担，也不利于充分发挥文秘部门的作用。

审阅文稿时要尊重主办单位或拟稿人已经付出的劳动，只要文稿在大的方面没有问题，就不必吹毛求疵。但如发现存在重大问题时，就不要迁就，甚至可以推倒重来。

2. 签发的方法

领导签发文稿时，应在“发文用纸”的相应栏内准确地签上“发”或“印发”，或“抄清后发”，或“铅印发出”等具体意见，并签字，注明日期，以示负责。如认为文稿还应请主要领导审阅时，则应注明“请××同志阅后发”。总之，签署的意见要具体，态度要明确，千万不要写些模棱两可的意见，也不能只画个“○”，特别是在会签中有不同意见时，机关领导更不能只画个“○”。同样，只写“请××、××、××同志阅，如果大家没意见我也同意”一类的做法，也是非常不负责任的。自然，为了表示负责，名字也应签清楚，以便于辨认。

领导签发文稿时，必须对文稿的内容、文字，特别是政策性的规定，进行严格的审查和修改。如文稿需要作较大改动时，可以委托办公部门的核稿人员或拟稿人改写，然后再审阅、签发。有的领导在签文稿时不够认真，既容易给工作造成不应有的损失，又容易使自己犯失职的错误。

## 七、发文字号编制

1. 发文字号的排列形式

发文字号，一般有两种排列形式，一种是按机关代字、文件类别、年代和文件流水号的顺序排列，如“中发［1991］1号”；另一种是按年代、机关代字、文件类别和文件流水号的顺序排列，如“（88）吉财行字第642号”等。

2. 发文字号中的类别标志

在发文字号中加一个类别标志，主要是在较大机关里由于文件的发放数量较多而引起的。加一个类别标志，虽看起来比较麻烦，但在事后的查找、管理和联系来看却比较方便。因为类别标志反映的是文件的业务内容或文件的拟稿部门，标明该文件在拟稿和贯彻执行以及监督上是以哪个业务部门为主的，所以收文机关在贯彻执行中如有什么问题便可以直接与上级机关的业务主管部门联系或请示。也有些单位是以签发文件的领导的“姓”为文件分类标志的，其优点主要是在文件贯彻或处理中，如发生问题，便于直接向签发领导请示。因为领导都是具体分工的，所以以签发领导的“姓”为分类标志，基本上也是反映着文件内容的类别的。

不过，以机关签发领导的“姓”为准，并不像以拟稿部门的代字或“公文”内容所属类别的代字为准那样好确定，因为在“公文”签发栏里签字的不只是一位领导，甚至也不只是两位领导。因此，如果一份文件是由两位以上领导签发的，那么在确定文件分类标志的“姓”上就应有个原则，即以主签领导的“姓”为准。如何确定谁为主签领导呢？这就需要对具体情况做些具体分析。在一般情况下可以这样确定：在签发意见的领导中，如有机关主要领导时则以主要领导的“姓”为准，如无主要领导时则以主管领导的“姓”为准，如签发的两位领导都是主管领导时则以排列在前边的“姓”为准。在特殊情况下可以根据领导签发的具体意见确定：如一领导签“请××签发”，则以“签发”领导的“姓”为准；如签“请××阅后发”，则仍以第一个签字的领导的“姓”为准。

3. 联合行文的发文字号

如属几个单位或部门联合行文时，发文字号可以按各自的排列形式，将几个单位或部门的文号并排在一起，也可以只用主办单位或部门一家的文号。如，国务院与中央军委联合行文时，一般都是只标主办单位一家的文号。

4. 编制发文字号的时机

编制发文字号，是一道很重要的程序，文稿如果没有文号，一般说来印制部门是不予印制的。另外，文号编制的程序也不能与其他程序颠倒，即不能先编号后核稿或后签发。因为有些文稿的核稿和签发的速度比较快，有些则比较慢，这样就会出现先编的小号后发出而后编的大号先发出的现象，致使文号与行文时间不协调。如果编号之后领导不签发，则会出现空号现象，不便于公文的管理；如另补一个文件，同样会出现文号与行文时间不协调的问题。

5. 发文字号的位置

发文字号的位置，在正式公文上，一般在套红的公文机关种类名称的下边；因为函没有套红的公文机关种类名称标志，所以函的文号一般放在右上角处。在文稿上一般可以按着上述位置标，如文稿附有“发文用纸”时，则应将文号填在“发文用纸”的相应位置上。

在报刊上公开发布的公文，可以不编发文字号。

## 八、公文印制

1. 印制

公文的印制工作，随着各机关条件的不同而不同，有的手抄，有的复写，有的刻蜡纸，有的打字，有的用机械印刷。从公文的角度研究印制工作，主要是为保证公文的质量而对印制工作提出一些有关的要求。

（1）要印制整洁，排列均匀，字迹清晰，内容无误，规格统一，印制及时。

（2）印制人员要对原稿负责，如发现疑、误时，应及时与核稿人员取得联系，不得擅自改动。

（3）印制机密性文件必须在机关打字室或特定的保密印刷厂或保密车间进行，不得乱在外边印刷。

（4）凡翻印机密性文件均需取得原发文机关的同意，否则不得翻印。凡属需下级机关贯彻执行或业务部门工作需要的无密的业务性文件，在条件许可的情况下，应尽量为他们代印，以免层层翻印造成浪费或差错。

（5）凡书写或打字的公文均应尽量避免末页无正文的现象，如无法避免时则应在末页注明“此页无正文”；落款处与正文的间隔也不要太大，以免被他人利用这块空白纸和机关印章。

2. 校对

为了保证公文的质量，还必须做好校对工作。校对工作，在较大机关里一般均在机关印刷厂设专职校对人员，也有的设在办公部门；在中、小机关里，一般由核稿人员兼做，或临时抽调有关人员承担。

## 九、公文的加印

1. 书写和打字公文的加印

书写和打字的公文，一般是不具有固定格式的，自然也不规范，所以只有加盖行文机关印章后才能成为正式生效件，否则便无人承认。所加印的位置，在公文的落款处。在落款处加印，一般有以下两种情形。

（1）在落款处注有行文机关名称时，行文机关印章要盖在机关名称上，机关名称字行的长度要大于印章的直径，印章在机关名称上居中。

（2）在落款处未注行文机关名称时，则盖在行文时间上，印章在行文时间上亦居中，并压年盖月。无论上述哪种情形，印章的位置与公文正文的间距均不要过大，以防他人利用这一空白处。

2. 铅印公文的加印

铅印公文，一般都具有固定的格式，自然也很规范。因此，铅印的公文在一般情况下个人很难模仿。王因如此，党委机关对铅印的具有固定格式的公文均不加印。

3. 联合行文的加印

几个机关联合行文时，行文各机关的印章要同时加盖在该“公文”的落款处；既可以纵向并列，也可以横向并列。不过，主办机关的印章要列在首位。

## 十、公文的发放

1. 登记

公文的发放登记工作，应在编制发文字号之后的印制之前进行，以便准确地计算好公文份数和做好发放准备工作，也便于催印。

发文登记，有卡片、活页和账簿等多种形式，不过还是采用簿记式的账簿为好，因为它便于保存和查考。

登记时要根据机关领导已批准的发放范围计算出文件需印的份数，并填在发文用纸的相应位置上。

对送往报社公开发布的文件，也要做相应的登记，以便于及时地收集存档。

2. 写封

（1）发往机关的名称要写法定的全称或通用的简称，而不要随意简化。

（2）发往某机关的文件，要写机关或机关办公室收，而不要写机关的具体领导或业务部门收。

（3）封面的字迹要清晰，以便于投寄。

3. 装封

按已做好的发文账将印制好的文件如数装入已写好的各相应的封内。在装封工作中，主要应注意以下两个问题。

（1）文件份数要点清。

（2）封要装准。

4. 封封

在封封工作中，主要应注意以下几个问题。

（1）封口既要封结实，又不要使糨糊粘着封内的文件。

（2）发密件，封封后要加盖密级章，并在封中处加盖密封章或加贴密封笺。

（3）发急件，封封后要加盖急件章。

（4）凡发密件和重要文件，都要在封面上标明封号。

5. 投递

6. 减少中间的转递环节

凡有条件的，均应尽量直接投寄或送达，以便加快文件的投递速度。特别急切、重要或绝密的文件，最好是派二人专送。直送和专送的文件，要严格履行签字手续。送文件要由文书处理和机要交通人员负责，一般不要烦他人转送，以防误时误事，乃至损坏或丢失。

7. 向上级机关报送文件

要根据上级机关的有关规定如数报送；既不要少报，也不必多报。

## 十一、公文的注办

1. 收文的注办

（1）对上级来文的注办。上级来文中，许多都是需要承办的，如开会通知或电话记录等。收到上级机关发来的开会通知后，一经处理完毕，就应将处理结果加以记载。

（2）对下级来文的注办。下级来文中需要注办的主要是“请示”。对“请示”的答复，除主要以“批复”体现外，还时常以电（话）复、面复，或以下达计划指标等形式体现。凡以电复、面复或其他形式答复的，均应在原“请示”上对办理情况详细地加以注明。

（3）对平行机关来文的注办。平行机关来文的商洽或联系“函”中，许多都是需要回复的。对“函”的回复与对“请示”的“批复”，情况类似，注办的情况也类似。

2. 发文的注办

对发文的处理情况，特别是对电话通知稿处理情况的注办，也是非常必要的。因为通知稿是以电话传达的，无法履行文件的传递手续，事后一旦查询落实情况更无处下手。因此，这类的注办更应详尽。

## 第五节　文书立卷

### 一、应立卷的文书材料

1. 本机关为开展工作而发出的请示、报告、通知、决定、条例和规定等有关文书材料的原稿、正件、附件和重要修改稿，特别是决定等法规性文书材料的重要修改稿和有领导签字的修改稿更不要遗漏。一般说来，这类文书材料在立卷时是要注意收集的。

2. 本机关为开展工作而形成的只供机关内部执行和参考的各种计划、总结、调查报告、制度、守则、统计表和情况反映等文书材料的原稿、正件、重要的修改稿。这类文书材料在立卷时的收集中往往是容易忽视的，特别是有的“调查报告”和“制度”等文书材料，在形成过程中并未经过文书处理部门登记，所以对这类文书材料立卷的重要意义应广为宣传。

3. 本机关为开展工作在召开的会议上所形成的开幕词、工作报告、讲话、决议、简报、方案和闭幕词等各种文书材料的原稿、正件、附件和重要修改稿。

4. 上级机关发来的通知、决定、批复、会议纪要和办法等指令性和指导性的文书材料。这类文书材料一般均系正件。

5. 从上级开会带回的需要机关贯彻执行的有关会议文书材料。这类文书材料，一般均系正件。不过，是很不易收集齐全的。

6. 下级机关报来的报告等重要文书材料和已批复的请示等。这类文书材料，有的系正件，有的系原件，立卷时往往容易忽视。

7. 与同级机关和其他有关机关为联系工作或共同开展工作而形成的函、合同和协议书等文书材料的原稿和正件。

8. 电报。

9. 其他需要立卷的文书材料。

## 二、文书立卷的程序

1. 将欲立卷文书材料全部摆开

文书材料立卷的头一道程序，就是要将机关在上一年度所形成和运转的文书材料中需要立卷归档的部分，全部在一张较大的工作案子上摆开，这是立卷的基础。为达到摆全的目的，不仅要将上年立卷类目中平时存放的文书材料全摆上，而且要将年终从各有关部门和人员手中收集来的欲立卷文书材料全摆上，特别是临时存放在柜子里或仍在别人手中未交、未退的有关文书材料，也必须拿出，一并摆上。摆完后，再将工作案子上的文书材料与上年的立卷类目，以及上年的“案卷目录”，大体上核对一遍，看是否落掉了某一方面的文书材料，也可请有关的文书处理人员、档案人员和办公室领导共同检查一遍。如发现仍有遗漏和不齐全的则要立刻去收集补充，使欲立卷文书材料齐全完整。

2. 调整类别

虽然在对欲立卷文书材料的收集时，已按照立卷类目进行过分类，但是那种分类只是粗线条的，况且一年中实际上形成和运转的文书材料的内容与年初的预测性分类往往都是有出入的，所以在立卷前对原来按类收集的文书材料再进行一次类别的调整是非常必要的。否则，就满足不了实际立卷和日后查考利用的要求。调整的原则，就是“分门别类”更具体、更细致一些。至于具体分做多少类，需要根据文书材料的多少及其所反映的机构和内容而定。一般说来，应立卷文书材料多的机关，类别可分得细一些，少的则可粗一些。类别的调整，一般可按文书材料反映的年度、级别、内容和价值等方面依次区分。

3. 组卷

对应立卷文书材料进行组卷，是立卷工作中的一个关键性环节，又是一个最为复杂的环节，既需要考虑文书材料的不同特征，又需要照顾文书材料的固有价值。卷组得如何，对于提高案卷的质量和日后的查考速度，关系极大。所以，组卷工作一定要非常慎重、认真。

4. 修补文书材料和拆除金属物

（1）对在装订线以外有字迹的文书材料或破损的文书材料，以及照片和小字条等，都要进行必要的加边、修补和裱糊；对较大的表格，要适当地折叠，以便保持案卷的规整，延长档案的寿命。

（2）对文书材料上的书钉和别针等金属物，要及时拆除，以防腐蚀文书材料，从而延长档案的寿命。

（3）对有皱纹和修补、裱糊过的文书材料，要展开并熨平。这对于提高案卷质量和延长档案寿命，是非常有益的。

## 三、卷内文件目录登记

在案卷的首部，往往都有个《卷内文书材料目录》，又简称《卷内文件目录》或《卷内目录》，这主要是为介绍卷内的文书材料内容和便于日后查找而设的。如卷内文书材料很少或系短期卷时，也可不设。《卷内文件目录》一般包括以下几项。

1. 顺序号

指的是卷内文书材料的排列顺序。

2. 作者

指的是形成文书材料的机关和领导人。

3. 文书材料标题

又称“文件标题”“文件题名”。标题要写全称，或合理地简化，并要书写工整。如遇没有标题的文书材料，也要拟写个标题，或说明主要内容，以便于查找。

4. 文号

指的是文书材料的原始发文字号。

5. 文书材料日期

指正式行文的日期。

6. 页号

指卷内文书材料所在各页的顺序号。文书材料所在页号，可只填开始的号，但最后一件的起、止号都要填上。

7. 备注

《卷内文件目录》可多复制几份，一份订在卷内，另外几份可单独装订成册，作详细的检索工具用。

# 第六节　档案管理工作概述

## 一、档案的特点

档案独有的特性，就是原始记录性，这是档案所具有的最本质特性。了解档案的原始记录性的特点，对于管理档案以及处理与档案工作有关的工作有实际的指导意义。

1. 档案是历史的真实记录，必须保持它的特性，档案才能充分发挥它的效益，后人不能为了迎合现今的某种潮流，或按照自己的观点和需要去篡改档案。

2. 档案与图书、报刊等其他资料，一般可根据它们的来源和某些外部标志，识别它是否是原始记录，更主要的是从它们的产生目的上，判别它是否在当时历史活动中直接形成。

同时，也应看到两者之间有相辅相成的作用，在档案馆也需要收藏一些与档案有关的图书资料，以辅助馆藏档案进行研究和利用。

## 二、档案工作的含义

档案工作，概括地说就是按照科学的原则和方法管理档案，及时、准确地提供档案，最大限度地为党和国家各项工作服务的一种工作，是维护党和国家历史面貌的重大事业。

档案工作不是偶然产生的，而是人类社会历史发展的必然产物，并随着时代的发展不断发展、充实。人们在各种社会实践活动中形成的大量文书材料，都是真实的历史记录，是各种知识经验的载体。事后人们往往发现这些材料还有很大的查考作用，为便于以后利用就把它保存起来。因为文书材料的数量很大，直接查找利用很不方便，必须进行一定的分类整理，这就产生了档案工作。

## 三、档案管理工作的内容

1. 文书材料的立卷

机关在日常实践活动中所形成的各种文书材料，往往是比较分散的，所以容易散失，原稿和正件也容易分离，任其自然放置下去，不利于日后的查考利用，特别是有关工作人员调动之后则更不便于查找。因此，为了全面地、真实地反映一个机关的历史面貌，及时地将机关在一定时期内所形成的文书材料组成相应的案卷是十分必要的。

2. 档案的收集

收集是档案工作的起点，也是搞好档案服务工作的基础。收集的对象主要是机关各文书处理部门办理完毕、立卷归档的文件。收集工作搞不好，文件归档不齐全、不完整，就不便于利用。

3. 档案的整理

收集起来的档案是大量的，内容很繁杂，分类标志也不尽一致，所以如果不按一定的规则和原则对其加以整理，那么就仍然是零乱的，不便于查考利用。为了满足各有关人员对收集来的档案的利用，档案室对所收集的档案则应对档案的排架方法，保管档案的设备、技术要求和措施等方面，加以科学地整理，使其分门别类，更加系统化。

4. 档案的鉴定

鉴定就是审定档案的保存价值，是档案管理工作中的一项重要工作。经过对档案价值的鉴定，可以使档案做到“玉石”分开，避免鱼目混珠，便于按价值大小分别保管。通常的办法是按期限分别保管，将档案分成永久、长期、短期三种保管期限，可使保管工作条理化，充分利用档案进行工作。

5. 档案的统计

统计就是对档案管理中各方面情况的统计。经过统计，便于掌握档案的全面情况、了解家底，做到心中有数，有利于制订工作计划，也为开展档案利用工作提供了完善的信息和条件。

6. 档案的检索

鉴定之后的档案，无论在质量上还是在数量上，都是相对稳定的。机关内和社会上将会有众多人对这部分档案提出利用的要求，而且有的是非常急迫的。为了及时提供利用，认真地编写和制作一些档案的目录和卡片等形式的检索工具，供室内工作人员和读者应用，是十分必要的。没有必要的检索工具，便很难谈得上档案的利用。

7. 档案的管理

管理工作包括档案的分类和科学放置，以及人员的分工。档案的放置要门类清晰，井井有条，并要有利于安全。人员分工就是要建立岗位责任制。只有这样，才便于查考利用，否则便会使整理、鉴定和检索等诸环节的工作前功尽弃。所以说档案的科学管理是很重要的。

8. 档案的保护

由于自然的和社会的种种原因，档案始终是处于渐变性的损毁过程之中，有时还会遭到突变性的破坏。从社会的需要来说，却又希望档案能够较为长久而又完好地保存下去。这是一对矛盾。为使档案能够较为长久而又完好地保存下去，这就需要采用科学技术，对档案加以有效的保护。

9. 档案的利用

保存档案的目的是为了利用，若不能或不善于利用，档案就没有保存的价值和必要。而利用工作是机关档案管理的一项重要工作。档案人员应从本机关的实际出发，开展多种形式的利用工作，如编制一些专题汇编和查考工具等，积极为机关工作服务。

## 四、档案管理工作的性质

档案工作，就其基本性质来说，可以概括为管理性、服务性、政治性和机要性。

1. 管理性

管理就是指人们根据事物的客观规律、劳动对象和工作特点，运用计划、组织、指挥协调、控制等基本活动，有效地利用人力和物力，并促进其相互配合，达到最佳的结合，发挥最高的效率，以顺利地达到人们预期的任务和目标。

（1）档案管理工作是按照档案的运动规律和管理原则，运用科学方法技术而实现的。这包括组织档案的集中，进行系统的整理、定期的鉴定、科学的管理和保护，及时地提供利用，等等。哪一项工作都是有规律、有秩序的。

（2）档案管理工作是各种管理科学的有机组成部分。文书档案是各个机关都有的，也是每个学科所少不了的。如公文所形成的档案是文秘管理科学和行政管理科学的一部分，预算所形成的档案是会计管理科学的一部分，设计任务书所形成的档案是建筑管理科学和企业管理科学的一部分，等等。所以说，档案管理工作的管理性是客观的，而且是综合的管理。

（3）档案管理工作是跨越政治和经济、社会科学和自然科学，既属于政治又属于经济，既属于社会科学又属于自然科学的边缘性的管理工作。

档案工作的管理性，要求档案工作人员必须掌握档案学的科学知识，特别是档案管理的理论、规则和方法，积极地学习档案管理现代化的知识与技能，才能适应档案工作的开展。

2. 服务性

档案部门管理档案是为了满足档案利用的社会需要，为人们了解情况、总结经验、研究问题、制定方针政策提供档案材料。它属于资料后勤性的服务工作。

（1）档案管理工作就是为服务而存在的。当然，档案管理工作中也有研究和编著等科学研究性的工作，但是研究的主要目的仍是为了使档案更好地为社会主义现代化建设服务，即为各项工作准备必要的资料。

（2）档案管理工作的服务性是历来就有的，并是其赖以存在和发展的基本原因。在社会历史发展的各个阶段上，档案管理工作都是为着一定阶级的经济、政治和科学文化事业服务的。

3. 政治性

档案工作从来都是为一定阶级所掌握，为统治阶级的路线、方针、政策服务。当前，全党全民的总任务是把我国建设成为高度物质文明和精神文明的社会主义国家，这既是全国人民的政治任务，也是档案工作的最大政治任务，为社会主义现代化建设服务是新的历史时期档案工作的服务方向。

4. 机要性

档案工作的机要性是由档案内容的特点和国家利益所决定的，任何国家的档案工作都有一定的保密要求。

（1）档案反映着国家和国家政党的全部真实面貌，其中也包括核心机密。所以，古今中外的国家都把档案管理工作列为重点保护对象，并制定相应的保密措施。对外有对外的机密，对内有对内的机密；中央有中央的机密，地方有地方的机密。

（2）档案一向是敌方情报人员窃取的重点对象。

## 第七节　档案收集工作

### 一、收集在档案管理工作中的重要地位

1. 档案的收集是档案室工作的开端

（1）档案室的中心任务是围绕着档案开展管理和利用工作的。档案室有着大量的整理、编目、鉴定、管理、保护和统计等工作，而这一系列工作的对象都是档案；档案室也有着大量的利用工作，而其前提也是档案。

（2）齐全完整的档案是不能只靠有关机关和个人的交送而自然形成的。档案的利用者总是希望能看到比较齐全完整的档案，管理人员也愿意提供齐全完整的档案，整理、鉴定和编目人员也有同样要求。

2. 档案的收集是档案由分散通向相对集中的桥梁

档案是在机关各部门逐年形成的，所以本来就是分散的。为了便于管理，更好地为更多的人利用，国家规定了对档案实行集中统一管理的原则，将各机关的档案分别集中在各机关档案室统一管理，即通常所说的分级管理。这有两重意思，对全国来说，是分级管理；对各有关机关和部门来说，则是相对的集中。

3. 档案的收集是丰富档案室所藏文书档案的重要手段和保证。

## 二、档案收集工作的内容

1. 政府机关、企业、事业单位的档案室对本单位（部门）需要归档的档案的接收；

2. 政府机关、企业、事业单位对那些未及时归档的档案的补充收集；

3. 档案馆对现行机关、撤销机关的具有长久保存价值的档案的集中和接收；

4. 档案馆对中华人民共和国建立以前各个历史时期形成的档案的接收与征集。

## 三、档案收集工作的要求

1. 所收集的档案应是真实的，有价值的

真实的，指的是档案确系机关和各部门在实践活动中自然形成的，而不是杜撰的或被歪曲了的。有价值的，指的是确系具有现实价值和历史价值的，特别是重视其历史价值。

2. 所收集的档案应是符合规范化要求的

规范化指的是档案的标准化。档案的标准化是多方面的，如文书材料所用纸张的质量、大小，案卷的厚薄、大小，卷内目录、案卷目录和卷皮封面的格式，著录卡片的大小和格式，等等。

3. 所收集的档案应是完整的

只有完整的档案，才能反映一个机关的真实的历史面貌。完整，有双重含义，一是一个机关各个部门和各项活动的文书材料要齐全，一是每项活动中所形成的文书材料也要齐全，也就是说无论是针对每项活动而言，还是针对所有活动，其文书材料都没有残缺遗漏。

4. 主动上门收集

由于档案室对入室的档案要求得比较严格，档案资料又往往散落在方方面面，所以说收集工作是一项十分艰巨的任务。本来，有些部门和个人，已把所保存的有关文书材料和档案资料视为珍宝，不愿意交出，在这种情况如果收集人员还坐等上门，那是不会有丝毫收获的。

### 四、档案收集工作的特点

1. 预见性与计划性

档案文件的产生和形成具有明显的分散性特点。因此，必须在调查研究的基础上，科学地分析和预测其形成、使用、管理的规律和特点，才能做好档案的收集工作。

2. 针对性与及时性

档案收集工作，必须根据各级各类档案馆（室）的收集档案的范围来进行，不能违反国家规定，擅自收集不属于本馆（室）收集工作范围的档案，以保证收集工作能够有目的、有重点地进行。档案收集工作的及时性要求档案人员必须具有明确的时间意识，将应当接收或征集的档案及时收集进馆（室）。档案部门应当尽最大的努力，避免拖延迟误，在掌握有关信息线索的前提下，采取相应的方式，尽快将档案收集起来。

3. 系统性与完整性

从横的方面来讲，档案收集工作的系统性，就是收集来的档案在种类、内容方面应当齐全完整，同一项社会活动的档案应当是一个有机的整体；从纵的方面说，档案收集工作的系统性，要保证收集来的档案能够历史地反映出一个地区、一个部门、一个专业系统、一个单位的历史脉络。

## 第八节　档案整理工作

### 一、档案整理工作的内容

1. 对接收与征集档案的整理

档案整理工作，就是将零散的和需要进一步条理化的档案，进行基本的分类、组合、排列和编目，组成有序体系的过程。在科学研究和文献工作领域中，所谓档案的整理有广义和狭义之分。广义的档案整理，包括对档案文献的鉴定、考证和编纂出版。狭义的档案整理，其主要内容包括：区分全宗、全宗内档案的分类、编立保管单位（一般是立卷）、案卷的排列和案卷目录的编制。

档案的整理是档案管理工作中一个相对独立的组成部分，其系统的结构和运行机制具有一定的特点：一方面，就各个完整的档案综合体的生成及其全部流程而论，档案整理工作是由可以分解而又互相联系的若干内部环节（要素）组成的有机系统。其中各项环节，在我国目前条件下一般是不可缺少和不能逆行的。另一方面，就特定的档案管理单位来说，整理工作的项目则因具体环境和档案状况而有所不同。在档案馆和档案室内，档案的整理按其工作内容的范围大致分为以下三种。

（1）系统排列和编目

在正规的工作条件下，档案室主要接收文书部门和业务部门按照归档要求立好的案卷，档案馆主要接收机关档案室根据入馆要求整理移交的案卷。这样，档案室和档案馆的档案整理工作，主要是对所接收的档案，在更大的范围内进一步系统地整理，如全宗和案卷的排列，案卷目录的加工等，而不必浪费时间去处理案卷的初步整理。

（2）局部调整

对于已经整理入馆、入室保存的档案，经过管理实践的检验或专门质量检查，为提高其质量，档案馆和档案室需要对其中不符合要求的档案进行一定的加工；另外，某些档案材料由于保存的时间较长，其自身或档案整理体系发生了变化，因此也必须对其进行整理。

（3）全过程整理

档案馆、档案室有时也接收和征集一些零散的文件，有时馆藏的体系遭到严重破坏，这就必须对档案进行全过程的整理工作，包括区分全宗、全宗内档案文件的分类、组卷、案卷排列、编定档号、编制案卷目录、全宗档案的系统排放等。

2. 机关档案的整理

机关档案的整理工作，主要包括机关文件的平时归卷与调整、文件组卷、案卷排列、案卷目录的编制、档号的编写、局部案卷或保管单位的调整等项工作内容。在一般情况下，上述工作主要是由机关文件处理部门或业务部门与档案室共同完成，其中大部分工作应由文件处理部门或有关业务部门来完成，档案室只负责案卷的接收，对有关具体工作的指导和业务检查以及进行局部的加工处理工作；但在特殊情况下，档案室也接收和征集一些零散文件，这就需要开展全过程的整理工作。

需要说明的是，文书档案的整理，均以全宗为单位进行，其具体工作内容包括区分全宗、全宗内分类、立卷、案卷排列、编号、编制案卷目录、建立全宗卷、全宗群与全宗补充形式的确立等。

## 二、档案整理工作的作用

1. 便于提高案卷质量，实现室藏档案的规范化

2. 便于科学管理

科学管理，就是有条理的管理，即门类清晰、排列合理、重点突出，一旦发生意外情况便可以迅速地把核心的档案抢救出来。

3. 便于查考利用

4. 便于检验收集工作的质量

## 三、档案整理工作的原则

1. 保持档案的自然联系

（1）保持档案的来源联系

档案是在社会实践活动中由各具体单位形成的，在档案的接收中也体现了它的形成单位，就是说每卷档案都有其一定来源，不同的档案有不同的来源。在文书档案的来源上，人们所考虑的主要是其形成机关，即文书材料原始的形成机关或生效机关。如，“报告”和“请示”的形成机关与生效机关，是在上、下级的两个或几个机关，“计划”和“总结”的形成机关与生效机关则是同一个机关。文书材料，无论在形成机关或生效机关，都属于应立卷范围。因此，文书材料的形成机关和生效机关，都是文书档案的来源机关，都属于应立卷范围。

（2）注意档案承载物的形式联系

档案是由各文书材料组成的，而反映各文书材料内容的承载物却又是不同的。如，同是一个“报告”，有的以文字形式反映，有的以声音形式反映，还有的以图像形式反映，于是形成了文字稿、录音带和录像带等不同形式的档案。这些不同的承载物，有着不同的质地、形状和规格，也要求有不同的管理条件。因此，同一形式承载物所构成的档案之间，便有了一定的共同点，形成了一定的联系。所以，为保持同一承载物所构成的档案间的一定联系，在档案的整理工作中，就要注意将不同形式承载物所构成的档案加以区分，并采取不同的方式进行管理。如，在档案室里可以分别装柜，分别设库，等等。只有这样，才能保证不同承载物档案所要求的不同管理条件，也有利于实现档案室管理工作的规范化。

（3）考虑档案形成的时间联系

档案各卷中的文书材料，都是在一定历史时期形成的，文书材料的形成时间，

恰恰反映了它形成的历史背景。同一时期的档案，反映着一定的共同内容，体现着同一的社会情绪和发展趋势。所以，在档案的整理工作中，考虑到档案形成的时间联系，把同一历史时期的档案集中到一起，使问题反映得比较集中一些，对于整个室内的管理工作都是很有利的。

（4）尊重档案反映的内容联系

文书材料都是为解决一定问题、开展一定工作或举行一定活动而形成的，所以前后文书材料在内容上往往都是有一定联系的，甚至是互为补充的，不可分割的。正由于文书材料内容上的密切联系，所以组成的案卷才反映出了文书材料的同类性和完整性。各有关案卷之间，同样是有着一定的内在联系的，而且对案卷之间的内在联系，在整理工作中是应该予以尊重的。只有做到了这一点，整理后的档案才能门类清晰，问题集中，便于排列和管理。

（5）维护档案本来的历史联系

档案是反映真实的历史面貌的，保存档案的重要目的之一就是为了再现事物本来的历史面貌，并为维护真实的本来面貌作历史凭证。所以，在档案的整理工作中，努力维护其本来的历史联系是理所当然的，而决不应人为地破坏这一历史联系。

2. 便于档案的管理和利用

便于保管和查找利用，才是档案整理工作的基本出发点和最终要求。

一般来说，恰当地保持文件历史联系整理出的档案，也就能便于保管和利用，所以它们基本上是一致的。它们之间有时也不尽一致。比如一次会议的有关报告、讲话的书面文稿和录音磁带，会议的经费开支计划和会议账簿、记账凭证，本来互有密切联系，但是完全混同整理，则不便保管和利用。整理档案是一项复杂细致的工作，同样是在保持联系的情况下，往往可以有各种不同的具体做法。而有些做法虽然保持了相互之间的联系和便于保管利用发生矛盾的时候，不能机械地运用保持文件联系的原则，要充分考虑档案保管和利用的方便。诸如由于档案种类的不同，文件的记录方式和载体材料的不同，机密程度、保管价值和文件数量的不同等等，则应根据情况分别整理，恰当地组合，而在相应的范围内要求保持文件的联系。

3. 利用档案的原有基础

（1）充分重视和利用先前整理的基础，以确定档案整理的任务和要求，不要轻易打乱重整。一般地说，只要不是零散文件，已经整理而有规可循、有目可查的，就应力求保持其原有的整理体系。或者不再重新整理，而通过其他环节进行补救；或者只作必要的加工整理。

（2）在档案整理过程中，应该充分研究和利用原来整理的成果，不要轻易破坏以往整理和保存的历史状况。也就是说，对必须进行一定整理的档案，也要注意分析原有的整理基础哪些是合理，哪些是不合理的。对其中可取的做法应该适当地吸取。即使某些简单的保存和清理工作痕迹，也往往是值得参考的线索而应予以重视。对先前整理得不当的和错误的地方，也要经过仔细研究，掌握了有关情况之后再加以改动和纠正。这对避免人为地破坏文件之间的历史联系，保证整理质量和提高效率，都有一定的补益。

（3）在文书档案的整理工作中，更应注意充分利用原有基础，以防文书档案的坏损，进而维护和延续其寿命。

## 四、文书档案的整理方法

档案整理工作的主要内容包括：区分全宗、全宗内档案的分类、编立保管单位（一般是立卷）、案卷的排列和案卷目录的编制。

1. 区分全宗

全宗是一个独立的机关、组织或著名的人物在社会活动中形成的档案有机整体。确定一个单位的档案能否构成全宗，主要应研究它在行政上、财务上和组织人事上是否具有一定的独立性。即具备以下条件。

（1）可以独立行使职权，并能主要以自己的名义单独对外行文。

（2）设立会计单位或经济核算单位，自己可以编造预算或财务计划。

（3）设有管理人事的机构或人员，并有一定的人事任免权。其中最基本的是第一个条件，即以独立行使职权并主要以自己的名义对外行文主要条件。具体区分档案全宗，应以此为核心。

2. 全宗内档案的分类

即把立档单位所形成的档案，按其来源、内容、时间和形式的异同，分成若干层次和类别，构成有机体系。它包括选择分类方法、制定分类方案，分类档案材料（文件的归类）和案卷排列等具体内容。分类的一般方法，主要有：

（1）按文件的产生时间分类

具体形式有年度分类法和时期（阶段）分类法。

（2）按文件的来源分类

具体形式有组织机构分类法、作者分类法和通信者分类法。

（3）按文件的内容分类

具体有问题分类法、实物分类法和地理分类法。

（4）按文件的形式分类

有按文件种类（名称）分类、按文件的载体形态分类和按文件的形式格式分类。

3. 编立保管单位（立卷）

案卷是按照一定的主题和内部特征编立的，具有密切联系的若干文件的组合体。它既是档案的保管单位，也是档案数量统计和一般检索的基本单位之一，是组成全宗的基本单位。

现行机关的文件立卷工作在文书部门和业务部门进行。但档案部门应该对立卷工作予以协助和指导。立卷方法是：

（1）主要根据文件本身的特征组卷

文件最基本的特征共有：问题特征、时间特征、名称特征、作者特征、通信特征和地区特征。通常简称为“六个特征”，以此作为立卷的基本依据。

（2）结合运用“六个特征”立卷

对“六个特征”的理解和运用，不能看作六种方法，而将一个机关或一个单位的案卷，一律只选其中的某一个特征立卷，也不能理解为在每一个案卷中分别使用不同的特征。正确的方法，通常是根据文件的实际情况，灵活地结合运用2～3个特征来组立一个案卷，有时可多达4个特征结合立卷。这样组立的案卷，文件之间的联系就会更为紧密。

（3）适当照顾文件材料的保存价值组卷

卷内文件整理完毕后，要以案卷为单位在封面上编目，即进行案卷封面的编目。其基本要求是：历史观点和政治上的正确性；文字简练，表达准确；标题基本结构力求完整。同时，还应注意妥善标写机关名称、人物职务和称号、历法和纪元、文种、地名、文件的内容和其他用语。

4. 案卷排列

指根据一定的方法，确定每类案卷的前后次序和存放的位置，保持案卷与案卷之间的联系。其排列方法有多种：

（1）按照案卷所反映的工作上的联系排列。

（2）按照案卷内容所反映的一定问题排列。以上是最常用的也是比较好的方法。

（3）按照案卷所属起止日期（时间）来排列。

（4）按文件的作者、收发文机关以及文件内容所涉及的地区排列。

（5）人事档案或监察、信访等按人头立成的案卷，还可以按姓氏笔画、汉语拼音字母顺序或四角号码等方法排列。

5. 编制案卷目录

案卷目录即案卷的名册，是著录案卷内容和成分并按一定次序编排的一览表。

设置案卷目录的原则是，必须按照全宗来编制，一个全宗编一本，也可以编几本案卷目录。因此，案卷目录的类型基本上有两种：

（1）以全宗为单位编制的综合目录；

（2）以全宗内各种门类为单位编制的分册目录。

分册目录按其门类的特征，其编制方法又可分为以下几种。

①以全宗档案分类的类别为单位编制。

②按保管期限编制。

③按保管期限结合分类方案编制。其中，又可分为两种形式：按全宗内案卷的不同保管期限，各编制一本或几本案卷目录；按全宗内档案分类的类别，各编制一本或几本案卷目录。

④按档案的机密程度分别编制。

此外，如果一个全宗内的档案在分类时划分为党、政、工、团若干部分，或将专门档案单独构成特殊部分，这些不同部分的档案（如会计档案）可以分别编制单独的案卷目录，也可以全编为一个综合目录。

一般，案卷目录的册数和案卷号码的位数不宜过多，以将案卷数控制在千位以内为宜。

## 第九节　档案的保护与利用

### 一、档案保护的任务

档案保护工作，是指根据档案制成材料的特性及其损毁规律，为保护档案而采取一系列技术方法，最大限度地延长档案的寿命，更好地为社会提供利用的一项专门性工作。档案长远安全留存的要求和档案可能损毁之间的尖锐矛盾，自档案产生以来就一直存在，并且随着档案工作的日益发展而愈来愈尖锐激化，从而决定了档案保护工作的必然产生和发展。档案保护工作是档案工作中的一个重要内容，具有独特的地位。

档案保护工作的任务，就是最大限度地延长档案的寿命，更好地为社会提供利用。其基本工作内容包括：改善档案保护条件，用科学的方法最大限度地延长档案的寿命；修复破损档案；复制档案等等。

1. 改善档案保护条件

（1）积极宣传档案对文书材料书写和印制的要求

文书档案的构成材料是文书材料，而文书材料则是由纸张、文字以及书写和机械加工而构成的。因此，对文书档案的保护工作，首先应该从文书材料的形成这一环节做起。

（2）正确认识档案制成材料的特性及其损毁规律，明确自身的工作对象

档案制成材料是记录和体现档案内容的特质材料，它由承受档案内容的载体材料和反映档案内容的记录材料组成。档案的载体材料很多，如古代的龟甲和兽骨，金属和石头，竹、木和丝织品，羊皮、棕榈叶、白桦皮以及沿用至今的纸张，近现代的技术图纸、照片、影片、录像带及机读磁性材料等。反映档案内容的记录材料除用传统的墨以外，还有墨水、复写纸、油墨、铅笔、印台油、印泥及各种感光材料，也有直接借助于载体材料的物理或化学作用反映档案内容的。今后随着科学技术和生产的进一步发展，还将会出现新的档案制成材料。面对如此纷繁复杂的档案制成材料的种类，必须清楚认识其各自特性及损毁原因和规律性，这是采用各种技术方法保护档案的根据，能减少工作中的盲目性。

2. 切实预防档案损坏现象的发生

在档案的保护工作中，以预防为主是极其重要的，因为再好的修补技术也不如原始档案不遭损坏，而且修补又费时、费力、费资。为切实预防档案损坏现象的发生，首先则要详细研究档案被损坏的原因及其规律性，进而有针对性地采取有效的防御措施，克服各种损坏档案的有关因素。

3. 修复已被损坏的档案

即对已经损坏或存在不利于永久保存因素的档案进行处理，尽力恢复其历史真实面貌。提高其耐久性的技术。其基本内容包有：

（1）去污

污垢主要有水斑、泥斑、油斑、蜡斑、脂肪斑、霉斑等，可分别采用不同方法去污。

（2）去酸

如用试剂或试纸测出纸张的 pH 值在 5 或 5 以下时，就应对档案进行去酸处理。具体有湿法去酸和干法去酸。其中，干法去酸应用日益广泛，主要有氨气去酸法和吗啡啉去酸法。

（3）档案字迹的显示和恢复

应根据不同情况采用不同方法。

①恢复被污斑遮盖的字迹，可用滤色镜摄影法和红外线摄影法。

②恢复因褪色而模糊不清的字迹，可用硫化铵显色法、亚铁氰化钾显色法、单宁显色法。

（4）纸张和字迹的加固

具体可用明胶——甘油溶液、乙基纤维素溶液、有机玻璃溶液、聚丙烯酸甲酯溶液等。

（5）修裱

具体方法有：修补（包括补缺或托衬）、托裱（包括单面托裱、双面托裱）、

干燥、修整和装订等方法。

## 二、档案保护的方法

1. 防止不适当温度的损坏

在温度为 14℃ ~18℃的范围内，对文书档案的保存是最适宜的。为了测量档案室的温度，在室内要装有温度计，并经常观察。当发现温度不正常时，应该立即采取措施，使温度保持在 14℃ ~18℃，并采取杜绝或减少热量来源等相应措施，尽力保持档案室的恒温。

2. 防止光的损坏

防御光线特别是阳光对文书档案的损坏，对文书档案主要应采用避光和弱光保存法；灯以白炽灯为宜；如有大量文书档案受潮或水浸时，不要将它放在阳光下晾晒，要在阴凉通风处晾干，或采取烧暖气的方法烘干。

3. 防止不适当湿度的损坏

相对湿度为 50% ~65% 时，对于保存文书档案最为适宜。为了及时并准确掌握档案室的湿度，在室内应该装有干湿球温度计或毛发温度计。如果发现室内湿度过高或过低时，则应迅速采取吸水剂、通风和防漏等相应措施，使室内相对湿度恢复到 50% ~65%。

4. 防止火的损坏

防御火灾，对于档案室显得尤为重要。除加强防火宣传外，主要应备足灭火沙箱和对文书档案没有损坏作用的灭火器，如四氯化碳灭火器、二氧化碳灭火器和二氧化碳乙基溴灭火器。

5. 防虫和灭虫

防虫主要是在档案入库前做严格检查，库内外要保持清洁，装具的木料要干燥，无虫蛀现象，并用樟脑精块防虫。灭虫则可采用化学方法或物理方法。化学杀虫法主要是采用熏蒸剂杀虫。目前使用的主要有敌敌畏、溴甲烷、环氧乙烷、磷化铝、硫酸氟等。

6. 防止鼠的损坏

（1）档案室要经常保持整洁，墙壁应坚固平滑。因鼠没有尖锐的爪，不能在平滑物上攀登，这便可以限制鼠的活动范围。

（2）对档案室内的任何空隙，均应用水泥、铁片或金属塞堵好，尽量杜绝鼠的通道。

（3）档案室不要靠近厨房和餐厅，也不要存放食品，从食物上消除鼠的生存条件。在没有食物的条件下，鼠一般只能活四五天。

（4）文书档案室内，一旦发现了鼠的活动迹象，便应立即采取灭鼠措施。可以用捕鼠器进行捕杀，捕鼠器主要有以下三种：简易捕鼠器（鼠笼、鼠夹），现代化新型捕鼠器——电猫，超声波灭鼠器（又称小电猫）。

7. 防止破裂的损坏

（1）对修裱所用糨糊的要求

糨糊是修裱文书档案所不可缺少的重要原材料，也是整个文书档案工作中的一项重要原材料。长期实践证明，文书档案遭受虫蛀或霉烂，常常是从有糨糊或胶水的地方开始的；有些修裱后的文书档案，时隔不久也会从修裱的糨糊或胶水处自动脱落；也有的文书档案修裱后便起皱、变形。这一切，都是与文书档案工作所用的糨糊质量有直接关系的。因此，为使文书档案能够长期的保存下去，修裱工作所用的糨糊，应该具备以下要求：不生虫；不使文书档案材料起皱、变形；修裱后的文书档案材料能比较柔软；要有适当的黏性，胶粘的速度要适宜。

（2）对修裱所用纸张的要求

纸张是修裱文书档案所不可缺少的另一重要原材料。根据长期实践证明，不同的纸张有着不同的强度和成分，用之修裱，有的可保持文书档案原来的柔软和形状，有的则可使文书档案材料发硬、起皱、变形。因此说文书档案修裱的质量与修裱所用的纸张也有直接的关系。为保证和提高修裱后文书档案的质量，修裱文书档案所用的纸张，应该具备以下要求：所含有害的化学杂质越少越好；所含破布纸浆的成分越多越好；要薄而柔软、结实，并具有一定的强度；颜色越白越好；做保护层的纸张要有较高的透明度。

（3）文书档案的修补工作

当文书档案因各种原因出现孔洞、局部腐朽或局部残缺时，为延长文书档案的寿命，进而使之继续发挥作用，对其损坏部分则必须加以修补。修补工作中，应切实注意：修补用纸的纤维方向应与文书档案材料的纤维方向一致，以免起皱、变形；修补用纸的厚薄、糨糊的干稀，应根据文书档案纸张的厚薄而确定。

（4）文书档案的托裱工作

托裱是加固文书档案强度的又一种有效方法，即在文书档案材料上托上一层适宜的纸。这样，便可以对已破损、或有破损危险、或抗张强度很差的文书档案材料加以保护，并延长其寿命。由于文书档案材料书写和印制的不同，托裱可分为单面托裱和双面托裱。

# 第十章　办公室安全保密与值班工作规范

## 第一节　办公室安全、保卫与保密工作

### 一、办公室安全工作的特点

办公室安全工作有如下三个特点。

1. 具有鲜明的政治性

办公室安全工作从局部来看，关系到办公室的人力、物力、财力不被侵害或灾害事故的侵袭，使办公室能有良好的内部运行程序，以确保各项工作、活动能正常进行，不受干扰，它直接影响到工作人员的思想安定及工作热情。从全局来看，办公室安全工作关系我国政治局面的安定团结，关系到党的四项基本原则和国家的政策、法令的贯彻执行，甚至各方面关系的协调、政治气氛的良好，因而办公室的安全工作具有鲜明的政治性。

2. 明显的时间性

虽然做好办公室的安全工作应有严格的制度和规范，不可有一日的松懈，但是各种非安全事故的发生都有一定的时间性。如火灾事故发生的季节性相当明显，冬春一般被列为重点防火季节。盗窃案件往往好发于周末、节假日，尤为冬秋季节为盛。而泄密事件的时间性更明显。党和国家的各种大大小小的机密，在公开之前，都属于秘密范围，不可外泄。但许多机密随着时间的推移已失去意义，经过解密程序便可公开。可见只有了解其时间性的特点，才能使我们的工作有针对性，才能真正做好办公室的安全工作。

3. 具有一定的区域性

这主要是针对安全工作的内容而言的。虽然安全工作在任何一个部门、场所都要重视，但有些非安全事件的发生还是有一定的区域性的。就办公室而言，火灾易发生在设备操作区域，如操作设备中不注意安全规则，没有移开可燃物品，没有很好地防范静电以及办公室电气设备安装使用不当，环境通风不良等，均可引起火

灾。而盗窃事件最易发生于办公室中的财务部门，其目标主要是现金，其次是办公室中的贵重仪器和高档耐用消费品，如电脑、摄像机、录像机以及贵重艺术品、文物等。保密则更有一定的区域范围，有些机关内可以知道的事情，可以传阅的文件，机关外便不许谈论、传阅，国内、国外，党内、党外都应有所区别，该保密的都应保密。

## 二、办公室安全工作重点

办公室安全工作虽涉及多方面的内容，但其中最主要的还是要做好保密工作。

保密，就是保守党和国家的秘密，防止失密、泄密、窃密。这是国家工作人员的义务和职责。

其中，丢失秘密文件资料、产品、图纸、实物，无论是否造成危害，均称失密。凡是把秘密泄露给不应知道的人员称为泄密。凡是采取非法手段窃取、搜集、刺探、收买、出卖、提供党和国家秘密的叫窃密。

保守党和国家的机密，既是办公室工作的重要原则之一，又是办公室工作的重要职责之一。因为各级领导机关、企业、科研单位的大多数文件都载有机密内容，许多事务属于内部性质，有些是需要绝对保密的。文件、会议和其他事务有机密内容，处理这些工作的办公室工作人员自然要比其他部门有更多的机会接触某一方面的机密，特别是高级机关的办公人员，机要保密的程度更高。对这些机密，办公室负有保护它不被泄露的责任。

## 三、办公室安全工作纪律和保密环节

办公室工作人员由于工作的特殊性，要接触大量的文件、接触领导，掌握一些机密情况，所以对他们要有严格的纪律要求。办公室的保密纪律主要是：

1. 不该说的话，绝对不说；
2. 不该问的机密，绝对不问，不打听；
3. 不该看的机密文件，绝对不看；
4. 不该记录的机密，绝对不记录；
5. 不在非保密本上记录机密；
6. 不在私人通信中涉及机密；
7. 不在公用电话、明码电报和普通邮信中办理机要事项；
8. 不在公共场所谈论机密；

9. 不在不利于保密的地方存放机密文件和机密资料；

10. 不携带机密材料游览、参观、探亲访友和出入公共场所。

此外，还应做到，不应在著述中涉及机密事项或资料，不应在新闻报道中涉及机密事项或资料，不应在有非涉密人员在场的条件下翻阅机密文件或资料，不应随意录收涉及机密的讲话及其有关事项。

要更好地履行办公室的保密纪律，一定要抓好保密的环节。保密工作一般包括两个主要环节，一是积极防范，千方百计预防失密事件发生，保住国家秘密。二是对窃密活动以及内部各种失密和泄密现象进行坚决的斗争。为此，必须制定严格的机要保密措施，主要是：

（1）加强保密教育

各级机关的办公室必须加强对办公人员的保密教育，增强保密观念，使他们了解保密工作对国家安全的重要性，了解新时期保密工作的特点，各级机关领导和办公人员都必须遵守党和国家的保密规定，学习保密知识，养成良好的保密习惯。

（2）建立保密制度

仅靠思想教育不能保证不失密，没有制度就没有标准，就没有措施，因此各级机关一定要建立一套完整的保密制度。制度的具体内容应根据各机关的个体情况来确定，一般应当包括文件保密、会计保密、档案保密、资料保密、通信保密等等。有了制度还要经常检查执行情况，使制度不断完善，不流于形式，使保密工作经常化、持久化。

（3）严格挑选机要人员

保密工作的好坏，保密制度能否执行，与工作人员的责任心和业务水平有重要关系。因此，各机关对机要保密人员一定要坚持“先审后用”的原则，严格挑选。同时对他们要加强管理，严格要求。

## 四、办公室保卫工作的含义

通常，我们把为保护办公室环境设施的安全，预防和打击盗窃、防止火灾及其他自然灾害的发生，保护办公室工作人员的身心健康和安全而采取的措施和手段，称之为办公室的保卫工作。

## 五、办公室保卫工作的特点和内容

办公室的保卫工作主要有如下几个特点。

1. 复杂性

办公室保卫工作的复杂性主要体现在：违法犯罪分子涉猎的目标较多，犯罪分子侵害的渠道多，发生事故的空隙、漏洞多，各种危险物品较多。因此，要做好保卫工作有一定的难度。

2. 预防性

办公室的非安全因素是客观存在的事物，是可以被人们认识的，在发生危害之前往往有预兆和迹象，人们可以预测、预防，危害的发生会在现场留下痕迹，可以调查破案。自然灾害有些可预防，有些目前暂时不能预测，但随着科技的发展，也将会被人们逐步认识。因此保卫工作具有预防性。

3. 针对性

对办公室而言，其非安全因素主要是盗窃、火灾、泄密及危害办公室人员的健康和安全的各种事故，因此，对保卫工作来说，必须要了解各种危害因素发生的可能性和规律性，有的放矢地实施办公室的安全保卫措施，这样才能有效地做好保卫工作。

4. 走党领导下的群众路线

办公室的保卫工作仅靠个别领导人的重视或个别工作人员的警惕是远远不够的，还必须依靠广大的办公室工作人员，群策群力，提高警惕，积极主动地配合有关人员，消除各种隐患和不安全因素，这样，才能真正做好办公室的保卫工作。

办公室保卫工作的具体内容为：

（1）保护机关办公室的财产，特别是办公室的物质设备。不恰当地使用设备或错误地操作设备，会造成设备的损毁，甚至引起火灾等事故。另外，由于缺乏有效的保卫制度或保卫制度实施不力，均易造成办公室设备、物资被窃。

（2）保证所有有关安全的法令得以实施。必须制定严格的保卫制度，且要有专人负责，制度一经确定必须严格执行。

（3）维护办公室工作人员的健康和安全。尽管办公室的工作人员不会招致各种严重的工作危险，但仍然有各种安全问题潜伏于办公室的桌子、档案柜、传送带与办公室的机器之间，办公室经常发生的事故包括：滑跤、绊倒、跌倒，这类事故占办公室事故总数的50%以上。办公室的通道、走廊等光照差或损坏未及时修理等，均易造成人员伤害事故。

## 六、保卫人员的职业道德

保安人员长期从事保安工作，形成了自身的职业道德，主要是廉洁奉公、不谋私利；政治坚定、爱岗敬业；遵纪守法、团结协作；不怕艰苦、勇敢无畏；文明值勤、礼貌待人。

1. 廉洁奉公、不谋私利

"廉"就是俭朴不贪污，"洁"就是干净。"奉"是给予、奉献的意思。"公"是指公务、公事。把这几个意思连在一起，是指在工作中勤勤恳恳，任劳任怨，一心为公而不谋私利。要求保安人员做到：

（1）全心全意为客户服务，坚守岗位，恪尽职守，认真履行职责。

（2）保持艰苦朴素的思想作风和工作作风，不被钱财所腐蚀。生活上不攀比，工作上高标准。

（3）不利用工作的便利牟取私利。

（4）做到克己奉公，即克服和约束自己的私欲而献身于事业，自觉地抵制拜金主义、享乐主义和极端个人主义的影响，防止人生方向的错误转化。

2. 政治坚定、爱岗敬业

政治坚定是要求保安人员始终做到有坚定正确的政治方向，即做到讲政治，有坚定的政治立场，有坚定的政治信念。在政治问题上要有敏感性，做到对党忠诚。

3. 遵纪守法、团结协作

纪律是一种行为规范，是为了完成某项任务而要求人们遵守的各种规定、条例、制度、守则、法规等等。纪律的基本特征是强制性与自觉性的统一，其本质是"服从"，没有服从就没有纪律。

纪律主要有以下几个方面。

（1）政治纪律

政治纪律是纪律的最高表现，政治纪律是保安人员必须做到的，是对保安人员的政治要求。在实际工作中，我们要坚决落实关于"打防结合，预防为主"的治安工作方针。

（2）组织纪律（即纪律在组织方面的表现）

例如，保安人员在工作中做到下级服从上级，在集体活动和民主生活中做到少数服从多数，在处理个人与组织关系时做到个人服从组织等等，这就叫组织纪律，组织纪律是实现团结的基础。

（3）法制纪律

党的十五大提出"依法治国"的方针。这一方针的提出不仅突出了法的治国意义，而且强化了法纪的作用。为了达到治国的目的，要求人们必须做到“有法可依，有法必依，执法必严，违法必究”。

（4）保密纪律

保密纪律是保密工作中的行为要求。国家机关、企事业单位都有其机密，即不可公开的重大事件，或在一定时期内不能公开的事情。有的属于工作的要求，有的是对敌斗争的需要。

（5）工作纪律

即保安工作中的有关规定和要求。如不迟到，不早退，严格遵守时间，坚守岗位，不擅离职守。遇重大问题应及时请示报告，而不应隐瞒不报。在工作中认真贯彻保安服务宗旨：“安全第一，优质服务，遵守合同，信誉至上。”做到服从命令，听从指挥。用保安员的守则规范自己的行为。

## 七、保密工作的重要性

现阶段，在某种特定条件下，一些社会矛盾还有可能激化，还有形形色色的敌对分子想从经济上、政治上、思想文化上、社会生活上进行着蓄意破坏以推翻社会主义制度。从国际斗争来看，由于我国实行了对外开放的政策，与国际方面的政治、经济、军事、文化、科技等交流活动日益增多，国际上的敌对势力也在千方百计地利用我国对外交流的各种渠道，采用各种手段，加紧搜集、窃取我国的重要机密情报，以达到他们进行破坏活动的目的。面对这种形势，如果不严加防范，失去警惕，就可能使党和国家的事业遭到危害损失。因而，做好保密工作，严守党和国家的秘密，不仅是极端重要的，而且是十分迫切的。

## 八、保密工作的方针和特点

《中华人民共和国保守国家秘密法》第四条规定：“保守国家秘密的工作，实行积极防范、突出重点、既确保国家秘密又便利各项工作的方法。”这一方针是保密工作最重要、最根本的内容。它是根据国际形势的特点和我国现阶段社会主义革命和建设对保密工作的要求，总结了我们党和国家在保密工作方面的经验、教训的基础上制定的。无论在任何时候，无论在哪一方面，都应认真贯彻这一指导方针。

积极防范，是要求把立足点放在预防工作上，以防为主，防患于未然。保密工作是一条无形的战线，窃密与保密的斗争都是隐蔽的斗争。这个斗争无所在而又无所不在。一个单位、一个部门可能长期没有发生泄密问题，但它又可能在任何时间、任何部门发生泄密问题。另一方面，不泄密而已，一旦失密或泄密，损失就难以弥补。从这一点出发，保密工作就是防范性质的工作，并且是积极的防范，要把可能发生的失泄密事件消灭在萌芽状态。当然，积极防范并不是一句空话，它需要进行实实在在的工作。首先要对保密工作予以足够的重视，尤其领导要重视；其次要坚持经常性的保密宣传教育；第三要有一套保密制度和措施，严明纪律，并经常进行检查督促；第四要逐步完善必要的保密设施和设备，并随着经济和科学的发展，不断加强和改进保密技术手段；第五要加强调查研究，不断总结经验，善于发现问题、解决问题，提高保密工作水平，使保密工作的防范措施能适应不断发展的形势。

积极防范，就是要时刻保持高度的警惕。一是要树立高度的敌情观念，任何时候都要保持清醒的头脑。如果我们在思想上产生了麻痹，疏于防范，那么，敌人随时都有可能乘虚而入，窃取我们的秘密。因而，从一定意义上讲，没有敌情观念，就没有保密工作。二是要牢固树立国家观念，要时时处处想到保密关系到党和国家的根本利益，关系到全国人民的根本利益，要把国家和人民的利益看得高于一切，放在头等重要的位置。三是要有组织纪律观念，要自觉遵守党和国家的保密法规以及本部门、本单位的各项保密制度，从组织纪律上严格约束自己，做执行纪律的模范。只有树立了严格的纪律观念，才能在任何情况下严守秘密。四是要具有坚定的反腐蚀的观念。要在糖衣炮弹面前经得起考验；不为金钱名利所动摇；不为色情所诱惑；不因个人或小集团的私利而内外不分，置国家、民族利益于不顾；不在干杯和恭维声中忘乎所以，忘义失节。只有这样，才能防止上当受骗，防止因疏于防范而泄露国家秘密。

保密工作具有以下几个特点。

1. 广泛性

虽然秘密有一定的时间和范围限制，但是国家秘密的内容所涉及的范围非常广泛。只要是我国的主权所在之处，几乎都有国家秘密。各个地区、各个部门、各个单位，不论大小和级别，都可能产生或涉及国家秘密，只是在秘密的级别和多少上有所不同。

2. 政治性

在阶级社会中，保密工作是为巩固政权和国家的政治服务的，是统治阶级管理国家的工具和手段，是属于国家政治工作的一部分。我国是社会主义国家，各个单位都要接受党和国家的政治领导，执行党和国家有关保密工作的规定。因此，其他各个单位的保密工作如同党政机关一样，具有较强的政治性。

3. 区域性

各种秘密都是有一定范围的，此范围之内的有关人员允许知道，对此范围之外的人员则要保密，做到内外有别。另外，中央、省、市、自治区、县等不同的行政级别有不同的密级范围。划定密级，即确定国家秘密的等级，就是为了把属于保密范围的每一个具体事项置于国家有关法规的认可和保护之下，以便有关单位和人员根据不同的密级采取不同的保密措施，最大限度地保护国家的安全和利益不受损害。

4. 时间性

世界上的秘密都是可变的，都是有时间性的。任何国家的秘密，都不是一成不变的，它随着客观形势的变化而不断地进行调整。

5. 群众性

保密工作是一项群众性的工作，只有扎根于群众之中，才能获得成效。在现代窃密与反窃密、情报与反情报的斗争中，保密工作绝不是靠有限的机密机构和几个专职的保密干部就能够奏效的，而是需要千千万万群众的支持和配合。

## 九、保密工作的机构及职责

《中华人民共和国保守国家秘密法》中明确规定："县级以上国家机关和涉及国家秘密的单位，根据实际情况设置保密工作机构或者指定人员，管理本机关和本单位保守国家秘密的日常工作。"这是国家以法律的形式对保密工作组织和办事机构如何设置所作出的原则规定。无论是党政机关、社会团体，还是学校、工厂等企事业单位都必须遵循这一规定，按规定要求设置本部门、本单位的工作组织及其办事机构，以确保保密工作的正常进行。

在县级以上的国家机关、社会团体、企事业单位，根据保密工作的实际需要，一般都应建立保密工作委员会或保密工作领导小组，并确定专职或兼职工作人员，涉密较少的机关单位，即使没有必要设置专门的工作机构，但也必须有专门人员负责管理保密工作。保密工作的机构和人员除在较高层次的机关单独设立外，通常都设在机关的办公部门内，也就是说大多数机关办公室承担着本单位、本部门保密工作的日常事务。

保密组织的工作职责主要有以下几条。

1. 贯彻执行党和国家关于保密工作的方针、政策、法规、法令，指导、协助有关单位制定具体的保密规定和制度。

2. 认真组织开展本地区、本系统、本部门的保密工作，保证党和国家重要秘密的安全。

3. 利用多种形式，结合工作需要开展保密法规和保密知识的宣传教育，提高干部和群众遵守保密法规的自觉性。

4. 对保密工作随时进行督促检查，发现问题，积极采取措施，堵塞漏洞。

5. 加强对保密工作的调查研究，经常分析保密工作的新情况和新问题，不断总结工作经验，划分保密范围，明确核心秘密与非核心秘密的界限，指导保密工作全面开展。

6. 认真追查失泄密事件。凡重大失泄密事件，都要查清事实，吸取教训，教育群众。对失泄密情节严重的，应建议纪律检查或行政监察机关给以党纪、政纪处分，构成犯罪的应提请司法部门依法惩处。

7. 协调和指导机要、通信等方面的保密工作，促进保密通信事业的发展。

8. 协调部门与部门之间保密工作上的矛盾，做到密切配合，相互协作。

9. 完成上级领导和保密工作主管部门交办的工作。

## 第二节　办公室安全保密措施

### 一、文件保密工作的措施

1. 准确地标明文件密级

对于制发文件机关来说，首要的问题是必须准确地标明文件密级，即在文件首页上端明显位置标注秘密等级或加盖秘密等级印章。有的秘密文件还有附件（单独装订），在附件首页也要相应标注其秘密等级。

2. 控制文件的印制权限

对于上级机关的秘密文件，原则上不准随意翻印或复印，如确属工作需要，必须翻印或复印的，要严格履行审批手续，并进行登记。翻印件和复印件按原件要求进行管理，以防造成秘密失控。

3. 限定文件阅读范围

对所有秘密文件要实行限级发文，规定明确的阅读级限和阅读范围。比如："此件发至县团级"或"此件传达到全体党员干部"等等，就是为了严格控制文件的阅读范围。

4. 加强文件印制管理

秘密文件要由专门的印刷厂或一般印刷厂的保密车间负责印制，份数较少的可由机要人员专门打印。印刷份数要严格按照批准的份数印制，不得多印私留。印刷完毕之后，对文件清样、废页、废件、铅版、胶版或蜡纸、衬纸等都要及时销毁，不得随意堆放或任其散失。绝密文件要逐份打上印刷序号，以便更加严格地进行管理。

5. 严格文件封发管理

秘密文件封发要使用专门封袋，封袋的封面上要显著标明适用于所装文件秘密等级，封口要贴密封条。特别是绝密文件，要使用双层牛皮纸封袋套装，袋内所装文件要由发文人员逐件填写清单，以便收文查核。

6. 严格登记制度

秘密文件收发、分送、传递、借阅、移交、销毁等各个环节都应建立严格的登记制度，履行签收手续，明确工作责任。

（1）秘密文件不准通过普通邮政邮寄，不准在普通传真机上传递。机要通信人员在递送秘密文件时，不准办理与递送文件无关的事，坚持专程取送，不得互相传递。

（2）秘密文件传阅要有专人负责管理，阅读文件要在办公室或阅文室进行。高级干部确需在家中阅读的，要按有关规定，切实做好保密工作，机要管理人员要专送、专取，不能交由非保密人员往来传递。

（3）外出工作必须携带秘密文件的，须经领导批准，明确责任并办理登记手续，同时要采取安全措施，确保文件安全。不准携带文件逛商店、买东西、参加娱乐活动等。参加外事活动未经批准不准携带秘密文件。

（4）秘密文件的保管要有专门保险柜，机要室门窗要有安全设施，并经常检查安全情况，严格控制进入机要室的人员。

（5）借阅秘密文件要有严格的制度，未经批准，不得将文件借给知密范围以外的人员阅看，更不得随意带出机要室以及长期存放在个人手里不归还。

（6）建立秘密文件的清退制度。对分散在各部门和个人手里的文件，要定期清理、收回，并及时核清文件份数，注意有无少篇短页。核对无误后，要造册、登记。如发现丢失现象，要及时追查。

（7）办理完毕的秘密文件要及时按要求立卷归档，认真鉴定分类，该上缴的及时上缴。对秘密文件档案也要建立查阅审批制度，未经批准，不许查阅，不许公开，不许复制。

（8）选编、汇编秘密文件不得擅自降低密级、解除密级和扩大发放范围，不得将秘密文件与普通文件混编成册，更不得将秘密文件在内部或公开的刊物上登载。

（9）销毁秘密文件要严格手续，登记造册，不准擅自处理。销毁时应派两人以上专人监销，现场严密监护，直到销尽为止。

## 二、会议保密工作的措施

会议保密工作的措施主要有以下几个方面。

1. 凡是秘密会议，首先要在会前认真研究具体的安全保密措施，规定保密纪律，对与会人员和工作人员进行保密教育。特别是绝密性会议，一定要采取特殊的保密措施，制定严格的保密制度，设立保密室和保密监察人员，并由会议主持人向与会人员和工作人员宣布会议的保密事项和保密纪律，做到在言行上和文字上不发生任何泄密现象。

2. 秘密会议的场所要选择在周围环境安全的地方，不得在接待外国人的宾馆、饭店举行。特别重要的绝密会议，安全保卫部门事先要对会场四周和场内进行严格的安全检查。

3. 秘密会议召开之前，工作人员要认真检查扩音、录音设备的保密状况，防止扩音设备产生寄生振荡泄密。严禁在秘密会议上使用无线话筒。

4. 秘密会议的与会人员入场时，要按参加会议人员名单验证入场，并由本人签到。严禁与会议无关的人员进入会场。对需要列席会议的人员，也要事先提出名单，报经领导人批准，不允许参加会议人员随意带领其他人员进入会场。对参加会议的实到人员要记录在案。

5. 绝密性会议要严禁与会人员记录会议内容，也不得携带录音机进入会场录音。

6. 秘密会议的文件、资料印发要有专人管理，统一标明密级，统一编号、登记分发，严格控制范围。会后需要收回的，要及时核对清收。严禁滥印乱发会议秘密文件、资料。

7. 领导同志在秘密会议上的讲话，未经本人审阅同意，会后不得随便整理印发，即使讲话内容为一般性质，也应按程序处理。

8. 秘密会议是否需要进行新闻采访报道，或哪些内容可以报道，哪些内容不能报道，要事先报经会议的主管领导审批，防止将会议的秘密事项从新闻报道中泄露。

9. 秘密会议结束后，工作人员或安全保卫人员要对会议场所和人员住址进行认真检查，看有无遗失文件、资料、笔记本等，防止因疏忽泄露秘密。

10. 做好会议记录的保管工作。秘密会议记录要视同秘密文件一样保管，未经批准，不得私自查阅、抽抄、复印，不得与普通会议记录混放，要有专门保险柜、专门人员负责保管，并建立健全相应的管理制度，定期立卷归档。

## 三、通信保密工作的措施

办公室的通信工作务必注意做到以下几点。

1. 属于国家秘密的文件、资料和其他物品必须通过机要通信部门传递，不准通过普通邮政传递。即使是采用挂号邮寄，也不得传递秘密文件。

2. 密电的传输必须通过机要部门使用规定的密码传输，不能使用普通电报或无保密措施的明传设备进行传输。

3. 严禁在无保密措施的普通电话和移动电话、无线电话里谈论国家秘密事项。

4. 严禁使用无保密措施的有线、无线通信设备召开涉及国家秘密内容的电话会议；严禁在涉及国家秘密内容的会议上使用无线话筒。

5. 通信保密机的研制、生产和使用，必须经保密工作部门审查批准，未经批准，一律不得使用。引进国外保密机，也应按照有关规定经过检查批准后方可使用。

6. 要害机关和部门的选址及通信设施的建设，事先须经有关部门进行安全检查，特别是对进口的通信设备要严格进行技术检查。

7. 对保密通信设备要定期进行技术安全检查工作，使之达到规定的技术标准，确保通信质量和通信安全。

## 四、科技保密工作的措施

科技保密工作主要对以下内容进行保护。

1. 有具体应用目的的科学技术活动内容。

2. 科学技术的活动场所、环境条件、设备装置、原材料等。

3. 有具体应用目的的科学技术发展水平。

4. 有具体应用目的的科学技术活动动态。

5. 有具体应用价值的物质成果。技术的物质成果是技术的物化形态，人们可以通过它分析和掌握技术的发展水平，窃取技术，因此应该对技术的物质成果采取保密措施。

6. 有具体应用价值的精神成果，如技术软件部分的理论、经验、技能、工艺、图纸、资料、数据、表格、配方等。

7. 掌握一定科学技术知识的科技工作者。科学技术是由人发现、发明并掌握的，因此，必须对科技工作者及其所掌握的与国家利益密切相关的科学技术、经验技巧、工艺诀窍、数据配方等采取保密措施。

## 五、宣传报道方面的保密工作措施

宣传报道工作涉及党和国家的政治、经济、军事、外交、科学技术、思想文化等各个方面，并且形式多样，传播迅速，反应敏感，稍有不慎，将党和国家的秘密通过宣传报道的途径泄露出去，就会造成不可挽回的损失。因此，办公室应特别注意以下几个问题。

1. 首先要弄清本部门、本机关应当保密的事项及范围，准确地划定秘密与非秘密的界限，一般秘密与核心秘密的界限。

2. 要树立正确的全局观念和保密观念，既搞好宣传工作，适应改革、开放的需要，又要确保国家秘密的安全。

3. 凡是中央或各级党委、政府尚未决定或虽经决定尚未公布或不准公布的有关外交、军事、政治、经济、科技等方面的方针政策和重要措施，都不得擅自公开宣传报道。

4. 凡内部会议、活动等形成的秘密文件、讲话、资料及情况等，未经审查批准，一律不得擅自公开见报，公开发行的刊物、书籍不得登载秘密文件、内部资料等。

5. 新闻宣传部门送审的文字稿件、录音、录像、照片等，要认真进行保密审查，对不宜宣传报道的内容，要进行删节和修改，并对有关人员解释清楚。

6. 机关办公室主任要负责对宣传报道稿件的审查工作，重要的、涉及全局性的宣传报道稿件，要由机关主管领导人负责审查或报请上级领导机关批准。

## 六、经济情报保密工作措施

1. 经济情报保密工作既要适应国家改革、开放、搞活的形势需要，又要维护国家经济利益不受损害。要划定一般经济情报与秘密经济情报的界限，防止将秘密经济情报作为一般经济情报传递，造成泄密。

2. 国家经济工作的重要政策和重大的改革措施，如物价、工资等方面的调整，在讨论酝酿阶段直到出台之前，一定要严守秘密，在保密期间都不得泄密，确保顺利实施。

3. 凡未公布的国民经济和社会发展计划、统计方面的资料等，任何机关和个人都不得擅自对外提供或公开发表，确需公开使用的，要按照国家计委和国家统计局关于分级负责的规定，严格履行审批手续。

4. 在涉外经济活动中，经济情报的保密工作尤为重要，凡有涉外任务的单位，都要准确地划定应当保守的经济情报范围，在确需提供秘密情报时，要本着确保核心秘密和有领导、有控制地放宽对非核心秘密限制的原则，办理审批手续。

## 七、电子计算机保密措施

办公室要做好电子计算机保密工作，应采取以下措施。

1. 抓紧立法工作和实行科学管理。电子计算机的应用是窃密与反窃密斗争的新领域。世界各国都极为重视计算机保密工作，在抓紧立法工作的同时，还采取新技术实行科学管理。我国虽已制定和颁布了一些计算机保密条例和规定，但还不够健全；技术手段还比较落后，缺乏科学管理计算机信息保密工作的经验。这就要求我们必须大力加强计算机信息保密的立法工作和科学管理。

2. 确保计算机工作人员队伍纯洁可靠，这是做好计算机保密工作的关键。为此，首先要对涉密计算机工作人员，按照机要人员的条件进行严格审查，不使用不合条件者或思想有问题者。其次要经常性地进行思想教育，使计算机工作人员能自觉遵守有关保密法规。

3. 加强对保密工作人员和计算机工作人员的培训，使他们具备足够的保密知识和计算机基础知识，提高他们的素质，以满足计算机信息保密工作的需要。

4. 严格划分密级和采取屏蔽措施。涉密的计算机，不仅其加工处理的数据、信息要严格划分密级，而且计算机本体和联网终端的房间，也要划为秘密要害部门。划密的内容还应包括指令编码、各种程序和数据媒体等所有软件。采取屏蔽措施的目的在于防止电磁波辐射，防止计算机的输入、贮存、加工处理和输出信息的外流。常用的屏蔽措施主要有：屏蔽计算机本体的主要部件；屏蔽计算机本体——中央处理机；屏蔽整个机房。

5. 加强计算机房、终端室、数据库和控制中心的安全保卫工作，重要的通道要设门卫，使用电子门锁，由计算机控制、记录出入者和时间。

## 八、涉外保密工作的措施

1. 在涉外活动中，总的要求是要坚持“内外有别”的原则，提高警惕、积极防范，友好归友好，保密归保密，防范各种可能的情报搜集活动。

2. 凡有涉外接待活动的单位，要严格划分密与非密，核心秘密与非核心秘密

的界限，要规定统一的对外口径和保密范围。

3. 参加外事活动和进入外国人住处，不得携带秘密文件、资料及物品，如确需携带的，应事先履行批准手续，并严加保管。

4. 任何涉密单位、机关，未经批准，不得擅自接待外国人参观访问。外国人要求去控制开放区和非开放区，要按照规定办理审批手续。

5. 住有外国常驻人员的单位，不准让外国人接触我秘密文件和参加秘密会议，不应在外国人面前谈论秘密事项。

6. 未经有关主管部门批准，禁止将属于国家秘密的文件、资料和其他物品携带、传递、寄运出境。

7. 涉外工作人员要严守纪律，时刻提高警惕，不能随便许诺，不拿原则做交易，要自觉抵制资产阶级思想的侵蚀，并要学习掌握必要的反间谍、反窃密知识和技术，以适应工作需要。

## 第三节　值班工作概述

### 一、值班工作的含义

“值班”工作不仅指各级党政机关，为保证信息灵敏、快速、准确从而保证领导部门进行正确决策而开展的一项经常性工作，而且还指一般机关单位的门卫值班、司机值班等不同类型的值班。近几年，随着科学技术的不断发展，值班工作已经有了更为重要的地位和作用。值班室已经从以前只管上传下达的“传达室”转变成为本部门领导科学决策提供依据，辅助领导处置各种突发性事件和对下级实行宏观指导的参谋机构之一。

### 二、值班室的职能

各级政府机关和大、中型企业以及重要事业单位，一般都设置值班室。值班室是本地区、本部门、本单位以及上下级之间处理政务、沟通信息的中心枢纽之一。做好并加强值班室工作，对迅速、准确地了解和反映重要情况，及时、有效地传达、贯彻政令，提高政府工作效率，推动各项工作有着十分重要的作用。

值班室大致有两种类型：一是中央国家机关和省、市一级政府机关，实行24

小时昼夜值班制度，配备数名专职值班员，担负正规化值班任务；二是地、市、县一级政府机关和企事业单位，一般不专设值班室，上班时间由办公室指定专门人员承担值班任务，班后及节假日由办公室安排机关干部轮流值班。以上两种值班制度，形式虽然有别，但其担负的职能以及工作要求完全相同。这两种类型的值班工作，都由办公室主任直接领导或分管。

## 三、值班工作的特性

值班室的工作任务重，内容多，接触面广，具有以下几种工作特性。

1. 政策性

政府机关的值班室不是专事收收发发、联系接待的收发室、传达室，这是协助领导处理政务的一个比较特殊的工作部门，是办公室的有机组成部分。它的工作联系涉及一切政府部门和其他各界，因此，它所承办的事项带有很强的政策性。

2. 连续性

在各机关、单位，值班工作的职责范围可以宽，也可以窄，值班人员可以轮流和交换，但值班工作却从不能间断，必须细水长流式地保持其连续性。

3. 原则性

值班室日常担负的大多是跟首脑机关相联系的政务工作，在处理过程中，必须严格遵循各项制度、规章和程序，如处理突发性事件，既要及时请示、报告，又要当机立断，不贻误时机；接待来人，既要热情、诚恳，又要区别情况，不能随意安排外人与领导会见。因此，值班室工作具有很强的原则性。

4. 时间性

值班室承办的工作，一般时间性都很强，随交随办，不能拖拉和延误。像处理突发性事件，必须迅即反应，刻不容缓；即使是领导临时交办的事项，大体也都是需要立即办理的工作。

5. 应急性

在值班工作中，值班人员可能有时接受、传达上级机关、单位领导的指示，可能处理内部的突发性事件，要完成领导临时交办的事项，这些工作的具体内容和时间，一般都是事先不知道的，都需应急处理。

6. 保密性

值班室参与处理的政务工作，不少属于机密事项，其保密性是十分明显的。

7. 临时性

值班室的工作面广事繁，头绪众多，尽管从任务的内容分类上看具有专项性，如处理突发性事件、接待外来人员、上下级工作联系、接转电函及请示报告件等，但每天都有领导临时交办的一些事项。因此，值班室的具体工作也具有临时性的特色。

## 四、值班工作的要求

值班工作总的要求是准确、严谨、认真、及时、热情。

所谓准确一是要做到听话、说话准确。通常，办公室人员多用电话报告情况、传递信息，在接听电话中一定要把对方的话听准，特别重要的情况、领导同志的指示要认真听记，有条件的应进行电话录音。讲完话后要互相核对一下，确认无误后再终止通话。二是要文字准确，就是在写电话记录、编辑信息刊物时一定要准确，而不能凭印象和自己的理解加以扩大或缩小原报信息的范围和程序。三是要做到信息通达准确，即该传到哪里就必须准确无误地传达到哪里，不能扩大或缩小传递范围。

严谨是指值班人员处理各种信息和完成领导交办的任务时要多动脑筋，把事情想得周全一些。在日常工作中注意积累一些常用的资料以备领导查询，另外在说话办事中一定要注意哪些该说，哪些不该说，防止在无意中泄露国家秘密。

及时是对值班工作的特定要求。就是要求值班人员传递、处理信息，办理文、电要快，一般要随接随办。同时接办几件事，要按轻重缓急顺序处理，但一般来讲应做到当日办结。当日办不完的要移交给下一班及时办理。

总值班室既是一个单位的信息中心，同时也是重要的对外窗口之一，经常要接洽外单位或本系统下级来联系工作、要通过电话进行信息的交流。因此说话和气，待人热情是十分重要的。能否做到这一点，不仅直接影响工作的质量，而且还关系到整个部门的声誉和威信。

认真是对值班人员的要求。值班人员应有全心全意为人民服务的精神和强烈的工作责任心，对承办的各项工作要认真负责，一丝不苟地加以处理。无论来函、来电，还是领导批示或交办事项，都要把一切内容都搞清楚，办理时做到及时、准确，事事都有结果。接待外来人员，进行工作联系，既要坚持原则性，严格按政策和领导指示处理，又要尊重群众，态度热情、诚恳、平等待人。

要有主动性。值班人员不仅要了解本机关、单位领导的值班人员活动情况，还要尽可能熟悉基层单位负责人的一些情况。如有紧急事情即可取得联系。值班人员还必须掌握车站、码头、公安、消防、医院、招待所等处的地址、电话号码和交通路线，一旦需要，便及时联系。值班人员还要注意礼貌待人，热情待人。

值班室工作要注意保密。值班人员要认真学习和贯彻《保密法》，在传达领导批示、指示、决定、通知、接待外来人员、处理突发性事件等紧急事项以及与人闲谈中，要严守国家机密。处理有保密内容的事项时，要严格按规定办。有秘密内容的文件、领导指示、值班记录等，不能随处乱放，严防失密、泄密现象发生。

值班工作人员要认真学习，提高政策和业务工作水平。值班人员的工作内容和工作时间具有特殊性，平时应自觉加强学习，努力掌握党和政府的各项方针、政策，学习法律、法规，学习办文、办事的工作制度、程序和办理办法。遇到拿不准的问题，除加强请求报告外，要认真查阅有关政策规定，养成随时学习的习惯，以不断提高自身的政策、理论水平和处理政务工作的实际能力。

## 五、值班工作的任务

值班工作的任务要求不同类型的值班各有侧重。一般性值班主要是上情下达、下情上报。

1. 值班工作的任务比较全面

为决策提供可靠的信息依据，辅助领导处理各种突发性事件。

值班室是本机关单位各种信息的传递中心，应通过定期对所掌握的大量动态信息的综合分析研究，向领导同志提出综合性的预测报告，供领导在决策中参考。另外，总值班室还应该组织协调和审核各业务部门制定的各种处理突发性事件的工作方案，以便有备无患。

2. 承担本部门重要动态信息的接收、传递处理工作

包括几方面的内容：一是接收上下左右通过电话、传真等手段传递的各种信息。二是对所收到的信息进行加工，对上级领导机关下达的指示，要准确及时地报告有关领导，并根据领导同志的指示传达到有关部门。对下级机关和平行其他部门报送的各类信息视不同情况和轻重缓急或立即报告部门领导，或传达有关部门，或暂时放在一边待综合整理后分别上报。三是编辑向上级领导机关报送的动态信息刊物。

3. 负责对本系统下级单位信息工作的业务指导

要做到信息灵敏、反应快速，各系统必须有一个完整的信息网络，而总值班室则应承担保证这一系统在任何情况下正常运转，充分发挥系统整个功能的任务。为此，就必须不断对下级各单位信息的报送、处理等方面的工作进行检查指导。

4. 承担领导同志临时交办的各项任务

这里包括领导交办的来访接待工作，迎来送往工作，通知会议等等。

5. 节、假日和非工作时间做好或协助做好安全保卫、保密、紧急文书处理、印信管理工作

上述各项工作并非所有的总值班室都要承担，也可能还有上述任务之外的其他

工作，这主要看各部门、单位的工作性质和其总值班室职责范围和人员多寡而定。

## 第四节 值班制度和值班安排

### 一、值班制度

要完成好值班任务，除了要求值班工作人员有较好的素质外，建立健全各项规章制度是必不可少的。一个部门的总值班室应有的规章制度主要有：

1. 信息处理制度

它包括对各种渠道传递来的信息基本处理程序，如下级单位用电话报送一条信息，值班员应如何记录、登记，哪一类信息应报哪一级领导。还有总值班室内的信息刊物的审稿、校对、核发等等，都应做出明确规定。

2. 岗位责任制度

首先应确定值班人员必须坚守岗位，无论发生什么事情也不能擅离职守，另外对总值班室内不同层次的值班工作人员应规定不同的职责，如带班员职责、副班同志的职责等等。

3. 交接班制度

交接班是值班人员沟通情况、汇报工作、保持值班工作连续性的工作，凡有值班工作的地方都有交接班工作。值班室应当坚持交接班制度，由前一天值班的同志将所接收的信息及处理情况逐一地交代给下一班值班人员，对一些尚未处理完毕的事项更要详细讲明。

4. 保密制度

值班工作常常接触许多机密性文件和事情，应制定严格的保密细则，包括外来人员的接待范围，各种信息材料的保管方式，不同密级的信息材料的传递方式等等。另外，应责成一位负责同志分管保密工作，并选定一位责任心较强的同志担任保密员，定期检查保密细则的执行情况。值班人员不能把亲戚、朋友带到值班室留宿；不能把本机关、单位领导同志的家庭地址、电话号码任意告知外人；机密文件、他人信函不得擅自拆阅（会议通知除外）。

5. 辅助性制度

为保证值班室有一个良好的工作环境，还应建立一些必要的辅助性制度，如“会客制度”“卫生制度”“考勤制度”“上班制度”等。

通过这些制度，使值班室的领导便于管理，值班工作人员处理各种事项都有章可循，从而使值班工作形成制度化、规范化。

## 二、值班工作安排

值班安排各部门、各单位不尽相同，主要有以下几种类型。

1. 四人专职值班

安排的方法如下。

（1）三人轮班，一人替班

三人轮班，每昼夜三班倒，每班八小时，保证办公室一人值班，使工作时间大体相等。替班的同志主要是替三位值班员公休，剩余三天安排其他工作。这种方法适宜昼夜工作量差不多的单位，但有时，尤其是白天办公时间一个人紧张，有时出去要招呼别人代看一下。

（2）三人倒班，一人带班

带班者上常日班，一般兼管单位事务性工作。另三人每天一人大班（二十四小时连班）、一人小班（日班）、一人休息。第一天小班的同志第二天大班，第一天大班的同志第二天休息，第一天休息的第二天小班，依此类推。轮到星期六、星期天和星期一上小班进行公休，这样，星期二至星期五白天三人（带班者加大、小班），星期六、星期日、星期一，白天为两人（带班者和大班），夜间一人值班。这种方法适宜白天事务多，夜间和节假日事情较少的机关单位，一般情况下，对市级机关单位比较适宜。

（3）四人顺轮

即四位值班员挨个向下顺排，每人八小时或十二小时轮流值班，节假日不另安排，平日不值班者还可上班做些弥补性、后续性工作。

2. 兼职值班

所谓兼职是在正常办公时间，由单位有关部门（如文秘、行政）的同志兼职，值班室遇到的事，谁负责的范围谁处理；中午和夜间轮流值班。安排方法有两种：

（1）大轮班

机关、单位所有人员（可以执行值班任务的人员）中午和夜间大轮班。每天一人，一天一轮换，把全体值班人员列表印发，轮到自己值班的时候自行上岗。值班者可提前吃饭。

（2）“单身汉”代

每个单位都有一部分住集体宿舍的“单身汉”，请他们中午和夜间轮流代班。每天一轮或每周、每月一轮均可。这种方法较前一种为好，因轮流范围小，值班机会多，处理问题有经验，一般不致误事。但由于这是给单身汉增加负担，应当分别两种情况：一是发扬友好互助精神，应是私人间委托；二是组织安排，那就应考虑他们值班的时间长，劳动强度大，应给予适当报酬。轮到代班者也要提前吃饭。

兼职值班，要特别注意与班之间的衔接，交接班一定要认真细致。值班发生的问题、处理结果及遗留事项，要详细地记在“值班日志”上，并当面向接班人交代。

3. 专兼结合值班

即正常上班时间专职，中午和夜间兼职。办公室设1~2人专职值班员白天值班，其他时间采取第二种方法的安排，即大轮班或“单身汉”代班。

4. 星期日值班安排

除有专门值班员的单位以外，一般采取机关所有人员大轮班的方法，每季、每半年安排一次均可，但最好不要一次安排时间过长，以免遗忘误事。星期日轮流值班，最好不要安排那些平时中午和夜间值班的“单身汉”们，给他们一点机动时间休整和探家。还要注意安排领导和司机值班。

5. 法定节日值班

法定节日值班需要加强力量，不但有领导带班，司机值班，而且一般同志需2~3人值班。由值班室在法定节日前与各位领导、司机、机关干部沟通，排好值班表，明确交接班手续，印表分发给每个值班人员和机关领导。

## 三、值班工作记录

值班应当做好工作记录，以作为向领导同志汇报情况的根据，处理问题的依据，同时以备查考。值班记录一般包括值班日志、接待记录两种形式。

1. 值班日志

它以一天为单位或以一个班为单位，记录值班室一天或一班中遇到的情况和经历的主要工作。它是值班室内部的记事册，其作用就是让下一班人员了解本值班期间所发生的情况，以保持上下班处理问题的连续性；有利于领导了解值班室的情况，也可作为检查或考核值班室工作的依据；有利于查询已经过去事件的时间及情况，必要时也可作为证据。

2. 接待记录

它记录一个单位对来访问题的处理过程，涉及内外、上下关系。因此，接待记录要在一定时间内存档。接待记录要有编号，依次记录来访人姓名、单位、时间、内容。在“处理意见”一栏要记录接待人的承办意见，比较重要的问题要记录领导人的批办意见。最后还要署上接待人的姓名，以明确责任。

### 四、交接班工作

交接班对于值班人员的沟通情况，保持工作的连续性具有重要作用。交接班有两种形式：

1. 个人交接班

即由上下两班单位交接工作，上一班值班人员应当把主要工作情况、已办和未办的事情、注意事项等，确实向下一班值班人员交代清楚，以便接班人员顺利的工作。可以口头交代，也可以利用值班日志交代。

2. 集体交接班

即一个工作单位（如处理科、室、组等）的工作人员在一起交接班。以上一班值班人员为主，大家都把已处理的或重要的工作交代一下；如发生什么大事，有什么新问题，还有什么需要继续办理的事情，发现了什么重要缺点，上级有何口头或文字指示等等。担任交接工作的负责人可在交班时明确扼要地传达上级指示，分配任务，通知有关事项等，借以达到互通信息、有益值班工作的目的。

交接班的主持人应是交接班范围的主要领导人。个人交接班在下午下班或早上上班时均可；集体交接班以放在早上上班时最好。

## 第五节　值班所遇问题的处理

### 一、对假签名手印的鉴别

有些人假冒上级领导的笔体给下级写便信。对这种问题，要从两方面来解决：

1. 对比较熟悉的领导，可以根据字体、笔法、习惯、墨色、用纸等进行鉴别；

2. 对不熟悉的领导，尤其是办那些有一定影响的事情，一定要向领导打电话或派人请示。

在一般情况下，上级领导写便信是有一定分寸的，如果有过头之词，完全可以从口气上辨别出来。这就不仅要求值班人员有一定的鉴别能力，还要有一定的政策水平。

## 二、对假亲属的鉴别

假亲属一般有两种情况。一种情况是属于上访者，想直接见到领导，因此就冒充领导的亲属以达到见到领导者的目的，另一种情况是他冒充亲属还有其他更大的用意。值班人员要善于鉴别真假亲属，不管是什么情况，都要先问清来访人的姓名、工作单位、与领导的关系，并且要掌握来访者的外貌，包括身高、性别、年龄、相貌等，与领导当面一说，就会清楚。如果领导人不在本地的话，那就应向有关方面核实后再处理。

## 三、对假凭证的鉴别

在对凭证进行鉴别时，也必须从发现异常之处入手。由于凭证的项目、内容、图案、文字、表格线条比较多，异常的可能范围就比较大，每一部门都可能出现异常现象，大体上有以下几种异同。

1. 凭证的样式不同

必须重点观察凭证的印装结构、内文结构、表格结构、线条结构、项目结构以及图案结构和附记结构等。

2. 凭证的文字不同

值班人员应该掌握字体字号的基本知识，从文字的字形、字号、位置、笔画等多方面认定文字的异常情况。

3. 凭证的图案异常

4. 骑缝印章不对

骑缝印章是凭证与存根共同一纸而在盖印之后截开的，各有印章的一部分。如果有异常情况，纸和印就难以重新弥合，骑缝字号就难以弥合无缝。在无法对照的情况下，看先盖印后截开还是先截开后盖印的边缘异常也可。

5. 凭证的用纸不同

通过对上述五方面的观察，就可以鉴别凭证的真假。

## 四、对假印信的鉴别

在值班工作中，有时会遇上持假印信的招摇撞骗者，因此，必须十分重视对印信的鉴别工作。印信的鉴别有五个方面：

1. 鉴别印信的真伪；
2. 确定印信的文字内容；
3. 确认印信的代表对象；
4. 断定印信的权利；
5. 鉴定印信的时限。

凡是造假印信者总有破绽，真正能以假乱真者总是少数。印信异常大体上有五种情况：

（1）式样不同

印信都有一定的规格和一定结构，要仔细观察规格以及线条的粗细和光滑程度。

（2）字体不同

字体的特征很多，要仔细观察字号、字形、比例、字距、位置。

（3）图案不同

比如国徽的图形，线条紧密，制作精美，只要细心观察，异常很容易发现。有些印章的图形虽然简单，但其几何尺寸一定，也能据此进行准确鉴定。

（4）盖印不合程序

比如采用不正当手段窃用空白印信，其异常之处就是黑色压在红色上，我们只要仔细地观察红色印图是否在黑色或蓝色字体之上即可。

（5）用纸异常

各个时期用纸的情况不同，经过细心对比，也可以发现异常，确定真伪。

## 五、几种特殊电话的处理

对几种特殊电话，要依照如下办法妥善处理。

1. 对要求找本单位领导的电话，首先要问清对方的单位、姓名及身份，然后回答的语气要婉转，比如“你稍等，我给你找一下”。如果要找的领导同志在，并准备接电话时，应跟对方说“某某领导来了，请你跟他讲话”；如果要找的领导不在，或是不需要与对方直接对话，要向对方婉转讲清理由，不要伤感情。

2. 对打听某些事情的电话，要态度和蔼有礼貌地给予热情对待。事情清楚而又可以回答的，可以适当回答；对事情不了解，或不宜回答的，应明确而礼貌地予以回避，切不可随便回答。

3. 当接到反映某单位发生重大事故，反映群众中发生激烈的矛盾冲突，或反映某人去向不明的电话时，要冷静、细心，一定要在尽可能短的时间内，了解清楚发生了什么事，发生在什么单位、或什么人身上，它们严重程度等，如果情况确实紧急，自己能决定的，应马上提出几条防范措施或解决意见；如不能决定的，通电完毕后，应放下手中一切工作，迅速向领导或有关部门汇报，并协助他们果断地进行处理。

# 第十一章　办公室礼仪、后勤服务工作规范

## 第一节　办公室礼仪的功能

礼仪是办公室工作人员公关活动中必需的而又十分重要的行为规范。办公室工作人员应该了解和遵守各种交际场合的礼仪要求，树立自己的良好形象，做讲究礼仪的楷模。如果在这方面做得好，就能产生以下一些功能。

### 一、有利于树立良好的社会公众形象

办公室工作人员在礼仪上如果能做到以下各条，就一定能树立一个良好的公众形象，给人一种信任感，有利于办公室工作的顺利开展。

（1）一个好的办公室应布置得庄重得体，环境清洁卫生，桌面整齐有序，文件堆放合理，物品放置得当。这常常是给人们的第一眼印象。

（2）办公室工作人员的服饰应该整洁大方、整体和谐、展示个性。办公室工作人员如果衣冠不整、不洁、不修边幅，不仅显得本人懒惰，缺乏修养，也有损于本单位的形象，在社交中可能会使对方产生不愉快、不信任的感觉，导致关系的疏远。

（3）办公室工作人员在与他人接洽或打电话时应热情和蔼、彬彬有礼，先让对方讲明来意和意图，然后表示自己的意见，决不贸然插话或显出不耐烦情绪。对来访者应笑面相迎，送人时应周到细致。

（4）办公室工作人员必须信守诺言，与人交往时要“言必信，行必果”。凡对方的要求，自己可以办到的，要热心地办；办不到或暂时有困难的，要说明原委。对办公室工作人员来说，遵守时间是很重要的，办事应有约在先，约好时间就要履约守时。

遵守时间是基本的礼仪，守时不仅是为了提高工作效率，也是对他人尊重的表示。

## 二、有利于解决复杂事项与突发事件

一个有经验的办公室工作人员都有这样的体会，最头疼的事莫过于碰到复杂事项和处理突发事件。当然，要解决这些问题，根本的还是要靠魄力、智慧、判断和耐心。但不应该由于事件复杂或事件来得突然而忘记了礼仪。礼仪在此刻可能成为一种润滑剂、消火栓，帮助办公室工作人员减轻压力和渡过难关。

# 第二节 书面礼仪要求

书面的对外交往，在办公室工作中占了相当大的比重，也就是经常所说的文书工作，譬如相关的文书运用，日常的计划总结，开会时的记录和纪要；还有编印简报与资料，它们的内容、格式与要求，在相应的文书学、秘书写作中均有规定（其中包括礼仪）。办公室书面礼仪工作主要包括柬帖的用法、公务专用信件的制作等，现简单介绍如下。

## 一、柬帖的用法

柬帖是请柬、请帖的总称。改革开放前较长的一段时间里，柬帖作为一种书面礼仪文书在社会上不多见，往往被视为旧风俗，机关、团体需要举行庆贺活动时经常用公文通知来替代柬帖，个人的婚嫁喜庆也多用口头邀请。改革开放以后与外界接触多了，运用柬帖之风又重新盛行，机关团体及个人要举办庆贺活动，从用红纸的通知开始，发展到今天的各种各样柬帖，而且有越来越精美、考究的趋势。

1. 柬帖的内容

柬帖大致有：婚嫁柬帖；喜庆柬帖；开张、落成、揭幕柬帖；纪念、联谊柬帖；谢帖；丧葬柬帖（讣告）等几种。

现在柬帖的内容表达形式虽然没有统一的格式，但必须包含以下 10 个内容：事由（祝贺活动的内容）；时间（年、月、日、时、分）；地点（路名、号码、场所名）；招待形式（宴请、茶话、礼品、纪念品）；被邀请人姓名（或单位名称）（如偕夫人需特别注明）；邀请人姓名（或单位名称）；附嘱（车辆接送、司机安排、停车地点等）；敬语（恭请光临）；谦语（谨邀，敬启、鞠躬、讣告），如作为机关、单位的柬帖，这部分可免；发柬日期。柬帖的内容是这种礼仪文书的核心，同时也是为了让受帖人了解活动的整体安排，按照柬帖所提示的内容前往参加活动。如果写得不清楚，或有什么疏漏之处，不仅会给受帖人带来不同程度的麻烦，也是最大的失礼，最终会影响活动的气氛及效果。

2. 柬帖的形式

柬帖是艺术化的通知，制作比较讲究漂亮，很多人把柬帖作为一种艺术品来收藏。

柬帖的形式大致可分为三种：第一种是通用性的柬帖，市场上现成有卖，一般中小型的庆贺活动经常采用这一种柬帖。但要注意这类通用柬帖的样式很多，大小不一，文字表达也不一致。要尽量选择一种适合自己庆贺活动要求的柬帖。第二种是自制柬帖，一般是因为机关、团体、企业举行大型庆贺活动，要求高，人数多，需要自行设计印制。这类柬帖比通用柬帖有个性，一般也比较精美，是收藏的珍品。第三种是手写柬帖。这类柬帖一般是个人小型庆贺活动之用。邀请人本人又是具有相应书法造诣的人，便可自己设计，亲手写成。但不可轻易尝试，以免弄巧成拙。制发柬帖要注意以下三点。

（1）被邀请人的姓名是柬帖的主要内容。现在比较完备的柬帖由本件及信封组成。有人贪图方便，在信封上写了被邀请人的姓名后，柬帖本件上就不写了，这是失礼的行为。因为万一本件与信封分开之后，这张柬帖便成了无主柬帖。姓名一般写在柬帖的上首，也可写在后面“恭请”之后。

（2）时间、地点、招待形式也是柬帖的重要内容。有两种基本格式：一种是包含在事由中，即“兹定于××年×月×日（时间）×××××（地点）举行什么内容的活动，会后举行什么招待（形式）”。还有一种是事由栏里只写举行什么内容的活动，而在柬帖的左下角另印有时间、地点、招待形式栏供填写。

（3）柬帖的格式与其他书信一样，也有横式与竖式两种，均可选择使用。如果是涉外活动的柬帖，一般应以横式为主。

3. 柬帖的颜色

柬帖的颜色没有什么明文的统一规定，但一般约定俗成的有以下几种。

（1）喜庆活动的柬帖一般采用大红烫金的颜色。

（2）开张、落成、揭幕等典礼一般采用粉红或橘红色。

（3）纪念、联谊等宜用庄重、朴素色，如蓝色、黄色。

（4）丧葬等用白底黑字或月白等素色。

4. 柬帖的发送

柬帖的发送相当重要，发送得是否仔细、周到，表示着邀请人的诚意程度。大致有以下几种发送方式。

（1）专送。是指派人专门将柬帖送到被邀请人手中。这是最郑重的一种，反映了邀请人的诚意。

（2）邮寄。是指柬帖通过邮局发送，这是最通常的做法，特别是规模大、人数多、受请人地域广的情况下，只能这样做。

（3）回执。是指邀请人为了要落实究竟有多少来客能出席的一种做法。回执随同柬帖一起发出，在规定时间内由对方填写寄回。

（4）电话。是指用打电话通知的方式。

柬帖切忌转送。切不可为了图方便随便请人捎带，一来万一捎带者忘记送，会误事；二来被邀请人会感到不愉快，怀疑邀请人对其不重视。

## 二、公务专用信件的制作

公务专用书信的写作是办公室人员日常工作之一。办公室工作人员应尽早熟悉信函书写要求，努力提高写作水平，以适应工作需要。

1. 格式要求

（1）信头。包括标题和发函字号两部分。为了醒目和查找方便，公务专用信函需要有标题，标题写在信的最前端。

公务专用信函必须存档，因此要有发函字号，字号由单位代号、年号、编号组成。位置不能颠倒，这是最需要注意的一点。

（2）称谓。顶格书写受传单位或受信人的姓名，如是个人。应在姓名后加职务衔，以示尊重。

（3）正文。由前文、主文和结尾构成。

前文指进入正题前的问候语；主文指信函要叙述的主要事项，分引据和申述两部分。引据是指事实、法令、成案、来文或某种理论；申述是指叙述自己的意见。如“日前接奉贵公司第140号来函……”是引据，“我公司愿意与贵方建立×××业务关系……”为申述。结尾是指对主文所叙述内容再加以简要概括。

（4）具名。一般应用单位具名，再盖公章。如具个人姓名，则签明具体职务，公章应盖在发信者中央，私章应盖在姓名最后一字上，公章应用全称。

2. 书写方法

（1）称呼。指收函单位或个人。称呼后习惯用语有：“台鉴”“惠鉴”“雅鉴”等。

（2）开头语、惯用语有“悉”“顷悉”“际此”“关于”等。

（3）正文中提到对方单位应写“贵公司”“贵校”“贵所”等。正文语言要求明了、简洁、准确、合乎规范。最忌语言夸大其事或以偏概全。正文中提到本单位时应用谦称，应写“敝公司”“敝校”等。

（4）结尾语、惯用礼貌语，有关申述的有“特此函论”“见复”“奉复”；有关祈请的有“敬希谅解”“希予批准”“务请回复”等。

（5）祝颂辞。主要用于问候、祝愿、赞美之类，常用的有“台安”“台绥”“钧安”等。

（6）落款。写上发函单位全称或发函者姓名和职衔，写上详细拟稿时间。常用语有“谨启”“钧启”等。

### 三、贺卡

在生日、春节、国庆节、教师节、圣诞节寄贺卡，成为单位与有关人员之间联络感情的一种方式。

贺卡是近年来流行于国内的一种祝贺节日的新形式，这种贺卡制作讲究、精美，甚至出现了音乐贺卡、活动贺卡。贺卡内容表达自由，多有诗意，尤为青少年欢迎。贺卡往往不仅有符合人们心理的诗句，又留有可以随意添加的空页，因而也为单位所接受。

作为办公工作室人员，在选择贺卡时要有针对性，对于被送卡对象年龄、职业、文化修养等有所了解，否则会在贺卡的花样选择、内容表达中闹出不该有的笑话，使人啼笑皆非。

## 第三节　语言礼仪要求

办公室工作中，很大程度上要依赖口头的语言表达，也就是我们常说的交谈。譬如日常的接待、电话、谈判、咨询、庆典及其他交际场合的谈话。

办公室工作人员如何才能在这些交际场合游刃自如呢？这就必须讲求语言艺术。

### 一、基调的确立

这里基调指的是根据谈话的场合、谈话人的身份以及谈话意图和内容所确定的一种谈话总原则。也就是我们通常所讲的对什么人说什么话，对什么事发什么言。

1. 交往型的对象

这类对象是指自己的客户和合作者。他们往往与本部门有明确的工作联系或交流。对这类对象，交谈的基调应掌握为热情、周到、灵活。交谈既要有原则，又要留有余地，显得宽松。

2. 咨询型的对象

这类对象往往是指初次联系和进行一般咨询的人。他们一般不具有明确的要求，只是想了解和咨询一些情况，为今后是否能建立联系、开展业务做试探和准备。对这类对象，交谈的基调应掌握为平和、友善，比较简单而又清楚地介绍本人本单位的一些基本情况，了解来访者的身份及意图，看是否应建立联系再作出反应。

3. “兴师”型的对象

这类对象多数由于业务上的问题前来调查、告发、索债、问罪的。他们都有一个共同特点，那就是心里不痛快，脸色很难看，弄不好就出言不逊。对这样的对象，交谈的基调应掌握为谦逊、耐心、实事求是、不卑不亢。是本单位的缺陷和错误，应如实承认道歉，并提出补救办法；是对方误解，应耐心说明和解释，心平气和，不以牙还牙；是污蔑或挑衅，应据理力争。但坚持的原则应是不让事态扩大，妥善解决。

4. 庆贺型的对象

这类对象都是前来表示感谢、表扬、祝贺的。他们往往都是含笑而来，讲的都是好话。对这样的对象，交谈的基调应掌握为热情、洒脱、大方。应该说与这样的对象交谈是比较容易和愉快的。但也要注意不能自命不凡，趾高气扬，千万不能说过头话，否则也很容易失礼，给人留下不良印象。

5. 谈判型的对象

这类对象往往涉及重大合作项目，他们一般是有充分准备而来。所以，交谈的基调应掌握为严肃、坚定、充满信心。一定要详细研究所有的资料，做好几种预案的准备。在用词上要准确，柔中有刚，切忌模棱两可，造成歧义。

## 二、程序的掌握

在语言礼仪中，除了要注意基调的确立外，还要注意程序的掌握。也就是说，先讲什么，后讲什么，如何结束交谈。其程序一般为以下步骤。

1. 介绍与寒暄

见面交谈的第一条程序便是介绍与寒暄，即人们通常讲的“开场白”。一见面应首先相互将自己的单位、姓名与职务告诉对方。如有名片应及时双手奉上，互作交换，同时应简单说明来意。假如通过电话交谈，则介绍时还应作必要的注释。

寒暄也是一种礼节，目的是联络感情，为正式交谈创造一种良好的气氛，但作为办公室的语言礼仪，这种寒暄与亲戚朋友之间的寒暄应有所区别。亲戚朋友一见面常常会说："好久不见，近来可好?""饭吃过了没有?""你近来气色不错，长胖了""今天天气真好!"等等。办公室交谈的寒暄应以公事为基点，要与当时的场景结合起来，比如："贵单位这几年成绩卓著，我们有幸与你们合作，非常高兴。""哪里，哪里，我们刚刚起步，贵单位能来与我们合作，这是对我们最大的支持"等等。如果来访者上门，正好遇到自己去处理紧急事务或正在接待另外的客人，应先让客人坐下休息。如果来电话，应让来电者稍候，或请人家等多少时间再打电话。对这样的对象，在寒暄时应加上一句："实在对不起，让你久等了。"作为客人应说："你忙，没关系。"

2. 交谈转入正题

介绍与寒暄之后，交谈就转入正题。这时要注意以下三点。

(1) 尊重对方的原则。交谈中目光一定要注视对方，不看对方或目光瞟来瞟去是对人最大的不尊重。同时一定要虚心和耐心地听对方把话说完。突然打断对方，会使对方的思路"断路"，发生不愉快。再有在听对方说话时要有所呼应，精彩的地方可以点头微笑。

(2) 讲究实效的原则。即交谈转入正题后，应马上接触实质性的问题。双方都不宜兜圈子。在交谈推进过程中，对可以接受的对方要求要表示同意；如需要研究的要明确表示研究后答复；需经领导批准的要表示请示领导后告知；分歧大而实在无法接受的应体面地予以拒绝。

(3) 时间观念的原则。一定要掌握交谈的时间。实质性的内容谈完，交谈就应该结束。不要正题讲完后，就说与工作无关的事。为掌握时间，可以事先说明。比如先说明下午我有一个小时的时间；也可掌握火候，说今天我们很高兴地谈到这里。对个别不知趣者，可以用沉默暗示对方。

3. 尾声的处理

交谈程序的最后阶段，即尾声的处理。从礼仪上讲应该有始有终、不应开头热闹最后冷清。尾声的处理应包括两部分：一部分是双方应重复一下今天交谈的成果，另一部分是主客双方送客与告别。送客一般可按来客的身份与熟悉程度分为起立相送；送至办公室门口及电梯口；送出大门，送上车，握手道别等。

## 三、语汇的选择

在交谈中，不论自我介绍、评价对方、推销产品或表示不同意见，均应采用适中的语汇，以给人良好的感觉。

1. 善于变化语汇

汉语的语汇非常丰富，浓度、色彩的差别很大。因此，不要千篇一律，不同场合，对不同对象应该采用不同的语汇。不能老是“十分高兴”“非常感谢”“大力支持”“热烈欢迎”，至少可以变为“颇为欣慰”“深表谢意”“承蒙支援”“欢迎光临”等。同样是请人家来，在不同的背景下就有不同的请法：“请你来一下”“希望你来一下”“麻烦你来一下”“恳求你来一下”等，不同的请法大有讲究。

2. 注意纯洁语汇

从办公室语言礼仪角度讲，纯洁语汇包括：坚持使用普通话，因为办公室面对天南地北的对象，不管对方是否听得懂，一味讲方言，实际上是对人最大的不敬；不讲生造词汇。现在社会上生造的偏词、怪词很多，不应不加选择地搬用到办公室交谈中来，这样，让人有时难以理解；注意不发错别音；力戒口头禅。在办公室交谈过程中，老是无休止地说口头禅会使人反感。

## 四、音量、节奏与语气的控制

音量、节奏与语气，是体现礼仪的一个重要方面，也属于表达上的技术性问题，应予以相应的重视。

音量是指说话轻重要和谐得当，音量的控制要根据场合、场所的大小，听者多寡，交谈者的相互距离来确定。大、多、远的情况下，音量应该稍大一点，否则别人听不清楚，影响效果。小、少、近的情况下，音量应该小一点，使人觉得比较亲切。电话交谈不像当面交谈那样复杂，但也有音量控制的问题，主要依据线路远近、话机质量及听话者的反应来调节。

节奏是指说话的速度要正常，太快使人听不清，也欠风度；太慢使人感到漫不经心，不可信任。节奏是指整个交谈过程中的间隙与暂停，即一个问题讲完后稍作停顿看看对方的反应，以作调整，听者也可以利用这个间隙，对不清楚的问题进行询问。

语气是指说话的完整程度。首先咬字吐音要清晰，不要含糊不清，其次表达句子要完整，不要断断续续，破句连篇。还有最好有抑扬顿挫，平铺直叙的语气容易使人生烦，对重点、要害部分要加重语气并进行必要的重复。

# 第四节　介绍与握手礼节

## 一、见面时的礼节

1. 拱手礼

拱手礼，又叫作揖礼，在我国至少已有2000多年的历史，是我国传统的礼节之一，常在人们相见时采用。即两手握拳，右手抱左手。行礼时，不分尊卑，拱手齐眉，上下摇动几下，重礼可作揖后鞠躬。目前，它主要用于佳节团拜活动、元旦春节等节日的相互祝贺。也有时用在开订货会、产品鉴定会等业务会议时，厂长经理拱手致意。

2. 鞠躬礼

鞠躬意思是弯身行礼，是表示对他人敬重的一种礼节。在我国，鞠躬常用于下级对上级、学生对老师、晚辈对长辈，亦常用于服务人员向宾客致意，演员向观众掌声致谢。

（1）鞠躬方法。行礼前，应立正站好，保持身体姿势端正，同时双手在体前搭好（右手搭在左手上）面带微笑。鞠躬时，以腰为轴，整个腰及肩部向前倾斜15°～30°。目光向下，随即恢复原态。同时，问候“您好”“早上好”“欢迎您”等。

受礼者随即还礼，但长辈对晚辈、上级对下级，欠身或点头还礼即可。

（2）鞠躬时应注意：①脱下帽子，戴帽鞠躬是不礼貌的；②目光要向下；③嘴里不可吃东西或叼香烟；④礼毕眼睛应注视对方。

3. 拥抱礼

拥抱礼是流行于欧美的一种礼节，通常与接吻礼同时进行。

拥抱礼行礼方法：两人相对而立，右臂向上，左臂向下；右手抱对方左后肩，左手挟对方右后腰。把握各自方位，对方头部及上身均向左相互拥抱，然后再向右拥抱，最后再次向左拥抱，礼毕。

4. 亲吻礼

（1）吻手礼。男子同上层社会贵族妇女相见时，如果女方先伸出手做下垂式，男方则可将指尖轻轻提起吻之；但如果女方不伸手表示，则不吻。如女方身体较小，男士要屈一膝做半跪式，再提手吻之。此礼在英法两国最流行。

（2）接吻礼。多见于西方、东欧、阿拉伯国家，是亲人以及亲密的朋友间表示亲昵、慰问、爱抚的一种礼，通常是在受礼者脸上或额上接一个吻。接吻方式为：父母与子女之间是亲脸，亲额头；兄弟姐妹、平辈亲友是贴面颊；亲人、熟人之间是拥抱，亲脸，贴面颊。在公共场合，关系亲近的妇女之间是亲脸，男女之间是贴面颊，长辈对晚辈一般是亲额头，只有情人或夫妻之间才吻嘴。

5. 合十礼

合十礼又称合掌礼，流行于南亚和东南亚信奉佛教的国家。其行礼方法是：两个手掌在胸前对合，掌尖和鼻尖基本相称，手掌向外倾斜，头略低，面带微笑。

## 二、握手的规矩

一般说来，握手的规矩可以归为以下几条。

（1）在上下级之间，上级伸手之后，下级才能伸手相握。

（2）在长辈与晚辈之间，长辈伸手后，晚辈才能伸手相握。

（3）在男女之间，女方伸手后，男方才能伸手相握。

（4）握手时应该伸出右手，决不能伸出左手与人相握。

（5）在握手时，应脱掉手套。

（6）握手时不要毫无力气，也不要过分用力。

当然，这些是一般的规矩，有时也可以根据具体情况和对象灵活掌握。为了避免尴尬情景的发生，在主动和人握手之前，应该首先想一想自己是否受对方的欢迎。如果认为对方确实欢迎自己，那么，即使对方是自己的上级，自己先伸手与对方相握也未尝不可。因此，先伸手是否合适也取决于双方之间的关系如何。对于一个推销员来说，如果自己是个不速之客，那么，主动和买主握手很可能会引起相反的效果。

## 三、介绍的技巧

介绍是社交的重要环节，它是彼此不熟悉的人开始交往的起点。介绍能帮助人们扩大社交范围，加快彼此之间相互了解，沟通情感；介绍能缩短人与人之间的距离，使人产生亲切感。在社交场合，介绍有很多种形式，如正式介绍与非正式介绍；自我介绍与他人介绍；集体介绍与个别介绍；重点介绍与一般介绍；商业介绍、社交性介绍及家庭成员介绍；等等。

1. 自我介绍

自我介绍是社交场合中常用的介绍方式，在某种意义上可以说它是打开与人交往大门的一把钥匙。例如，为了某件事需要结识某人，在没有介绍人的情况下，可以直截了当地作自我介绍："你好，我叫张明，在东南大学机械系工作。"

自我介绍要注意以下几点。

（1）克服羞怯。特别是涉世不深的年轻人，在联系工作初次见面时，由于胆怯，表现得很不自然，有时会失礼，影响了自我介绍的效果。因此，在自我介绍时，要理智一些，树立信心，克服羞怯及紧张心理，自然地做出得体的自我介绍，以给对方一个良好的第一印象。

（2）讲究繁简。要根据交往的不同目的和要求来确定自我介绍的繁简。一般情况下，初次见面，自我介绍内容可以简单些。如："你好，我是××商场的采购员，来你厂洽谈有关采购业务，希望能帮忙。"只要你讲清自己的姓名、单位、身份、目的和要求就行了。有的情况下，如去某单位应聘，自我介绍的内容就需要详尽一些。不仅要讲清姓名、身份、目的和要求，还要介绍自己的学历、经历、专长、兴趣、能力等，从而取得对方的信任，为应聘创造条件。

（3）态度谦虚。一般不宜使用"很""最""极"等极端程度的词作自我介绍和评价。如果自己的身份、职务比较高，不是出于工作需要，一般不宜详细介绍。比如你是某大学教授，介绍时可以说："我是××大学教师。"这样显得比较谦虚，别人听起来也容易接受。

2. 介绍他人

这是自己充当介绍人，为别人作介绍。介绍时应向双方打招呼："请允许我介绍你们认识一下。"这样，可以使双方有思想准备，不会感到突然。按一般习惯，介绍的顺序是先把年幼的介绍给年长者，将晚辈介绍给长辈，将男子介绍给女子，将下级介绍给上级。

3. 他人介绍

他人介绍指别人为自己作介绍。当别人为自己作介绍时，应主动和对方握手、点头致意，或者说"认识您非常高兴""请多多关照""希望多合作"等见面语。

## 四、使用名片的技巧

名片是人们交往结识的工具。它的作用在于向对方介绍说明自己的身份，便于今后通信联络，建立交往的关系。使用名片时要注意递与接的相应礼节与技巧。

1. 递名片

首先要把自己的名片准备好。名片要放在易于掏出的口袋或皮包里。不要把自己的名片与他人的名片或其他杂物混在一起，以免用时手忙脚乱或掏错。

递交名片要用双手或右手，名片的正面要向着接受者。递交时要目光注视对方，微笑致意，可顺带一句“请多多关照”。

递送名片还要把握递送的时机。递送名片的时机可以根据交往的需要和双方关系的发展来确定。有两个做法可以参考：

（1）和对方谈得比较融洽时，对方表示了愿意和你建立联系的意思，这时要不失时机地递上名片。

（2）在握手告别时，可以顺手取出名片递给对方，表示再次相会和进一步交往的愿望。这样会加深对方的印象，促进双方的交往。

2. 接名片

接受名片时要恭敬和面带微笑。双手接过名片，一定要认真地看一下，记住对方的名字，并郑重地放入自己的口袋或名片夹内。千万不要连一眼也不看，随便地放在桌上，这是很不礼貌的。看名片时，要说句“认识你很高兴”的客套话。如是交换名片，自己未准备名片时，可向对方致歉意，并主动地介绍自己。

此外，要把别人送的名片收集好，放在名片夹里，以备需要时用。不要当着对方的面在其名片上作交谈笔录。记住，名片是人的颜面的代表，应给予相当的尊重。如果对方没有递送或交换名片的意思，就不要去索要。

## 第五节　送礼的艺术和要求

### 一、选择礼物

挑选恰如其分的礼物。

在公务送礼场合中，人们过高估计了使人惊喜这个因素，他们在试图寻找“与众不同的东西”“不寻常的东西”以及“举世罕见的东西”，时常铸成大错。与其事后后悔，还不如做得安全、稳妥一些。

无论选择什么样的礼物，在决定购买之前，都要认真想一想这件礼品可能包含的象征意义。如果它不能正确表达自己的本意，那就改买别的东西。

### 二、国外赠送礼品的礼仪

许多单位都有出国人员或接待外国客人的任务，无论是人员出国还是接待外国客人来访，双方都要互送礼品，在向外国客人赠送礼品时，要了解和熟悉不同国家的赠礼礼仪。

（1）在挪威，普通的礼物如酒或巧克力，在第一次见面时是可以接受的。

（2）在日本，第一次见面要让日本人先送礼物，如果中方先送礼物，日本人会觉得很丢面子。在中国，在第一次见面时赠送礼物能加深友谊，不赠送礼物可能会对将来的关系产生消极影响。

（3）第一次去阿拉伯国家一般不送礼。如果与他们见了几次面，送件小礼物是可以的。

（4）在拉丁美洲，交换礼物是普遍的，但在商务活动中却不送礼。人们往往在轻松的社交场合送礼。

（5）在香港地区和英语国家如英国、爱尔兰、加拿大和澳大利亚，与美国相似，公司之间很少赠送礼物，大多数商务礼品是公司送给雇员作为奖励的。

（6）在法国公司之间很少互赠礼物。在西班牙一般不送礼。然而，商务礼品在欧洲虽然不是必需的，但是做客礼品却必不可少。在欧洲应邀去某人家里做客，一般都要送礼物，巧克力和鲜花总是比较合适的。

如果要给几个人送礼，一般来讲，最好他们同时在场时送。职位最高的人一般最先得到礼物。

（7）在日本和马来西亚，送礼要双手递给职位最高的人，这表示尊敬。对方可能会迟疑再三不肯接，但要坚持，并言明礼物并不值钱，自己心里很过意不去，对方最终会接受礼物。

女士应注意，送给男性外国客人的任何礼物均不要代表个人，单位对单位的礼物一般要选择最好的，以免带来自己所不希望包含的信息。

赠送的礼物应该包装起来，否则会被认为不讲究形式。在有些国家，礼物的包装几乎与礼物本身同样重要。这样做，不仅显示出中方不仅做事周密细致，而且具有艺术修养。

包装之前，一定要去除礼物上的价格标签。

（8）如果送礼人所送礼物当场未被受礼人打开，就表示受礼人接受礼物，这样做是对送礼人表示尊重。在日本、新加坡、韩国、中国和马来西亚，收礼人一般不当着送礼人的面打开礼物。他们不急于打开礼物，说明他们重视的是送礼这一行动，而不是礼物本身。

在韩国，一位美国商人当着别人的面打开一位韩国女士送的礼物，韩国女士很不高兴，韩国人从未当着送礼人的面打开礼物，因为在韩国的文化中，这样做是粗鲁的。

国家不同，送礼时人们期望对方讲话的内容也不同。

如果临别时向对方送礼，要明确告知送礼的原因：由于受到对方热情地接待，而且谈判有望成功，赠送薄礼，不成敬意，以示谢意。如果指名道姓，则不要漏掉任何人。还要主意职务方面的礼仪，一般应先说最重要的人，而且明确表示对他们特别感谢。

如果抵达时送礼，可以对对方为中方提供这项共同工作的机会表示感谢，同时还可以加上对礼物本身的一点解释。

当身处海外，称赞别人的物品时应慎重。在某些国家的文化中，这种称赞将使礼物拥有者误认为想让对方将礼物送给自己。所以这种称赞是一种失礼行为。

## 三、接受礼品的艺术

大多数人都曾经接受过别人送的礼品，不过，身为办公室人员，一旦接受礼品不适或失礼，不但会遭人嘲笑，还会让对方看不起，所以，办公室工作人员在接受礼品时一定要注意以下几点。

（1）表示感谢。令人惊讶的是，许多办公室工作人员常常把这个既简单又重要的步骤忘得一干二净。遇到对方赠送礼品时，可能会对礼品本身赞不绝口，甚至激动万分。但是“谢谢你”这三个实实在在的字眼却忘记从口中说出，而这正是表达谢意的关键所在。它表明自己谢的不是礼物本身，而是对方送礼物的这一举动。

（2）表示重视。千万不要拿礼品开玩笑，或者说任何被人误认为是开玩笑的话，除非那是一件恶作剧的礼物。要表现出真心喜欢那件礼物，并对礼物所包含的意义表示感谢。其实不难找到一些赞美的话，如“哦，多精致的手工”“这么罕见的颜色”“我从来没有见过这样好的工艺品！”或只是一句“你想得真周到”。

（3）事后写感谢信。在口头表达感谢之外，还可以写封感谢信。它表明自己非常在意这件礼品，就像送礼人花费时间挑选礼物一样。不仅可以对礼品本身表示感谢，也可以对礼品的外在含义表示感谢。

## 四、怎样拒收礼物

不论怎样看待送对方的礼物，有的时候由于礼品的价格超过了单位规定的限度，只好婉言谢绝接受对方的礼物，在拒收礼物时，可参照下列步骤。

（1）如果送礼人是善意的，可向对方解释礼品被拒收的原因并向对方表示感谢。

（2）如果送礼人不怀好意（性暗示、隐含附加条件等），则只需告诉对方礼品不合适，为了自我保护，可以把拒收礼品时写的信复印一份，保存在卷宗里，并注明拒收礼品的日期以及拒收方式。

## 第六节 后勤服务工作概述

### 一、后勤服务工作在办公室工作中的地位

后勤服务工作是办公室工作的有机组成部分，是整个链条中的重要一环。因此，重视、加强并认真做好后勤服务工作，不仅是后勤工作人员的职责，也是办公室主任的重要责任。

### 二、后勤服务工作的特性

1. 具有先行性

后勤服务工作应当赶在其他工作的前头，为整个机关和单位提前准备好配套的办公和生活服务设施并提供良好的服务。只有这样，办公室工作才能顺利进入正轨，全体工作人员解除或少有后顾之忧，各类机关和企事业单位的工作才能确保高质量、高效率。后勤工作一旦失去提前性或先行性，势必拖整个机关工作的后腿，全局就会处于被动状态。

2. 具有服务性

办公室是综合性的办事机构，担负着日常的政务和行政工作。而要搞好内容繁杂、头绪众多的政务及行政工作，就须依靠后勤环节提供各种各样的服务，这种后勤工作，明显具有服务性。

3. 具有不可替代性

有的人看不起后勤工作，总认为它尽办些鸡毛蒜皮的事，可有可无。殊不知，正是这些所谓“鸡毛蒜皮”的工作，支撑和维持着办公室乃至机关、本单位整部机器的正常运转。而且，这些后勤服务工作，上至领导，下至职工，谁也离不了，其他任何工作都无法替代它。

4. 具有实用性

后勤服务工作的各项内容，都是具体的，既看得见，又摸得着，必须当场解决和兑现，一旦完成，就能表现出明显的实用性。产生实际效用的后勤工作，对办公室的全局工作来说，是不可短缺的。

## 第七节　后勤服务工作的基本要求

后勤服务工作战线长，头绪多，任务重，需要分布在各个不同岗位上的众多的后勤服务人员有机地、紧密地配合在一起，用各自平凡而出色的工作，为本部门、本单位这个整体系统提供可靠的后勤保障。事实上，不是所有后勤工作的环节及其工作人员都能自觉和有效地提供这种保障的，实际工作中，由于后勤工作脱节和人们懈怠而影响到全局的现象并不鲜见。因此，必须健全岗位责任制，明确职责范围和奖惩标准，使各项后勤服务工作规范化、制度化，加强思想政治工作，造就一支思想好、作风硬、技术精的后勤服务人员队伍，以适应现代化建设全局发展的需要。办公室对后勤服务人员的基本要求有：

### 一、必须具备负责精神

要热爱本职工作，干一行爱一行，以高度的责任心做好每一项后勤服务工作。要对国家和人民的利益负责，对领导负责，对自己所担负的工作负责，兢兢业业，一丝不苟，保质保量做好本职工作。

### 二、必须具备实干精神

任何一项后勤服务工作，都是十分具体甚至琐碎的，后勤服务人员要脚踏实地，苦干实干，用自己的双手和智慧，建造出一条稳固而强大的后勤保障线。

### 三、必须具备勤俭精神

后勤服务人员天天跟财、物打交道，要精打细算，勤俭办事。

### 四、必须具备奉献精神

后勤服务人员要破除“低人一等”“被人瞧不起”的世俗偏见和自卑感，甘心充当无名英雄，有一分光，发一分热，在崇高而光荣的岗位上，默默无闻地作出自己的全部奉献。

## 第八节 后勤服务工作的任务

### 一、财务管理

1. 会计凭证管理

（1）会计凭证的作用

会计凭证的重要作用主要表现在以下三个方面。

①通过对会计凭证的审核，查明各项业务是否符合党的方针、政策的要求，是否符合有关制度、开支标准、计划和预算的规定，以防止和揭露铺张浪费、贪污盗窃和损害社会主义财产的行为，保护国家财产的安全。

②通过对会计凭证的审核，保证会计凭证的真实性，促使各经办部门和人员加强工作责任心。由于会计凭证上载明收支业务的内容、经办单位和个人，有关单位和个人对业务的合法性和真实性负有责任，如果发生了问题，也便于查清责任。同时，通过对会计凭证的审核，还可以及时地发现预算管理上的薄弱环节和各项管理制度上的不足方面，以便加以纠正。

③根据审核后的会计凭证记账，能够正确及时地反映所发生的业务，同时也为分析预算执行情况提供必要的原始资料。

（2）会计凭证的分类

会计凭证，按其填制程序和用途的不同，可以分为原始凭证和记账凭证两种，原始凭证或原始凭证汇总表是填制记账凭证的根据，记账凭证是登记总账的根据，记账凭证和所附的原始凭证或原始凭证汇总表是登记明细账的根据。

①原始凭证

原始凭证是发生会计事项的唯一合法证明，分为外来原始凭证和自制原始凭证两种。行政事业单位在执行预算过程中，主要是负责按预算的规定办理本单位的各项具体的经费收支，它所使用的原始凭证主要有以下几种。

A. 存、取款和拨款单据，如支票存根、进账单、汇款通知书存根、付款委托书等。

B. 借款单据，如本单位职工因公办事的预付款借据等。

C. 经费报销单据，如直接作支出的购物发票、账单、工资表、材料、工器具的收发料单、差旅费报销单以及按规定可以做经费支出报销的单据等。

D. 收款单据，指本单位开出的收款收据的记账凭证联。

E. 其他能够证明会计事项发生的单据、表册文件等。

对于和集体所有制单位或个人发生的经济事项，也要取得集体或个人开给的书面证明，确实无法取得单据的，应由经办人出具书面证明，经有关负责人批准，视同原始单据。

对于外文的原始凭证，应将主要内容译成中文，并由翻译员签名盖章。

各种原始凭证虽然在反映具体内容上千差万别，但是，它作为一种在法律上有证明效力的单据，必须具备几个基本要素：原始凭证的名称；填制凭证的日期；接受凭证单位的名称；经济业务的具体内容；大写的金额合计；填制单位的公章和有关人员的签名盖章等。

会计人员收到原始凭证后，必须认真进行审核。审核的主要内容有：是否按计划预算支付；是否符合开支标准制度；项目是否齐全；内容是否真实；数字计算是否正确；经办人和有关人员是否签章；本单位负责人是否批准等。原始凭证经审核无误后，才能付款，并可据以编制记账凭证。对于那些手续不完备，数字计算不正确，以及与实际情况有出入的原始凭证，应该退还经办部门和人员补办手续或进行更正；对于不合理、不合法或发现有涂改数字，以白条子抵现金等情况，一律拒绝报销和付款，并及时向领导汇报，追查责任。

②记账凭证

记账凭证，是会计人员在报账的当日，根据原始凭证加以整理而填制的，它是登记账簿的依据。

记账凭证的具体内容包括：凭证名称、填制日期、凭证编号、摘要说明、会计分录、附单据张数及会计人员签名盖章。

填制记账凭证时，一个会计事项，填制一张凭证，或为同收，或为同付，或为有收有付。在有收有付的情况下，有时一个收方科目，对应几个付方会计科目的，或者一个付方会计科目，对应几个收方会计科目，编在一张记账凭证上，但要按对应科目填几个金额。一张记账凭证上，一般不能同时填列几个会计分录，但是，一张原始凭证牵涉的经济事项，如果有几个不同的方向的资金、财产，收付变化对照关系的，可以填在一张记账凭证上，以保证会计事项的完整。

记账凭证，应当按照会计事项发生的日期，逐日按收付事项性质分类整理制单记账，不要把几天的会计事项加在一起作一个记账凭证，以保持会计事项发生日期和记账日期准确一致。

记账凭证按照制单的顺序，每月从第一号开始编一个连续号。月终，连同每个记账凭证后面的原始单据装订成册，加上封面，妥善保管。如某种原始单据须专案保管，可以按顺序号次单独保管，但必须由保管人在记账凭证上注明情况，盖章负责。

2. 领拨经费的核算

在单位预算会计工作中，为了进行领拨经费的核算和管理，需要设置“拨入经费”和“拨出经费”两个会计科目。

“拨入经费”属于资金来源类科目。用来核算预算拨给的经费。收方记财政部门或上级单位拨来的预算经费数；付方记缴回财政机关或上级单位的经费数以及年终冲销“经费支出”和“拨出经费”数，年终收方余额反映待核销经费数，如“经费材料”“经费暂付款”等。

实行预算包干办法的单位，年终将当年包干部分的经费结余从“拨入经费”科目转入“经费包干结余”科目，收方记“经费包干结余”，付方记“拨入经费”。

“拨出经费”属于资金运用类科目。用来核算拨给所属全额预算单位的经费。付方记拨出数；收方记所属单位缴回数。年终时，根据所属单位的年终决算，将它的全年经费实际的支出数记入这个账户的收方，并冲销“拨入经费”账户。

3. 经费存款的核算和管理

行政事业单位在执行预算的过程中，要发生大量的预算资金收支业务。按照国家现金管理和结算制度的规定，除了准予保留一定数额的备用现金外，对于其他一切商品交易、劳务报酬和资金调拨都必须通过银行办理转账结算。因此，任何一个执行预算的单位都要在当地银行开立存款账户，以便办理资金的收付和结算工作。

（1）开户

在单位预算会计工作中，为了通过银行办理有关的收支业务，首先应该根据预算内资金与其他资金分别核算的原则。属于预算内的资金在当地银行开立经费存款户；属于其他资金的收支往来款项和应缴预算收入，开立其他存款户。在开户时由申请单位填写“开户申请书”，经主管部门或同级财政机关审查批准，连同盖有单位公章及名章的印鉴卡片送开户银行，经银行同意后开户。

根据银行账户管理办法规定，开户的基本条件如下。

①实行全额预算管理的行政事业单位可以分别开立预算内存款和预算外存款两个账户。必须具备：直接由财政部门证明和必须是编报财政预、决算报表的独立预算单位。一个单位既有行政经费又有事业经费，其经费由财务部门和行政部门分别管理的，可各自开立预算内、外账户。

②各单位附属的服务性机构，如食堂、托儿所、招待所等实行的独立会计核算的，开立一般存款户，报销单位如有需要，也可开立其他存款户。由主管单位证明。

（2）结算方式

根据国家规定，各单位之间的经济往来，除按规定可以使用现金的以外，都必须通过银行办理转账结算。结算办法有：同城结算和异地结算两种。根据不同情况，可以分别采用不同的结算方式，一般有以下几种。

①同城结算方式

A. 支票结算：

支票是由付款单位签发的，通过银行从存款户中支付款项的凭证。支票有“现金支票”“转账支票”和“工资基金专用支票”三种。“现金支票”可以在现金管理规定的范围内直接向银行提取现款，例如，提取备用金。“工资基金专用支票”只能用于提取工资等。工资基金专用支票也可以转账。“转账支票”只能用于同城单位之间或单位与企业的货款、劳务及其他款项的转账结算，不能提取现金或对个人签发，或转存储蓄。

由于支票是单位在办理结算时的支付凭证，因而在使用支票时，应该注意：第一，支票要写明收款单位的全称，并冠有省、市、县名称及用途，向银行取款或办理转账手续。支票不能转让、流通。第二，支票应该按编定号码顺序签发。作废的支票，注销后与存根折在一起保存。第三，签发的支票金额，只能在银行存款数额以内，不准签发空头支票。对签发空头支票的单位，要按票面处以1%罚金。第四，签发“现金支票”，应该符合使用现金的范围。“转账支票”的金额不能低于规定起点。支票金额必须填写清楚，并按规定大写，涂改一律无效。第五，支票有效期为五天，签发日不算，到期日为例假日者顺延，过期银行拒绝接受。年终开出的支票，不能跨年度。第六，支票印鉴必须与留存在银行的印鉴相同。第七，支票遗失时，应立即向银行办理挂失手续。

“送款单”或“现金缴纳单”是用来送存现金的凭证。如果单位出纳所掌握的库存现金已达到限额时，本日收入的多余现款，就应该在下班前一次填写“送款单”送存银行。“送款单”一式两联：一联给银行代替转账凭证，另一联由银行盖章后退还单位，凭以记账。

B. 委托付款结算方式：

委托付款结算，是由付款单位委托银行将款项从其存款户划入收款单位账户的一种结算方式。这种结算方式适用于同城单位之间由购货单位主动付款的商品交易或劳务结算，以及上下级之间的资金调拨。采用这种结算方式，应该由付款单位填写“付款委托书”一式四联，委托银行付款。

C. 托收无承付结算：

托收无承付是收、付单位双方协商同意并签订合同后，由收款单位委托银行直接从付款单位账户中主动收取款项的一种结算方式，不必经过付款单位承付。适用于国营事业单位向在银行开有支票账户的各单位收取水电费、邮电费、公房租金；国营交通企业收取运杂费；医院向记账单位收取医药费等款项结算。不能用于商品交易的货款结算。

D. 托收承付结算：

同城托收承付是收款单位根据合同发货后，委托银行代收款项，经付款单位承认付款后办理转账的一种结算方式。一般如支票结算已能适应企业的需要，不开办此种结算。

②异地结算方式

A. 异地托收承付结算：

是指收款单位根据经济合同发货后，委托银行向外地的付款单位收取款项，付款单位根据经济合同，核对单证或验货后，向银行承认付款的结算方式，适用于外地各单位之间商品交易，以及由于商品交易而产生的劳务供应的款项结算等。没有合同的不能办理，付款单位根据经济合同经过核对单证明验货后，除核对不符可以全部或部分拒付外，应该在规定的承付期内向银行承付，办理结算。采用这种方式，由收款单位填写“托收承付结算凭证”连同单证委托银行收款。

B. 信用证：

信用证是付款单位把款项预先交银行，委托银行开出信用证，通知异地收款单位开户银行转知收款单位，收款单位按照合同和信用证规定的条件发货，或付款单位将商品自提自运以后，银行代付款单位付给货款的结算方式。各单位之间商品交易、劳务供应等，均可使用这种结算方式，但双方必须订立合同。

付款单位委托银行开出的每份信用证，只准对一个收款单位进行结算，信用证的有效期最长不得超过六十天。

C. 汇兑结算：

汇兑结算，是由付款单位委托银行将款项汇给外地收款单位或收款人。这种结算方式适用于异地的上下级之间的资金调拨、往来账款以及采购业务。汇兑分为信汇和电汇两种。

信汇是由银行通过邮寄划转款项。采用这种结算方式，付款单位应该填写“信汇凭证”委托银行付款。

电汇是由银行通过电报划转款项。采用这种结算方式，付款单位应该填写“电汇凭证”，并交银行。付款单位开户银行根据“电汇凭证”拍发电报。收款单位开户银行接到电报后，开出“收款通知单”交收款单位或收款人凭此取款。

③银行支出数的核算

A. 各基层用款单位在核定的预算范围内从银行支取的数字，通称“银行支出数”。它是各级财政总预算支出的核算基础，也是财政部门和各单位结算资金、拨款的依据。

B. 银行支出数与实际支出数的差额，通称“银行支取未报数”，它包括基层用款单位从银行支款后待核销的暂付款和周转用的库存材料、库存现金等。它是各单位尚未向财政部门报销的结存资金，其正常结存部分，是各单位执行预算必需的周转金用以解决工作的需要。

C. 银行支出数，必须从基层单位账上产生，上级单位不得以拨款代替所属单位的银行支出数。各单位应严格控制“银行支取未报数”，并且通过会计报表进行分析及时清理结算。各级主管部门对所属单位的库存材料应当核定一个正常周转定额，防止材料、资金过多的占压。

银行支出数，一般核算到预算科目的“款”“项”级科目。

D. 各单位实际消耗掉的资金和材料称为“实际支出数”，加上从银行支款后待核销的经费暂付款和周转用的库存材料、库存现金等“银行支取未报数”，减去尚待报账结算的各项经费暂存款产生“银行支出数”。其核算公式如下：

银行支出数 = 实际支出数 + 经费暂存（期末 - 期初） + 经费现金（期末 - 期初） + 经费材料（期末 - 期初） - 经费暂存（期末 - 期初）

验算　银行支出数 = 当年拨入经费 - 经费存款期末余额。如有上年包干经费结余转下的经费存款时，则应为：上年结转经费存款 + 当年拨入经费 - 经费存款期末余额。主管部门计算时还应减去当年“拨出经费”的数额。

行政事业全额单位必须严格划分预算内、外资金渠道，应该用预算内资金支付的经费暂付、经费材料和经费支出，都应在“经费存款”户内核算。凡是预算外的各项收支，包括预算外现金、材料、暂存、暂付款都应在“其他存款”户内进行核算。如果预算内外资金混淆不分，就无法正确核算“银行支出数”。

E. 本单位的“银行支出数”是各级财政预算支出的核算依据，也就是说，财政总预算支出是根据各单位的“银行支出数”来确定的。因此，本单位的“银行支出数”直接影响着国家财政预算支出的正确性，多报或少报了，都会造成各级财政结余的虚假。此外，单位的支出，往往是先实现银行支出，再实现实际支出的。这样，“银行支出数”所反映的支出进度，一般的比实际支出快，就便于财政部门能及时地掌握各单位的预算执行情况，有利于加强预算管理。所以，正确核算“银行支出数”是一项重要的工作。

F. 根据“经费存款”明细账核算“银行支出数”的，每月终了，“经费存款”账户的“银行支出数”和期末余额必须与银行抄账单的数字核对相符。如有不符，应立即查明更正。

如由于持票人未在当月向中国人民银行支取，应根据抄账单把尚未支取的数额，注明原因，但年度终了，必须与银行数字完全一致。

全额单位的银行存款账户必须分别预算内、预算外资金渠道，设置“经费存款”和“其他存款”总账科目分别核算。

“经费存款”明细账，按“款”设户，按“项”设专栏。

银行转账业务繁多的单位，可参照“现金出纳账”账表套写的方法设置“银行存款日记账”。

G. 差额单位是既有自己的收入，也有财政拨款，两个部分的资金，统一使用，自收自支单位一般是属于预算外单位，也无财政拨款，因此，都不核算银行支出数。

4. 经费现金的核算和管理

（1）经费现金管理的原则规定

加强现金管理是单位预算会计的重要一环。

行政事业单位在执行预算过程中，经常会发生一些现金收付业务。这些业务，组成了单位的出纳工作。

出纳工作是由专职或兼职的出纳员负责办理的，受会计主管人员的领导。出纳工作中的现金收付，具有很强的政策性和原则性，它是预算会计工作中的一项重要工作。

单位出纳员为了办理日常零星的经费开支，需要在库内保存一定数额的现金。出纳员所保存的现金，是暂时未动用的资金，如果保留的数额太多，对整个国民经济以及对单位本身都是不利的。为此，要求出纳员严格执行国家有关现金管理的规定。

①支付现金的范围。

本单位应发的工资和奖金等；

预付本单位职工的差旅费；

对城乡居民的资金支出；

按结算制度规定，不足转账金额起点的零星支付。

②库存现金一般以保留三天的零用现金为限，离银行较远的单位，可以适当放宽，由银行核定限额。每天业务终了前的现金，一般不得超过银行核定的限额数字。如有超过部分，应及时送存银行。

会计主管人员对于库存现金，每月至少要检查一次，出纳员调动工作时，也要进行检查。检查的时候，应注意库存与账面是否一致，收、付有无根据。

单位的库存现金如有多余或短少，必须查明原因。属于一般责任事故造成的短款，应按规定报经单位领导或上级主管部门审批处理；属于违法行为，应按情节轻重，作出处理。现金如有多余，应先作其他暂存款处理，在查明确无其他原因时，作为应缴预算收入缴库。

（2）经费现金的收付核算

为了核算经费现金的收、付和结存情况，设置“经费现金”账户，用来核算经费现金的收付事项。本账户收方记现金的收入数，付方记现金的付出数，收方余额反映库存的经费现金数。

出纳人员负责现金的收、支以及“现金出纳账”的登记工作。当发生现金收支业务时，出纳员应在审查原始凭证合格后办理收支。凡按预算、计划、开支标准有明确规定的支出事项，出纳人员可以付款；各项暂付款，必须经会计主管人员或有关领导签批意见方可付款。严禁以白条子顶抵现金，一经发现，必须及时处理，如情节严重，应报请领导处理。对于现金收入业务，如应缴预算收入、预算外收入、预算内外暂存款等，当收到现金后，应该填开收据给交款人，严密手续，防止漏洞。

出纳员正确地办理现金收支后，应将原始凭证按日、按业务发生的先后顺序编号，再根据原始凭证记入现金出纳账。每日业务终了，结清当天账目，核对现金出纳账余额和实际库存相符后，编制“库存现金日报表”一式两份，连同原始凭证交会计核算。会计复核无误后，将日报表一份加盖印章退出纳员，并根据原始凭证按同类性质的业务进行整理，填制记账凭单。

5. 往来款项的核算和管理

（1）经费暂存款项的核算和管理

单位收到属于预算内的临时代管款项，收到尚未分摊结算的资料费、水电费等，以及已在经费中列支而尚未确定去向或已收到材料尚待结算的各种应付款，都是经费暂存款项。对于经费暂存款，应当及时清理归还。年终时，原则上应全部结清，不留余额。

单位会计工作中，为了核算和管理经费暂存款，应当设置“经费暂存”账户，用来核算执行预算过程中发生的预算内暂存款和应付款。收方记发生数，付方记结算减少数。平时，收方余额反映尚未结算的经费暂存款项。年终时，本账户原则上应全部结清，不留余额。

在“经费暂存”总账账户下，可以按单位、个人或事项设置明细账，组织明细核算。

（2）经费暂付款项的核算和管理

单位在执行预算过程中，在预算、计划内领款办事，须事后结算转入材料库或经费支出报销的如预付购置费、业务费、公务费、差旅费等，都属于经费暂付款项。至于所属报销单位，由于它不编制独立的预算，也不进行独立的会计核算，所以，上级单位对于它所需要的经费周转金，也是作为暂付款项处理的。各种经费暂付款项，应该根据核定的计划、预算，按照规定的审批手续，并取得合法凭证后核实支付。对于有些不合规定或是超过需要的借款，单位会计应该耐心解释有关的制度规定，讲清道理后，拒付或少付；如单位领导坚持要付，则应按照领导意见办理，并同时报告上级主管机关或财政部门。经费暂付款项，只能用于支付预算规定范围内的公用经费，不准用于个人借款。

各种经费暂付款项，必须做到一借一清，前借未清的，不能再借。当借款人办事结束后，应在三日内按照经费报销的规定，向会计结算报账，如有结余，要同时交回，结清原欠。对于不按规定开支或不及时报销的人员，除拒绝继续发给下次的预付款外，情节严重的，还应提请领导处理。年终时，除外出未归人员的预支差旅费可以隔年结算外，其余暂付款项，原则上应当在年度预算执行终了时，全部结清不要跨年挂账。收回的暂付款，不论本年度或以前年度，均应送交银行恢复经费存款，冲减当年银行支出数。

单位的往来款项，应当尽量减少“户头”，压缩数额，及时结算。对经费暂付必须严格控制，减少“银行支出数”，防止资金积压。

单位会计工作中，对于核算和管理经费暂付款项，应该设置“经费暂付”账户，用来核算执行预算过程中，发生的预算内暂付款。本科目付方记发生数，收方记结算减少数。平时，付方余额反映尚未结算的经费暂付款项，年终时，原则上应无余额。

6. 借用公款的财务管理

《财政部关于坚决纠正干部职工借用、拖欠公款问题的通知》中指出：

干部职工借用拖欠公款的现象较多，甚至有的借用公款建私房、买高档商品或挥霍浪费。现对有关事项规定如下。

（1）领导要重视

各地区、各部门、各单位的领导同志，要把中纪委提出的“坚决纠正干部职工借用拖欠公款的歪风”作为一件大事来抓。要根据中纪委通报的要求，认真部署，具体落实，组织力量进行清理检查。

（2）措施要坚决

要求一切有借欠公款的单位，对借欠公款问题必须彻底进行一次清理，并区别不同情况认真处理。处理原则仍按财政部通知规定执行。但对其中属于利用职权挪借公款的，贪图个人享受借用公款挥霍浪费的，以及有偿还能力长期拖欠不还的，要从严要求，绝不能姑息迁就。对少数人借欠公款搞非法活动的，除要如数追回欠款外，还必须根据情节轻重，报告党政领导给予处分，直至依法处理。通过这次彻底清理，今后一切单位不得再拿预算资金和企业生产资金等所有公款用于职工借支。已借支的要予以追回，少数一时清退不完的，在1984年年底前一律转列本单位职工福利基金账户中继续清理。

（3）领导干部要带头

各级领导干部一定要以身作则，带头清理和归还欠款。要教育广大干部和职工认识到，为个人享受而挪借、拖欠公款是风气不正的表现，是一种损公谋私的行为，有失一个革命干部、职工应有品格。要求一切有借欠公款的同志都要自觉地、积极地归还欠款，使国家能够把有限资金集中使用到社会主义现代化建设上来。

（4）财会人员要坚持制度，履行职责

对已借欠的公款，不论任何人，原则上都要一律清理收回，不得任意减免报销；对少数确因工资水平低，有实际困难又无偿还能力的，经群众讨论、领导批准，可从单位福利费中酌予补助，归还欠款；对因借款人员死亡，既无遗产可供清偿，又无义务承担人，确定无法追回等原因造成的悬案，经查明情况，取得法院或有关单位书面证明，报经主管部门审查经同级财政机关批准，可予核销。各级财政、财务部门和财会人员必须带头执行制度、遵守财经纪律，凡不按规定办事的，除追究当事人的责任外，财会人员不反映、不抵制甚至共同作弊的，应以失职论处。

（5）要进一步加强财务管理、健全制度，堵塞漏洞

再次重申："国家预算资金，企业生产资金等所有公款一律不准用于职工借支"；职工生活上发生困难，经过群众讨论，领导批准，只能从单位职工福利费或福利基金中酌予补助，职工临时急需用款，可以从互助金中临时借支，并及时归还；职工因公出差借支差旅费，必须严格审批手续、控制数额、限期结算报销；任何人均无权批准个人借用公款，如有发生，财会人员有权拒付。各地区、各部门、各单位可根据上述精神制定具体办法。总之，通过这次彻底清理，一定要刹住干部、职工借用、拖欠公款的歪风。

## 二、房产管理

1. 基本建设

办公室的房管、行政部门或基建科、办，应根据办公需要和投资能力，认真制定基建规划和方案，报请本部门、本单位领导审定后，按照基建审批程序，作好设计、立项、筹办投资、报批以及施工、验收等各个环节的工作。在基建过程中，注意做到：既要满足需要，又要量力而行；既要掌握进度，又要注重安全；既要讲究样式，又要保证质量。

2. 房产的分配

经验收合格或经调整后腾出的办公或生活用房，要采用领导和群众相结合的办法，合理地加以分配。

3. 房产的维修

无论是办公还是生活用房，都要加以经常性的维修，以保证正常和必要的办公、生活条件，使干部、职工消除后顾之忧，聚精会神地投身于改革和建设事业。

4. 水、电及供暖设施的管理

水、电及供暖设施的管理，是房产管理不可缺少的一个重要环节。要常年坚持

搞好对供电、供水、供暖等设施的保养、维修，及时消除隐患、堵塞漏洞，开辟新的来源，扩大供应能力，确保办公和生活需求。

5. 费用管理

严格区分公共消费和私人消费的界限，加强对生活用费如房费、电费、水费及取暖费等有关费用的核算和收取。

## 三、办公用品管理

办公用品是机关工作人员的工具。如果失去适用而必要的办公用品，如同战场上的士兵没有武器一样，其结果可想而知。因此，根据后勤工作先行性的特点，办公室有关环节人员应事先准备好应有的办公用品并认真搞好管理，随时保证干部、职工之所需。

办公用品的管理，主要抓好四个环节。

1. 计划

根据整个机关的需要量、国家有关的开支规定以及现有库存量，按轻重缓急，逐项做出计划。计划要具备未雨绸缪的预先性，政策规定和财务允许的可行性，以及既要保证重点又要照顾全面的合理性。

2. 购置与保管

根据计划购置或定制办公用品。对购进库存的办公用品，要分门别类，妥善存放到货架或货柜中。平时应加强清点和检查，切实做好防火、防潮、防蛀、防霉、防盗等各项工作。

3. 发放

目前，国家行政机关实行财务包干制度，办公经费普遍偏紧。因此，办公用品的发放应掌握从严控制的原则。管理人员应根据各部门核定的指标，按工作所需的品种和数量发放。

4. 经费核算

在办公费包干的情况下，一般都将办公用品的经费指标按人分解到各个所属部门。管理人员应及时对各部门的办公用品费用进行核算，并根据经费核算情况，对办公用品的发放实行有效的调节，以免造成亏欠，对机关工作带来不利影响。

## 四、机关环境管理

搞好环境管理，是办公室职责范围内的一项重要工作。

环境管理的具体任务是：

1. 搞好总体规划

按照本部门本单位的整体布局和工作、生活的具体需要，对全局范围内的工作设施、生活设施、文化、体育活动设施、纪念性设施以及绿地等等，作出全面的、合理的规划，做到布局严整，结构合理，构思新奇，方便工作和生活，以便最大限度地发挥整体环境效益。

2. 卫生管理

卫生工作是机关精神面貌的一面镜子，应下力气常抓不懈。可采用划分卫生责任区、常年工作与突击性大扫除相结合、专业队伍和机关干部相结合、搞卫生和灭害除病相结合等办法，使机关的各个角落保持整齐、洁净，为本部门本单位领导和工作人员提供一个优美干净的办公环境，提高工作效率，增强健康水平。

3. 环境保护工作

除搞好日常卫生工作外，要着重抓好消烟除尘、污水排放、垃圾处理、防治噪音等项工作。要明确建立制度，确定专人负责，并对各有关环节经常进行监督检查。有些自身无法解决的难题，要主动约请环保、科研部门协同处理解决。

4. 绿化工作

根据总体规划，拟订具体的绿化方案并分期实施。绿化工作要领导重视，尊重科学。布局要合理，选的树种、花草要从整体环境和自然条件考虑。对绿化工作要实行责任制，精心栽培，严格管护。

5. 安全保卫工作

建立、健全安全保卫制度；门卫、传达室都要严格执行制度，对前来联系工作和来访的人员既要热情接待，又要检查、核办有关手续。节假日要安排好值班人员，值班人员要坚守岗位，忠于职守。对火源、电源、油库等关键部位尤其要明确制度，严格管理，加强督促、检查，杜绝一切事故隐患。对全体工作人员要进行安全、保密教育，严格按规定保管好公文要件，谨防泄密、窃密现象发生。办公室要加强领导，发动和依靠群众，增强集体安全意识，同心协力创造一个安定的整体环境。

## 五、车辆管理

各类机关及事业单位，都拥有一定数量和类型的工作和生活用车。厂矿企业除工作、生活用车外，还配备各种生产用车。一般情况下，县以上机关和较大的事业单位及大、中型企业，都设有汽车班，作为最直接的车辆管理单位，承担日常服务和运输任务。而主管汽车班的，则是机关和单位的办公室。有些部门或单位车辆较少，车管人员和司机的编制都一并划入办公室，由办公室负责直接管理。搞好车辆管理的主要内容有：

1. 车辆的配备定编

按照国家规定的用车标准，配合计划、财政和机关事务管理局等部门搞好本机关、本单位车辆配备的定编审核工作。

2. 购置、更新车辆

经车辆定编主管部门批准，根据计划内的分配指标，落实购买车辆的资金，按指定的提货地点，挑选最适合的车辆。办公室在购置新车时，须注意：添置车辆要有计划性，减少盲目性，在定编范围，尽可能选最合适的车种、车型，在超出编制范围时，则根据实际需要，积极向主管部门报批，要求增加编制，经批准后再办；在作计划时，要根据财力，不要超支或挪用其他款项；在购置时，严禁从非法渠道进车，更不准参与汽车倒卖活动。

按规定，车辆在使用和行驶一定年限和里程以后，需要进行报废和更新。这方面，国家有明确的规定。办公室的车辆管理部门和人员，应按照这些规定，按程序办理车辆报废手续，并积极申办更新车辆。

3. 值班、调度

要建立严格的车辆调度和值班制度。搞好调度，是车辆管理工作中至关重要的一个环节，是提高用车效率，保证机关工作需要和交通安全的重要条件。要根据领导职级和工作需要、办公室内部各工作机构的工作性能及用车要求以及生活用车的不同需求，来规定适当的车辆配比，制订出合理的调度计划和相应的规章制度，以最大限度地调动车辆，满足各层次、各工作环节的用车需要。

在下班时间和节假日，车辆管理部门应安排好司机值班，保证领导或其他工作人员必不可少的临时用车或突然情况下的急需。值班司机应严格遵守值班制度，坚守工作岗位，认真保养车辆，保证良好的出车状态。

4. 车辆的维修及保养

为了提高用车效率，使车辆经常处于良好的技术状态，保证行车安全，降低燃料消耗，减少环境污染，必须对车辆有计划地、定期地进行维修和保养。办公室的车管单位对这项工作要认真安排，定期检验，常抓不懈。

## 六、公共服务部门管理

一般情况下，各机关、各单位的公共服务部门，大多隶属于办公室管理。具体内容是：

1. 电话服务部门

大一点的机关或企事业单位，一般都设有电话室，配备电话总机。要根据本部门、本单位的工作需要和财务状况，配置好电讯设备和工作人员，制定工作制度和技术规定，并对工作人员加强思想教育和业务培训，使其尽力为本部门、本单位的工作服务，为领导和群众服务，工作中要认真做到准确、迅速、热情、保密。

2. 招待所的管理

机关和企事业中，不少都设有招待所。这是扩大对外工作联系和协作，建设社会主义精神文明的窗口之一，其具体服务内容很多、很细，要切实加强领导，建立严格、合理的规章制度，认真搞好各个环节的管理，开展优质服务。

3. 医疗卫生所的管理

一般国家行政机关和企事业单位都设有医疗卫生所或门诊部，担负本部门、本单位干部职工的医疗和卫生保健工作。办公室要加强对卫生所的领导和管理，搞好制度建设和医疗设施建设，抓好医护人员的思想工作和技术培训、考核，开展群众性的防病治病普及教育，搞好预防接种等项工作，以热情的态度和精良的医术，为广大干部职工解除病痛，治疗疾患，防止传染病流行，杜绝医疗事故的发生。

4. 食堂管理

首先，要加强对炊管人员的教育，树立全心全意为职工生活服务的指导思想，满腔热情地搞好本职工作。其次，要建立必要的规章制度，对食堂的各项工作提出明确的目标和要求，经常加以督促检查，严格实行奖惩制度。再次，在具体工作上，要着重抓好以下三个环节：一是保证质量。首先是伙食质量，要改变多数食堂伙食品种单调，口味平淡等一般化的倾向，尽可能做到伙食多样化、营养化和风味化，价格多档次，以满足干部职工的不同需要，使大家吃得饱、吃得好。其次，要改善服务态度，炊管人员要待人热情礼貌，服务细致周到。二是搞好饮食卫生。要严格执行《食品卫生法》，明确制定食堂卫生规章和操作要求，要对食堂卫生和炊管人员卫生进行经常性检查，并对炊管人员进行定期健康检查。三是搞好成本核算，千方百计减少消耗，降低伙食成本，维持收支平衡。

5. 幼托事业的管理

办公室要把发展幼托事业提高到关怀下一代的健康成长、为国家培训未来人才的高度，认真列入议事日程，切实加强领导，搞好幼教工作的规划和各项设施建设，配备好领导和管理干部以及教职人员，制定和健全规章制度。在具体工作中，要着重在幼儿健康和智力、道德品质教育上下功夫，保证下一代全面发展，健康成长。

除上述几方面的管理工作外，办公室的有关科还须搞好对本机关、本单位内部的其他生活服务。